U0569548

紹興大典

史部

光緒諸暨縣志

1

中華書局

圖書在版編目(CIP)數據

(光緒)諸暨縣志 / (清)陳遹聲，(清)蔣鴻藻修纂. — 北京：中華書局，2024.6. —(紹興大典). — ISBN 978-7-101-16825-9

Ⅰ. K295.54

中國國家版本館CIP數據核字第2024L7Y132號

書　　名	(光緒)諸暨縣志(全七册)
叢 書 名	紹興大典·史部
修 纂 者	〔清〕陳遹聲　蔣鴻藻
項目策劃	許旭虹
責任編輯	梁五童
裝幀設計	許麗娟
責任印製	管　斌
出版發行	中華書局
	(北京市豐臺區太平橋西里38號 100073)
	http: // www. zhbc. com. cn
	E-mail: zhbc@zhbc. com. cn
印　　刷	天津藝嘉印刷科技有限公司
版　　次	2024年6月第1版
	2024年6月第1次印刷
規　　格	開本787×1092毫米　1/16
	印張223　插頁7　拉頁1
國際書號	ISBN 978-7-101-16825-9
定　　價	2860.00元

學術顧問（按姓氏筆畫排序）

安平秋　李　岩　吴　格

袁行霈　張志清　葛劍雄

樓宇烈

編纂工作指導委員會

主　　任　盛閱春（二〇二二年九月至二〇二三年一月在任）

　　　　　温　暖　施惠芳　肖啓明　熊遠明

第一副主任　丁如興

副　主　任　陳偉軍　汪俊昌　馮建榮

成　　員（按姓氏筆畫排序）

　　　　　王静静　朱全紅　沈志江　金水法　俞正英

　　　　　胡華良　茹福軍　徐　軍　陳　豪　黄旭榮

　　　　　裘建勇　樓　芳　魯霞光　魏建東

編纂委員會

主　　編　馮建榮

副 主 編　黄錫雲　尹　濤　王静静　李聖華　陳紅彦

委　　員（按姓氏筆畫排序）

王静静　尹　濤　那　艷　李聖華　俞國林

陳紅彦　陳　誼　許旭虹　馮建榮　葉　卿

黄錫雲　黄顯功　楊水土

史部主編　黄錫雲　許旭虹

序

紹興是國務院公布的首批中國歷史文化名城，是中華文明的多點起源地之一和越文化的發祥、壯大之地。從嵊州小黄山遺址迄今，已有一萬多年的文化史；從大禹治水迄今，已有四千多年的文明史；從越國築句踐小城和山陰大城迄今，已有兩千五百多年的建城史。建炎四年（一一三〇），宋高宗駐蹕越州，取義「紹奕世之宏庥，興百年之丕緒」，次年改元紹興，賜名紹興府，領會稽、山陰、蕭山、諸暨、餘姚、上虞、嵊、新昌等八縣。元改紹興路，明初復爲紹興府，清沿之。

紹興坐陸面海，嶽峙川流，風光綺麗，物産富饒，民風淳樸，士如過江之鯽，彬彬稱盛。春秋末越國有「八大夫」佐助越王卧薪嘗膽，力行「五政」，崛起東南，威續戰國，四分天下有其一，成就越文化的第一次輝煌。秦漢一統後，越文化從尚武漸變崇文。晋室東渡，北方士族大批南遷，王、謝諸大家紛紛遷居於此，一時人物之盛，雲蒸霞蔚，學術與文學之盛冠於江左，給越文化注入了新的活力。唐時的越州是詩人行旅歌詠之地，形成一條江南唐詩之路。至宋代，尤其是宋室南遷後，越中理學繁榮，文學昌盛，領一時之先。明代陽明心學崛起，這一時期的越文化，宣導致良知、知行合一，重於事功，伴隨而來的是越中詩文、書畫、戲曲的興盛。明清易代，有劉宗周等履忠蹈義，慷慨赴死，亦有黄宗羲率其門人，讀書窮經，關注世用，成其梨洲一派。至清中葉，會稽章學誠等人紹承梨洲之學而開浙東史學之新局。晚清至現代，越中知識分子心懷天下，秉持先賢「膽劍精神」，再次站在歷史變革的潮頭，蔡元培、魯迅等人「開拓越學」，使紹興成爲新文化運動和新民主主義革命的重要陣地。越文化兼容並包，與時偕變，勇於創新，隨着中國社會歷史的變遷，無論其内涵和特質發生何種變化，均以其獨特、强盛的生命力，推動了中華文明的發展。

文獻典籍承載着廣博厚重的精神財富、生生不息的歷史文脉。紹興典籍之富，甲於東南，號爲文獻之邦。從兩漢到魏晋再至近現代，紹興人留下了浩如煙海、綿延不斷的文獻典籍。陳橋驛先生在《紹興地方文獻考録·前言》中説：「紹興是我國歷史上地方文獻最豐富的地方之一。」有我國地方志的開山之作《越絶書》，有唯物主義的哲學巨著《論衡》，有書法藝術和文學價值均登峰造極的《蘭亭集序》，有詩爲「中興之冠」的陸游《劍南詩稿》，有輯録陽明心學精義的儒學著作《傳習録》等，這些文獻，不僅對紹興一地具有重要價值，對浙江乃至全國來説，也有深遠意義。

紹興藏書文化源遠流長。歷史上的藏書家多達百位，知名藏書樓不下三十座，其中以澹生堂最爲著名，藏書十萬餘卷。近現代，紹興又首開國内公共圖書館之先河。光緒二十六年（一九〇〇），紹興鄉紳徐樹蘭獨力捐銀三萬餘兩，圖書七萬餘卷，創辦國内首個公共圖書館——古越藏書樓。越中多名士，自也與藏書聚書風氣有關。

習近平總書記强調，「我們要加强考古工作和歷史研究，讓收藏在博物館裏的文物、陳列在廣闊大地上的遺産、書寫在古籍裏的文字都活起來，豐富全社會歷史文化滋養」。黨的十八大以來，黨中央站在實現中華民族偉大復興的高度，對傳承和弘揚中華優秀傳統文化作出一系列重大决策部署。中共中央辦公廳、國務院辦公廳二〇一七年一月印發了《關於實施中華優秀傳統文化傳承發展工程的意見》，二〇二二年四月又印發了《關於推進新時代古籍工作的意見》。

盛世修典，是中華民族的優秀傳統，是國家昌盛的重要象徵。近年來，紹興地方文獻典籍的利用呈現出多層次、多方位探索的局面，從文史界到全社會都在醞釀進一步保護、整理、開發、利用紹興歷史文獻的措施，形成了廣泛共識。中共紹興市委、市政府深入學習貫徹習近平總書記重要指示精神，積極響應國家重大戰略部署，以提振紹興人文氣運的文化自覺和存續一方文脈的歷史擔當，作出了編纂出版《紹興大典》的重大決定，計劃用十年時間，系統、全面、客觀梳理紹興文化傳承脉絡，收集、整理、編纂、出版紹興地方歷史文獻。二〇二二年十月，中共紹興市委辦公室、紹興市人民政府辦公室印發《關於〈紹興大典〉編纂出版工作實施方案的通知》。自此，《紹興大典》編纂出版各項工作開始有序推進。

百餘年前，魯迅先生提出「開拓越學，俾其曼衍，至於無疆」的願景，今天，我們繼先賢之志，實施紹興歷史上前無古人的文化工程，希冀通過《紹興大典》的編纂出版，從浩瀚的紹興典籍中尋找歷史印記，從豐富的紹興文化中挖掘鮮活資源，從悠遠的紹興歷史中把握發展脉絡，古爲今用，繼往開來，爲新時代「文化紹興」建設注入强大動力。我們將懷敬畏之心，以古人「三不朽」的立德修身要求，爲紹興這座中國歷史文化名城和「東亞文化之都」立傳畫像，爲全世界紹興人築就恒久的精神家園。

是爲序。

温暖

二〇二三年十月

前言

越國故地，是中華文明的重要起源地，中華優秀傳統文化的重要貢獻地，中華文獻典籍的重要誕生地。紹興，是越國古都，國務院公布的第一批歷史文化名城。編纂出版《紹興大典》，是綿延中華文獻之大計，弘揚中華文化之良策，傳承中華文明之壯舉。

一

紹興有源遠流長的文明，是中華文明的縮影。

中國有百萬年的人類史，一萬年的文化史，五千多年的文明史。中華文明，是中華民族長期實踐的積累，集體智慧的結晶，不斷發展的産物。各個民族，各個地方，都爲中華文明作出了自己獨具特色的貢獻。紹興人同樣爲中華文明的起源與發展，作出了自己傑出的貢獻。

現代考古發掘表明，早在約十六萬年前，於越先民便已經在今天的紹興大地上繁衍生息。二〇一七年初，在嵊州崇仁安江村蘭山廟附近，出土了於越先民約十六萬年前使用過的打製石器〔一〕。這是曹娥江流域首次發現的舊石器遺存，爲探究這一地區中更新世晚期至晚更新世早期的人類活動、

〔一〕陸瑩等撰《浙江蘭山廟舊石器遺址網紋紅土釋光測年》，《地理學報》英文版，二〇二〇年第九期，第一四三六至一四五〇頁。

華南地區與現代人起源的關係、小黃山遺址的源頭等提供了重要綫索。

距今約一萬至八千年的嵊州小黃山遺址〔一〕，於二〇〇六年與上山遺址一起，被命名爲上山文化。該遺址中的四個重大發現，引人矚目：一是水稻實物的穀粒印痕遺存，以及儲藏坑、鐮形器、石磨棒、石磨盤等稻米儲存空間與收割、加工工具的遺存；二是種類與器型衆多的夾砂、夾炭、夾灰紅衣陶與黑陶等遺存；三是我國迄今發現的最早的立柱建築遺存，以及石杵立柱遺存；四是我國新石器時代遺址中迄今發現的最早的石雕人首。

蕭山跨湖橋遺址出土的山茶種實，表明於越先民在八千多年前已開始對茶樹及茶的利用與探索〔二〕。距今約六千年前的餘姚田螺山遺址發現的山茶屬茶樹根遺存，有規則地分布在聚落房屋附近，特别是其中出土了一把與現今茶壺頗爲相似的陶壺，表明那時的於越先民已經在有意識地種茶用茶了〔三〕。

對美好生活的嚮往無止境，創新便無止境。於越先民在一萬年前燒製出世界上最早的彩陶的基礎上〔四〕，經過數千年的探索實踐，終於在夏商之際，燒製出了人類歷史上最早的原始瓷〔五〕；繼而又在東漢時，燒製出了人類歷史上最早的成熟瓷。現代考古發掘表明，漢時越地的窑址，僅曹娥江兩岸的上虞，就多達六十一處〔六〕。

中國是目前發現早期稻作遺址最多的國家，是世界上最早發現和利用茶樹的國家，更是瓷器的故

〔一〕浙江省文物考古研究所編《上山文化：發現與記述》，文物出版社二〇一六年版，第七一頁。
〔二〕浙江省文物考古研究所、蕭山博物館編《跨湖橋》，文物出版社二〇〇四年版，彩版四五。
〔三〕北京大學中國考古學研究中心、浙江省文物考古研究所編《田螺山遺址自然遺存綜合研究》，文物出版社二〇一一年版，第一一七頁。
〔四〕孫瀚龍、趙曄著《浙江史前陶器》，浙江人民出版社二〇二二年版，第三頁。
〔五〕鄭建華、謝西營、張馨月著《浙江古代青瓷》，浙江人民出版社二〇二二年版，上册，第四頁。
〔六〕宋建明主編《早期越窑——上虞歷史文化的豐碑》，中國書店二〇一四年版，第二四頁。

鄉。《（嘉泰）會稽志》卷十七記載「會稽之産稻之美者，凡五十六種」，稻作文明的進步又直接促成了紹興釀酒業的發展。同卷又單列「日鑄茶」一條，釋曰「日鑄嶺在會稽縣東南五十五里，嶺下有僧寺名資壽，其陽坡名油車，朝暮常有日，産茶絶奇，故謂之日鑄」。可見紹興歷史上物質文明之發達，真可謂「天下無儔」。

二

紹興有博大精深的文化，是中華文化的縮影。

文化是一條源遠流長的河，流過昨天，流到今天，還要流向明天。悠悠萬事若曇花一現，唯有文化與日月同輝。

大量的歷史文獻與遺址古迹表明，四千多年前，大禹與紹興結下了不解之緣。大禹治平天下之水，漸九川，定九州，至於諸夏乂安，《史記·夏本紀》載：「禹會諸侯江南，計功而崩，因葬焉，命曰會稽。會稽者，會計也。」裴駰注引《皇覽》曰：「禹冢在山陰縣會稽山上。會稽山本名苗山，在縣南，去縣七里。」《（嘉泰）會稽志》卷六「大禹陵」：「禹巡守江南，上苗山，會稽諸侯，死而葬焉。……劉向書云：禹葬會稽，不改其列，謂不改林木百物之列也。苗山自禹葬後，更名會稽。是山之東，有隴隱若劍脊，西嚮而下，下有窆石，或云此正葬處。」另外，大禹在以會稽山爲中心的越地，還有一系列重大事迹的記載，包括娶妻塗山、得書宛委、畢功了溪、誅殺防風、禪祭會稽、築治邑室等。

以至越王句踐，「其先禹之苗裔，而夏后帝少康之庶子也，封於會稽，以奉守禹之祀」（《史記·越王句踐世家》）。句踐的功績，集中體現在他一系列的改革舉措以及由此而致的强國大業上。

他創造了「法天象地」這一中國古代都城選址與布局的成功範例，奠定了近一個半世紀越國號稱天下强國的基礎，造就了紹興發展史上的第一個高峰，更實現了東周以來中國東部沿海地區暨長江下游地區的首次一體化，讓人們在數百年的分裂戰亂當中，依稀看到了一統天下的希望，爲後來秦始皇統一中國，建立真正大一統的中央政權，進行了區域性的準備。因此，司馬遷稱：「苗裔句踐，苦身焦思，終滅强吴，北觀兵中國，以尊周室，號稱霸王。句踐可不謂賢哉！蓋有禹之遺烈焉。」

千百年來，紹興涌現出了諸多譽滿海内、雄稱天下的思想家，他們的著述世不絶傳、遺澤至今，他們的思想卓犖英發、光彩奪目。哲學領域，聚諸子之精髓，啓後世之思想。政治領域，以家國之情懷，革社會之弊病。經濟領域，重生民之生業，謀民生之大計。教育領域，育天下之英才，啓時代之新風。史學領域，創史志之新例，傳千年之文脉。

紹興是中國古典詩歌藝術的寶庫。四言詩《候人歌》被稱爲「南音之始」。於越《彈歌》是我國文學史上僅存的二言詩。《越人歌》是越地的第一首情歌、中國的第一首譯詩。山水詩的鼻祖，是上虞人謝靈運。唐代，這裏涌現出了賀知章等三十多位著名詩人。宋元時，這裏出了别開詩歌藝術天地的陸游、王冕、楊維楨。

紹興是中國傳統書法藝術的故鄉。鳥蟲書與《會稽刻石》中的小篆，影響深遠。中國的文字成爲藝術品之習尚；文字由書寫轉向書法，是從越人的鳥蟲書開始的。而自王羲之《蘭亭序》之後，紹興更是成爲中國書法藝術的聖地。翰墨碑刻，代有名家精品。

紹興是中國古代繪畫藝術的重鎮。世界上最早彩陶的燒製，展現了越人的審美情趣。「文身斷髮」與「鳥蟲書」，實現了藝術與生活最原始的結合。戴逵與戴顒父子、僧仲仁、王冕、徐渭、陳洪綬、趙之謙、任熊、任伯年等在中國繪畫史上有開宗立派的地位。

一九一二年一月，魯迅爲紹興《越鐸日報》創刊號所作發刊詞中寫道：「於越故稱無敵於天下，海岳精液，善生俊異，後先絡繹，展其殊才；其民復存大禹卓苦勤勞之風，同句踐堅確慷慨之志，力作治生，綽然足以自理。」可見，紹興自古便是中華文化的重要發源地與傳承地，紹興人更是世代流淌着「卓苦勤勞」「堅確慷慨」的精神血脉。

三

紹興有琳琅滿目的文獻，是中華文獻的縮影。

自有文字以來，文獻典籍便成了人類文明與人類文化的基本載體。紹興地方文獻同樣爲中華文明與中華文化的傳承發展，作出了傑出的貢獻。

中華文明之所以成爲世界上唯一没有中斷、綿延至今、益發輝煌的文明，在於因文字的綿延不絶而致的文獻的源遠流長、浩如煙海。中華文化之所以成爲中華民族有别於世界上其他任何民族的顯著特徵並流傳到今天，靠的是中華兒女一代又一代的言傳身教、口口相傳，更靠的是文獻典籍一代又一代的忠實書寫、守望相傳。

無數的甲骨、簡牘、古籍、拓片等中華文獻，無不昭示着中華文明的光輝燦爛、欣欣向榮，無不昭示着中華文化的廣博淵綜、蒸蒸日上。它們既是中華文明與中華文化的基本載體，又是中華文明與中華文化的重要組成部分，是十分重要的物質文化遺産。

紹興地方文獻作爲中華文獻重要的組成部分，積澱極其豐厚，特色十分明顯。

（一）文獻體系完備

紹興的文獻典籍根基深厚，載體體系完備，大體經歷了四個階段的歷史演變。

一是以刻符、紋樣、器型爲主的史前時代。代表性的，有作爲上山文化的小黄山遺址中出土的彩陶上的刻符、印紋、圖案等。

二是以金石文字爲主的銘刻時代。代表性的，有越國時期玉器與青銅劍上的鳥蟲書等銘文、秦《會稽刻石》、漢「大吉」摩崖、漢魏六朝時的會稽磚甓銘文與會稽青銅鏡銘文等。

三是以雕版印刷爲主的版刻時代。代表性的，有中唐時期越州刊刻的元稹、白居易的詩集。唐長慶四年（八二四），浙東觀察使兼越州刺史元稹，在爲時任杭州刺史的好友白居易《白氏長慶集》所作的序言中寫道：「揚、越間多作書模勒樂天及予雜詩，賣於市肆之中也。」這是有關中國刊印書籍的最早記載之一，説明越地開創了「模勒」這一雕版印刷的風氣之先。宋時，兩浙路茶鹽司等機關和紹興府、紹興府學等，競相刻書，版刻業快速繁榮，紹興成爲兩浙乃至全國的重要刻書地，所刻之書多稱「越本」「越州本」。明代，紹興刊刻呈現出了官書刻印多、鄉賢先哲著作和地方文獻多、私家刻印特色叢書多的特點。清代至民國，紹興整理、刊刻古籍叢書成風，趙之謙、平步青、徐友蘭、章壽康、羅振玉等，均有大量輯刊，蔡元培早年應聘於徐家校書達四年之久。

四是以機器印刷爲主的近代出版時期。這一時期呈現出傳統技術與西方新技術並存、傳統出版物與維新圖强讀物並存的特點。代表性的出版機構，在紹興的有徐友蘭於一八六二年創辦的墨潤堂等。另外，吴隱於一九〇四年參與創辦了西泠印社；紹興人沈知方於一九一二年參與創辦了中華書局，還於一九一七年創辦了世界書局。代表性的期刊，有羅振玉於一八九七年在上海創辦的《農學報》，杜亞泉於一九〇一年在上海發起、王國維主筆的《教育世界》，杜亞泉等於一九〇二年在上海編輯的《中外算報》，秋瑾於一九〇七年在上海創辦的《中國女報》等。代表性的報紙，有蔡元培於一九〇三年在上海創辦的《俄事警聞》等。

紹興文獻典籍的這四個演進階段，既相互承接，又各具特色，充分彰顯了走在歷史前列、引領時代潮流的特徵，總體上呈現出了載體越來越多元、内涵越來越豐富、傳播越來越廣泛、對社會生活的影響越來越深遠的歷史趨勢。

（二）藏書聲聞華夏

紹興歷史上刻書多，便爲藏書提供了前提條件，因而藏書也多。大禹曾「登宛委山，發金簡之書，案金簡玉字，得通水之理」（《吴越春秋》卷六），還「巡狩大越，見耆老，納詩書」（《越絶書》卷八），這是紹興有關采集收藏圖書的最早記載。句踐曾修築「石室」藏書，「晝書不倦，晦誦竟旦」（《越絶書》卷十二）。

造紙術與印刷術的發明和推廣，使得書籍可以成批刷印，爲藏書提供了極大便利。王充得益於藏書資料，寫出了不朽的《論衡》。南朝梁時，山陰人孔休源「聚書盈七千卷，手自校治」（《梁書·孔休源傳》），成爲紹興歷史上第一位有明文記載的藏書家。唐代時，越州出現了集刻書、藏書、讀書於一體的書院。五代十國時，南唐會稽人徐鍇精於校勘，雅好藏書，「江南藏書之盛，爲天下冠，鍇力居多」（《南唐書·徐鍇傳》）。

宋代雕版印刷術日趨成熟，爲書籍的化身千百與大規模印製創造了有利條件，也爲藏書提供了更多來源。特别是宋室南渡、越州升爲紹興府後，更是出現了以陸氏、石氏、李氏、諸葛氏等爲代表的藏書世家。陸游曾作《書巢記》，稱「吾室之内，或棲於櫝，或陳於前，或枕藉於床，俯仰四顧，無非書者」。《（嘉泰）會稽志》中專設《藏書》一目，説明了當時藏書之風的盛行。元時，楊維楨「積書數萬卷」（《鐵笛道人自傳》）。

明代藏書業大發展，出現了鈕石溪的世學樓等著名藏書樓。其中影響最大的藏書家族，當數山陰祁氏；影響最大的藏書樓，當數祁承㸁創辦的澹生堂，至其子彪佳時，藏書達三萬多卷。

清代是紹興藏書業的鼎盛時期，有史可稽者凡二十六家，諸如章學誠、李慈銘、陶濬宣等。上虞王望霖建天香樓，藏書萬餘卷，尤以藏書家之墨迹與鈎摹鐫石聞名。徐樹蘭創辦的古越藏書樓，以存古開新爲宗旨，以資人觀覽爲初心，成爲中國近代第一家公共圖書館。

民國時，代表性的紹興藏書家與藏書樓有：羅振玉的大雲書庫、徐維則的初學草堂、蔡元培創辦的養新書藏、王子餘開設的萬卷書樓、魯迅先生讀過書的三味書屋等。

根據二〇一六年完成的古籍普查結果，紹興全市十家公藏單位，共藏有一九一二年以前産生的中國傳統裝幀書籍與民國時期的傳統裝幀書籍三萬九千七百七十七種、二十二萬六千一百二十五册，分别占了浙江省三十三萬七千四百零五種的百分之十一點七九、二百五十萬六千六百三十三册的百分之九點零二。這些館藏的文獻典籍，有不少屬於名人名著，其中包括在别處難得見到的珍稀文獻。這是紹興這個地靈人傑的文獻名邦確實不同凡響的重要見證。

一部紹興的藏書史，其實也是一部紹興人的讀書、用書、著書史。歷史上的紹興，刻書、藏書、讀書、用書、著書，良性循環，互相促進，成爲中國文化史上一道亮麗的風景。

（三）著述豐富多彩

紹興自古以來，論道立説、卓然成家者代見輩出，創意立言、名動天下者繼踵接武，歷朝皆有傳世之作，各代俱見犖犖之著。這些文獻，不僅對紹興一地有重要價值，而且也是浙江文化乃至中國古代文化的重要組成部分。

一是著述之風，遍及各界。越人的創作著述，文學之士自不待言，爲政、從軍、業賈者亦多喜筆耕，屢有不刊之著。甚至於鄉野市井之口頭創作、謡歌俚曲，亦代代敷演，蔚爲大觀，其中更是多有内藴厚重、哲理深刻、色彩斑斕之精品，遠非下里巴人，足稱陽春白雪。

二是著述整理，尤爲重視。越人的著述，包括對越中文獻乃至我國古代文獻的整理。宋孔延之的《會稽掇英總集》，清杜春生的《越中金石記》，近代魯迅的《會稽郡故書雜集》等，都是收輯整理地方文獻的重要成果。陳橋驛所著《紹興地方文獻考録》，是另一種形式的著述整理，其中考録一九四九年前紹興地方文獻一千二百餘種。清代康熙年間，紹興府山陰縣吴楚材、吴調侯叔侄選編的《古文觀止》，自問世以來，一直是古文啓蒙的必備書，也深受古文愛好者的推崇。

三是著述領域，相涉廣泛。越人的著述，涉及諸多領域。其中古代以經、史與諸子百家研核之作爲多，且基本上涵蓋了經、史、子、集的各個分類，近現代以文藝創作爲多，當代則以科學研究論著爲多。這也體現了越中賢傑經世致用、與時俱進的家國情懷。

四

盛世修典，承古啓新，以「紹興」之名，行紹興之實。

紹興這個名字，源自宋高宗的升越州爲府，並冠以年號，時在紹興元年（一一三一）的十月廿六日。這是對這座城市傳統的畫龍點睛。紹興這兩個字合在一起，蘊含的正是承繼前業而壯大之、開創未來而昌興之的意思。數往而知來，今天的紹興人正賦予這座城市、這個名字以新的意藴，那就是繼承中華優秀傳統文化，建設中華民族現代文明，爲實現中華民族偉大復興，作出自己新的更大的貢獻。

編纂出版《紹興大典》，正是紹興地方黨委、政府文化自信、文化自覺的體現，是集思廣益、精心實施的德政，是承前啓後、繼往開來的偉業。

（一）科學的決策

《紹興大典》的編纂出版，堪稱黨委、政府科學決策的典範。二〇二〇年十二月十一日，中共紹興市委八屆九次全體（擴大）會議審議通過了關於紹興市「十四五」規劃和二〇三五年遠景目標的建議，其中首次提出要啓動《紹興大典》的編纂出版工作。

二〇二一年二月五日，紹興市第八屆人民代表大會第六次會議批准了市政府根據市委建議編製的紹興市「十四五」規劃和二〇三五年遠景目標綱要，其中又專門寫到要啓動《紹興大典》的編纂出版工作。二月八日，紹興市人民政府正式印發了這個重要文件。

二〇二二年二月二十八日的中共紹興市第九次代表大會市委工作報告與三月三十日的紹興市九屆人大一次會議政府工作報告，均對編纂出版《紹興大典》提出了要求。

二〇二二年九月十五日，紹興市人民政府第十一次常務會議專題聽取了《〈紹興大典〉編纂出版工作實施方案》起草情況的匯報，決定根據討論意見對實施意見進行修改完善後，提交市委常委會議審議。九月十六日，中共紹興市委九屆二十次常委會議專題聽取《〈紹興大典〉編纂出版工作實施方案》起草情況的匯報，並進行了討論，決定批准這個方案。十月十日，中共紹興市委辦公室、紹興市人民政府辦公室正式印發了《〈紹興大典〉編纂出版工作實施方案》。

（二）嚴謹的體例

在中共紹興市委、紹興市人民政府研究批准的實施方案中，《紹興大典》編纂出版的各項相關事宜，均得以明確。

一是主要目標。系統、全面、客觀梳理紹興文化傳承脉絡，收集、整理、編纂、研究、出版紹興地方文獻，使《紹興大典》成爲全國鄉邦文獻整理編纂出版的典範和紹興文化史上的豐碑，爲努力打造「文獻保護名邦」「文史研究重鎮」「文化轉化高地」三張紹興文化的金名片作出貢獻。

二是收録範圍。《紹興大典》收録的時間範圍爲：起自先秦時期，迄至一九四九年九月三十日，部分文獻酌情下延。地域範圍爲：今紹興市所轄之區、縣（市），兼及歷史上紹興府所轄之蕭山、餘姚。内容範圍爲：紹興人的著述，域外人士有關紹興的著述，歷史上紹興刻印的古籍善本和紹興收藏的珍稀古籍善本。

三是編纂方法。對所録文獻典籍，按經、史、子、集和叢五部分類方法編纂出版。

根據實施方案明確的時間安排與階段劃分，在具體編纂工作中，采用先易後難、先急後緩，邊編纂出版、邊深入摸底的方法。即先編纂出版情況明瞭、現實急需的典籍，與此同時，對面上的典籍情況進行深入的摸底調查。這樣的方法，既可以用最快的速度出書，以滿足保護之需、利用之需，又可以爲一些難題的破解争取時間；既可以充分發揮我國實力最强的專業古籍出版社中華書局的編輯出版優勢，又可以充分借助與紹興相關的典籍一半以上收藏於我國古代典籍收藏最爲宏富的國家圖書館的優勢。這是最大限度地避免時間與經費上的重複浪費的方法，也是地方文獻編纂出版工作方法上的創新。

另外，還將適時延伸出版《紹興大典·要籍點校叢刊》《紹興大典·文獻研究叢書》《紹興大典·善本影真叢覽》等。

（三）非凡的意義

正如紹興的文獻典籍在中華文獻典籍史上具有重要的影響那樣，編纂出版《紹興大典》的意義，同樣也是非同尋常的。

一是編纂出版《紹興大典》，對於文獻典籍的更好保護——活下來，具有非同尋常的意義。歷史上的文獻典籍，是中華文明歷經滄桑留下的最寶貴的東西。然而，這些瑰寶或因天災人禍，或因自然老化，或因使用過度，或因其他緣故，有不少已經處於岌岌可危甚至奄奄一息的境況。

編纂出版《紹興大典》，可以爲系統修復、深度整理這些珍貴的古籍争取時間；可以最大限度呈現底本的原貌，緩解藏用的矛盾，更好地方便閱讀與研究。這是文獻典籍眼下的當務之急，最好的續命之舉。

二是編纂出版《紹興大典》，對於文獻典籍的更好利用——活起來，具有非同尋常的意義。歷史上的文獻典籍，流傳到今天，實屬不易，殊爲難得。它們雖然大多保存完好，其中不少還是善本，但分散藏於公私，積久塵封，世人難見；也有的已成孤本，或至今未曾刊印，僅有稿本、抄本，秘不示人，無法查閱。

編纂出版《紹興大典》，將穿越千年的文獻、深庋密鎖的秘藏、散落全球的珍寶匯聚起來，化身萬千，走向社會，走近讀者，走進生活，既可防它們失傳之虞，又可使它們嘉惠學林，也可使它們古爲今用，文旅融合，還可使它們延年益壽，推陳出新。這是於文獻典籍利用一本萬利、一舉多得的好事。

三是編纂出版《紹興大典》，對於文獻典籍的更好傳承——活下去，具有非同尋常的意義。歷史上的文獻典籍，能保存至今，是先賢們不惜代價，有的是不惜用生命爲代價换來的。對這些傳承至今的古籍本身，我們應當倍加珍惜。

編纂出版《紹興大典》，正是爲了述録先人的開拓，啓迪來者的奮鬥，使這些珍貴古籍世代相傳，使藴藏在這些珍貴古籍身上的中華優秀傳統文化世代相傳。這是中華文化創造性轉化、創新性發展的通途所在。

編纂出版《紹興大典》，是紹興文化發展史上的曠古偉業。編成後的《紹興大典》，將成爲全國範圍内的同類城市中，第一部收録最爲系統、内容最爲豐贍、品質最爲上乘的地方文獻集成。

紹興這個地方，古往今來，都在不懈超越。超乎尋常，追求卓越。超越自我，超越歷史。《紹興大典》的編纂出版，無疑會是紹興文化發展史上的又一次超越。

道阻且長，行則將至；行而不輟，成功可期。「後之視今，亦猶今之視昔」；「後之覽者，亦將有感於斯文」（《蘭亭集序》）。讓我們一起努力吧！

馮建榮

二〇二三年六月十日，星期六，成稿於寓所

二〇二三年中秋、國慶假期，校改於寓所

編纂説明

紹興古稱會稽，歷史悠久。

大禹治水，畢功了溪，計功今紹興城南之茅山（苗山），崩後葬此，此山始稱會稽，此地因名會稽，距今四千多年。

大禹第六代孫夏后少康封庶子無餘於會稽，以奉禹祀，號曰「於越」，此爲吾越得國之始。《竹書紀年》載，成王二十四年，於越來賓。是亦此地史載之始。

距今兩千五百多年，越王句踐遷都築城於會稽山之北（今紹興老城區），是爲紹興建城之始，於今城不移址，海内罕有。

秦始皇滅六國，御海内，立郡縣，成定制。是地屬會稽郡，郡治爲吴縣，所轄大率吴越故地。東漢順帝永建四年（一二九），析浙江之北諸縣置吴郡，是爲吴越分治之始。會稽名仍其舊，郡治遷山陰。由隋至唐，會稽改稱越州，時有反復，至中唐後，「越州」遂爲定稱而至於宋。所轄時有增減，至五代後梁開平二年（九〇八），吴越析剡東十三鄉置新昌縣，自此，越州長期穩定轄領會稽、山陰、蕭山、諸暨、餘姚、上虞、嵊縣、新昌八邑。

建炎四年（一一三〇），宋高宗趙構駐蹕越州，取「紹奕世之宏庥，興百年之丕緒」之意，下詔從建炎五年正月改元紹興。紹興元年（一一三一）十月己丑升越州爲紹興府，斯地乃名紹興，沿用至今。

歷史的悠久，造就了紹興文化的發達。數千年來文化的發展、沉澱，又給紹興留下了燦爛的文化載體——鄉邦文獻。保存至今的紹興歷史文獻，有方志著作、家族史料、雜史輿圖、文人筆記、先賢文集、醫卜星相、碑刻墓誌、摩崖遺存、地名方言、檔案文書等不下三千種，可以説，凡有所録，應有盡有。這些文獻從不同角度記載了紹興的山川地理、風土人情、經濟發展、人物傳記、著述藝文等各個方面，成爲人們瞭解歷史、傳承文明、教育後人、建設社會的重要參考資料，其中許多著作不僅對紹興本地有重要價值，也是江浙文化乃至中華古代文化的重要組成部分。

紹興歷代文人對地方文獻的探尋、收集、整理、刊印等都非常重視，並作出過不朽的貢獻，陳橋驛先生就是代表性人物。正是在他的大力呼籲下，時任紹興縣政府主要領導作出了編纂出版《紹興叢書》的決策，爲今日《紹興大典》的編纂出版積累了經驗，奠定了基礎。

時至今日，爲貫徹落實習近平總書記系列重要講話精神，奮力打造新時代文化文明高地，重輝「文獻名邦」，中共紹興市委、市政府毅然作出編纂出版《紹興大典》的決策部署。延請全國著名學者樓宇烈、袁行霈、安平秋、葛劍雄、吴格、李岩、熊遠明、張志清諸先生參酌把關，與收藏紹興典籍最豐富的國家圖書館等各大圖書館以及專業古籍出版社中華書局展開深度合作，成立專門班子，精心規劃組織，扎實付諸實施。《紹興大典》是地方文獻的集大成之作，出版形式以紙質書籍爲主，同步開發建設數據庫。其基本内容，包括以下三方面：

一、《紹興大典》影印精裝本文獻大全。這方面内容囊括一九四九年前的紹興歷史文獻，收録的原則是「全而優」，也就是文獻求全收録；同一文獻比對版本優劣，收優斥劣。同時特别注重珍稀性、孤罕性、史料性。

《紹興大典》影印精裝本收録範圍：

時間範圍：起自先秦時期，迄至一九四九年九月三十日，部分文獻可酌情下延。

地域範圍：今紹興市所轄之區、縣（市），兼及歷史上紹興府所轄之蕭山、餘姚。

内容範圍：紹興人（本籍與寄籍紹興的人士、寄籍外地的紹籍人士）撰寫的著作，非紹興籍人士撰寫的與紹興相關的著作，歷史上紹興刻印的古籍珍本和紹興收藏的古籍珍本。

《紹興大典》影印精裝本編纂體例，以經、史、子、集、叢五部分類的方法，對收録範圍内的文獻，進行開放式收録，分類編輯，影印出版。五部之下，不分子目。

經部：主要收録經學（含小學）原創著作；經校勘校訂，校注校釋，疏、證、箋、解、章句等的經學名著；爲紹籍經學家所著經學著作而撰的著作，等等。

史部：主要收録紹興地方歷史書籍，重點是府縣志、家史、雜史等三個方面的歷史著作。

子部：主要收録專業類書，比如農學類、書畫類、醫卜星相類、儒釋道宗教類、陰陽五行類、傳奇類、小説類，等等。

集部：主要收録詩賦文詞曲總集、別集、專集，詩律詞譜，詩話詞話，南北曲韻，文論文評，等等。

叢部：主要收録不入以上四部的歷史文獻遺珍、歷史文物和歷史遺址圖録彙總、戲劇曲藝脚本、報章雜志、音像資料等。不收傳統叢部之文叢、彙編之類。

《紹興大典》影印精裝本在收録、整理、編纂出版上述文獻的基礎上，同時進行書目提要的撰寫，並細編索引，以起到提要鉤沉、方便實用的作用。

二、《紹興大典》點校研究及珍本彙編。主要是《紹興大典》影印精裝本的延伸項目，形成三個成果，即《紹興大典·要籍點校叢刊》《紹興大典·文獻研究叢書》《紹興大典·善本影真叢覽》三叢。

選取影印出版文獻中的要籍，組織專家分專題開展點校等工作，排印出版《紹興大典·要籍點校叢刊》；及時向社會公布推出出版文獻書目，開展《紹興大典》收録文獻研究，分階段出版研究成果《紹興大典·文獻研究叢書》；選取品相完好、特色明顯、内容有益的優秀文獻，原版原樣綫裝影印出版《紹興大典·善本影真叢覽》。

三、《紹興大典》文獻數據庫。以《紹興大典》影印精裝本和《紹興大典·要籍點校叢刊》《紹興大典·文獻研究叢書》《紹興大典·善本影真叢覽》三叢爲基幹構建。同時收録大典編纂過程中所涉其他相關資料，未用之版本，書佚目存之書目等，動態推進。

《紹興大典》編纂完成後，應該是一部體系完善、分類合理、全優兼顧、提要鮮明、檢索方便的大型文獻集成，必將成爲地方文獻編纂的新範例，同時助力紹興打造完成「歷史文獻保護名邦」「地方文史研究重鎮」「區域文化轉化高地」三張文化金名片。

《紹興大典》在中共紹興市委、市政府領導下組成編纂工作指導委員會，組織實施並保障大典工程的順利推進，同時組成由紹興市爲主導、國家圖書館和中華書局爲主要骨幹力量、各地專家學者和圖書館人員爲輔助力量的編纂委員會，負責具體的編纂工作。

《紹興大典》編纂委員會

二〇二三年五月

史部編纂説明

紹興自古重視歷史記載，在現存數千種紹興歷史文獻中，史部著作占有極爲重要的位置。因其内容豐富、體裁多樣、官民兼撰的特點，成爲《紹興大典》五大部類之一，而别類專纂，彙簡成編。按《紹興大典·編纂説明》規定：「以經、史、子、集、叢五部分類的方法，對收録範圍内的文獻，進行開放式收録，分類編輯，影印出版。五部之下，不分子目。」「史部：主要收録紹興地方歷史書籍，重點是府縣志、家史、雜史等三個方面的歷史著作。」

紹興素爲方志之鄉，纂修方志的歷史較爲悠久。據陳橋驛《紹興地方文獻考録》（浙江人民出版社，一九八三年版）統計，僅紹興地區方志類文獻就「多達一百四十餘種，目前尚存近一半」。在最近三十多年中，紹興又發現了不少歷史文獻，堪稱卷帙浩繁。

據《紹興大典》編纂委員會多方調查掌握的信息，府縣之中，既有最早的府志——南宋二志《（嘉泰）會稽志》和《（寶慶）會稽續志》，也有最早的縣志——宋嘉定《剡録》；既有耳熟能詳的《（萬曆）紹興府志》，也有海内孤本《（嘉靖）山陰縣志》；更有寥若晨星的《永樂大典》本《紹興府志》，等等。存世的紹興府縣志，明代纂修並存世的萬曆爲最多，清代纂修並存世的康熙爲最多。

家史資料是地方志的重要補充，紹興地區家史資料豐富，《紹興家譜總目提要》共收録紹興相關家譜資料三千六百七十九條，涉及一百七十七個姓氏。據二〇〇六年《紹興叢書》編委會對上海圖書館藏紹興文獻的調查，上海圖書館館藏的紹興家史譜牒資料有三百多種，據紹興圖書館最近提供的信息，其館藏譜牒資料有二百五十多種，一千三百七十八册。紹興人文薈萃，歷來重視繼承弘揚耕讀傳統，家族中尤以登科進仕者爲榮，每見累世科甲、甲第連雲之家族，如諸暨花亭五桂堂黄氏、山陰狀元坊張氏，等等。家族中每有中式，必進祠堂，祭祖宗，禮神祇，乃至重纂家乘。因此纂修家譜之風頗盛，聯宗聯譜，聲氣相通，呼應相求，以期相將相扶，百世其昌，因此留下了浩如煙海、簡册連編的家史譜牒資料。家史資料入典，將遵循「姓氏求全，譜目求全，譜牒求優」的原則遴選。

雜史部分是紹興歷史文獻中内容最豐富、形式最多樣、撰者最衆多、價值極珍貴的部分。記載的内容無比豐富，撰寫的體裁多種多樣，留存的形式面目各異。其中私修地方史著作，以東漢袁康、吴平所輯的《越絶書》及稍後趙曄的《吴越春秋》最具代表性，是紹興現存最早較爲系統完整的史著。

雜史部分的歷史文獻，有非官修的專業志、地方小志，如《三江所志》《倉帝廟志》《螭陽志》等；有以韻文形式撰寫的如《山居賦》《會稽三賦》等；有碑刻史料如《會稽刻石》《龍瑞宫刻石》等；有詩文游記如《沃洲雜詠》等；有珍貴的檔案史料如《明浙江紹興府諸暨縣魚鱗册》等；有名人日記如《祁忠敏公日記》《越縵堂日記》等；有綜合性的歷史著作如海内外孤本《越中雜識》等；也有鉤沉稽古的如《虞志稽遺》等。既有《救荒全書》《欽定浙江賦役全書》這樣專業的經濟史料，也有《越中八景圖》這樣的圖繪史料等。舉凡經濟、人物、教育、方言風物、名人日記等，應有盡有，不勝枚舉。尤以地理爲著，諸如山川風物、名勝古迹、水利關津、衛所武備、天文医卜等，莫不悉備。

這些歷史文獻，有的是官刻，有的是坊刻，有的是家刻。有特别珍貴的稿本、鈔本、寫本，也有珍稀孤罕首次面世的史料。由於《紹興大典》的編纂出版，這些文獻得以呈現在世人面前，俾世人充分深入地瞭解紹興豐富多彩的歷史文化。受編纂者學識見聞以及客觀條件之限制，難免有疏漏錯訛之處，祈望方家教正。

《紹興大典》編纂委員會

二〇二三年五月

光緒諸暨縣志

六十一卷

〔清〕陳遹聲、蔣鴻藻修纂

清宣統二年（一九一〇）刻本

影印說明

《（光緒）諸暨縣志》六十一卷，清陳遹聲、蔣鴻藻修纂。清光緒二十六年（一九〇〇）修，宣統二年（一九一〇）刻本。半葉十二行行二十五字，小字雙行同，白口，單魚尾，左右雙邊或四週雙邊，有圖。原書版框尺寸高18.5釐米，寬13.5釐米。書前有馮煦序，卷六十《雜志》與卷六十一《貞孝節烈表》之間插有獨立的《舊志序文》、附録及陳遹聲、蔣鴻藻跋。二人跋文後爲卷六十一「貞孝節烈表」。依陳、蔣二人跋文可知，此志纂修成稿於光緒二十六年，後由二人分頭陸續刊刻，其中尤以陳刻部分更是曲折，「一刻於吴門，再刻於京師，三刻於成都，四刻於重慶」（見陳跋）。最終於宣統元年（一九〇九）始將板片彙齊，總凡一千六百餘板，因「京刻殊劣，校亦甚疏，舛錯最多」，又經蔣鴻藻「重加校勘，匡謬正訛，修飾翻補」，終於宣統二年付印。

陳遹聲（一八四六—一九二〇），字蓉曙，號畸園老人，諸暨人。早年師從俞樾，光緒十二年（一八八六）進士，改庶吉士，授翰林院編修，後任松江知府，授川東道觀察，《清史稿》有傳。蔣鴻藻，字笠山，諸暨人，光緒二年（一八七六）舉人。

此次影印，以上海圖書館藏本爲底本。另據《中國地方志聯合目録》，國家圖書館、南京圖書館、浙江圖書館等亦有收藏。

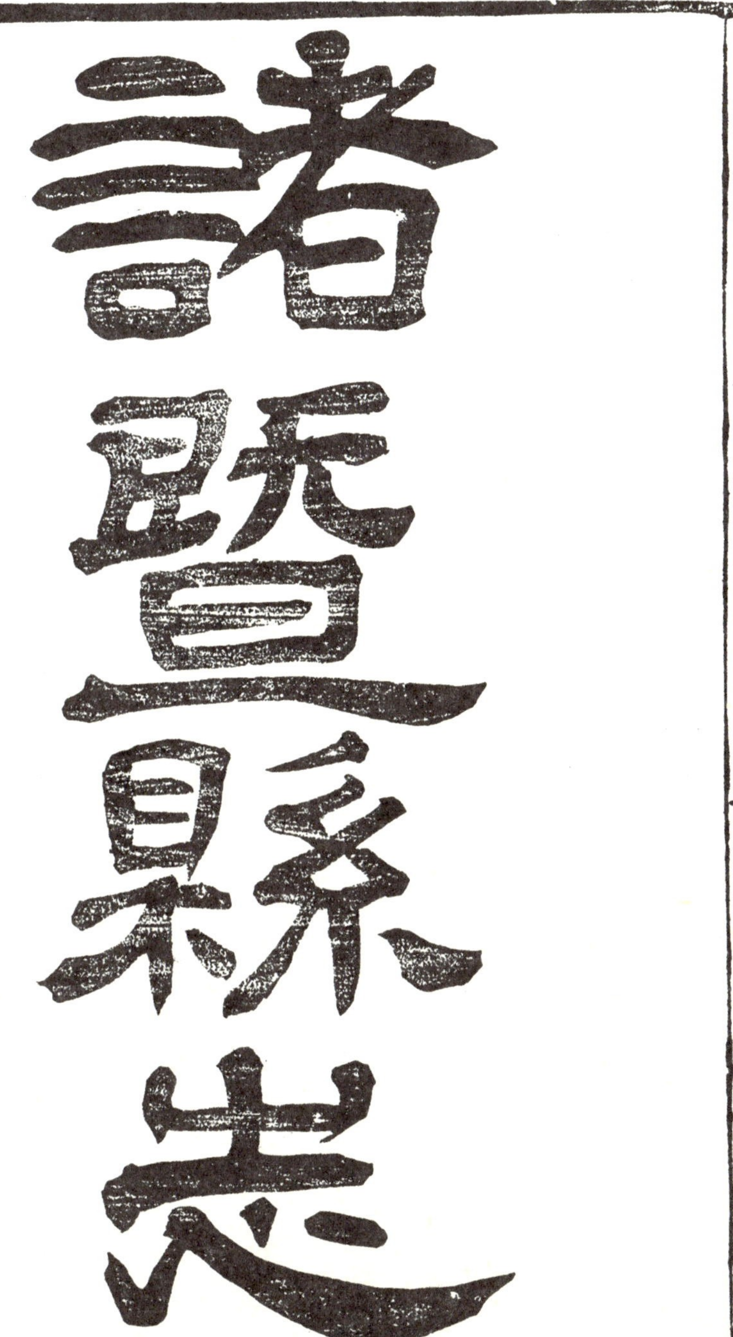
諸暨縣志

諸暨縣志序

水經浙江水篇浦陽江導源烏傷縣東逕諸暨縣與洩溪合兩山夾溪凡有五洩水勢高急望若雲垂又東逕縣南越起靈臺於山上又作三層樓以望雲氣川土明秀亦爲勝地故王

逸少云從山陰道上猶如鏡中行也觀道元所注諸暨洵浙東之奧區耶夫山澤之氣磅礴而鬱積其地必產貞臣畸士秉其善世不伐遯世无悶者與乾坤爭一息之命爲邦人士所圭臬以挽頹運而激囂俗其所

繫非細故矣以諸暨一縣徼之南宋之初馮時可忤秦檜撥李綱元季楊維楨浮沈貞元之交鶴書屢徼而辭然不滓王冕之杜门不出義命自安宋汝章之遊迹𠀤無下儔樵牧明季陳洪綬酒色自晦而大節皦然凡若而人者百年千

里得一已難而諸暨以一彈丸地而貞臣畸士輩輩如此信足以上薄三辰下鎮雷合鳴呼世不盡黃農虞夏使非有貞臣畸士若時可若維楨若冕若汝章若洪綬者榰柱於風雨漂搖人禽雜糅之交而一任突梯滑稽如脂

如草不爲千里之駒而爲水中之鳧與波上下以全其軀者充塞曼衍於其間乾坤或幾乎息矣諸暨之父老子弟誠汲汲以時可維楨與冕汝章洪綬爲圭臬是則是傚敦廉恥厲節義積之既久頹運囂俗將一反於

黄農虞夏諸暨一縣匯惟浙東之望抑亦海外内魁杓也諸暨之有志舊矣一修於元再修於明明季以降踵修者再今又越百餘年矣光緒乙未邑士始議續修至宣統辛亥而事竣凡疆域户口風俗人物其因革損益

隆汙登耗之故既視前志為翔實矣余獨舉山川旁薄鬱積之氣必產貞臣畸士為邦人士所圭臬者以弁志端俾來者知所則傚或不河漢余言耶金壇馮煦

諸暨縣志目録

諸暨縣志目錄終

諸暨縣志　卷首　圖

縣城圖

城隍廟
奎文閣
火神廟
儒學
諸暨縣
采芹橋
衆安橋
太平橋

諸暨縣志

卷首

圖

三

大雄寺

縣治圖

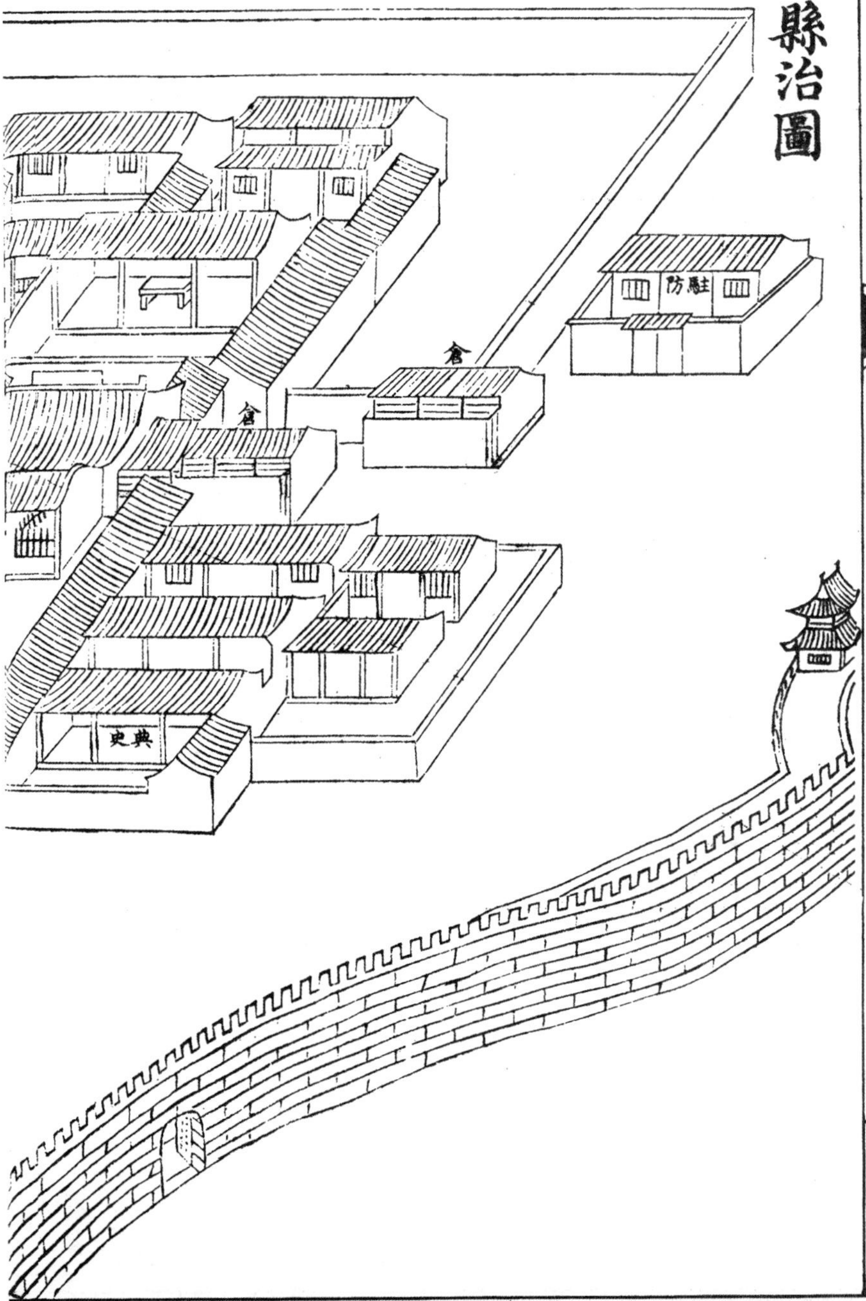

駐防

倉

倉

典史

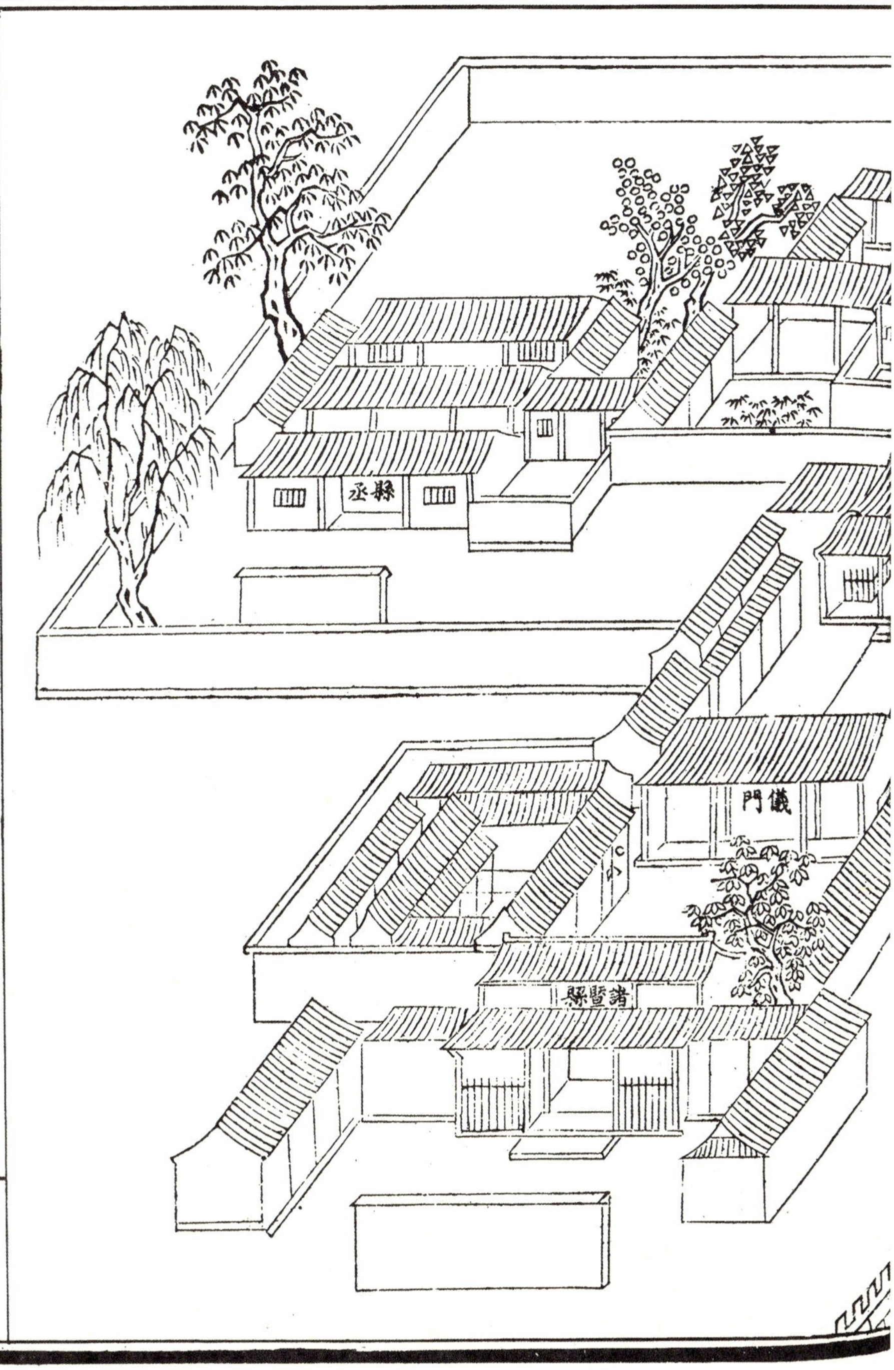

諸暨縣志　卷首　圖　四

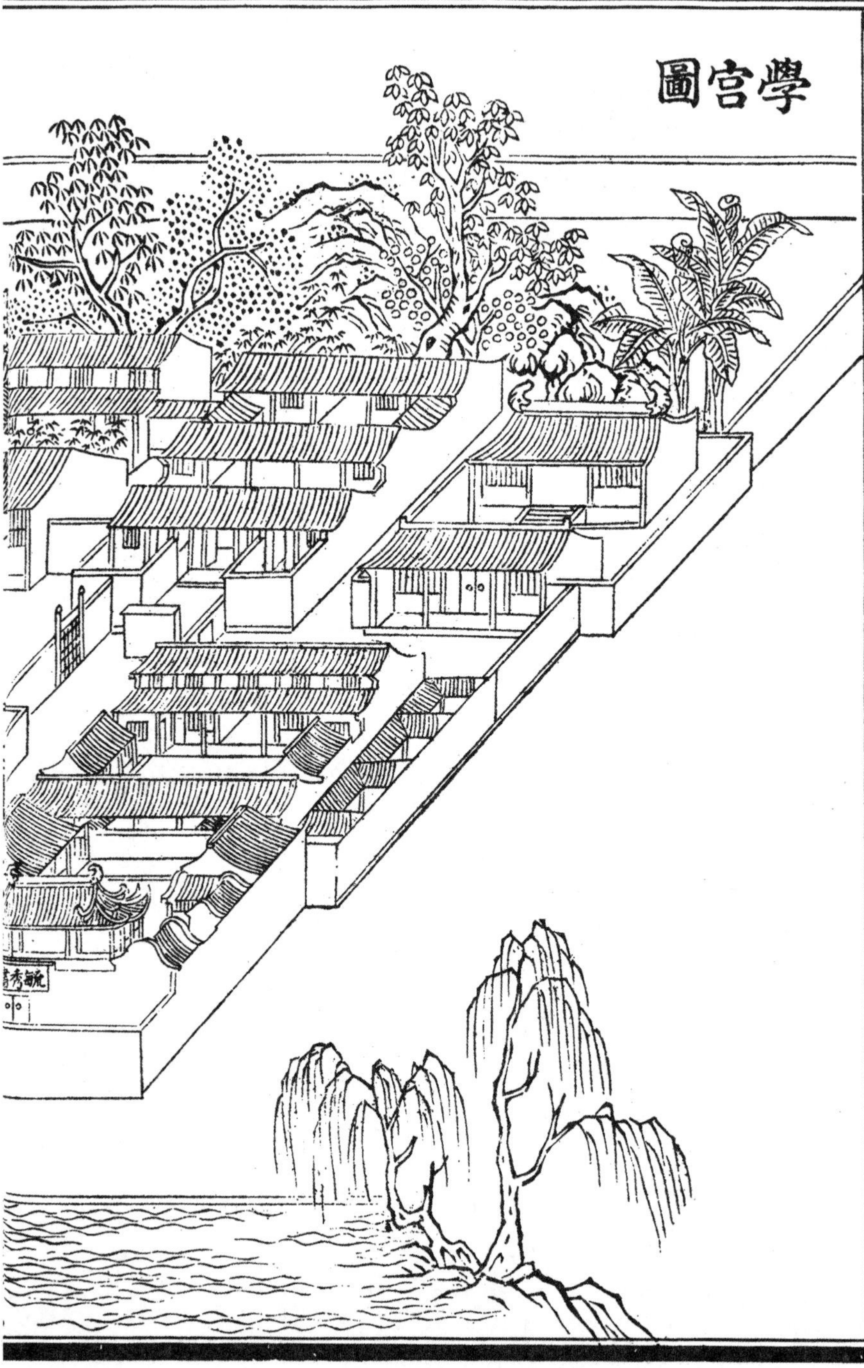

學宮圖

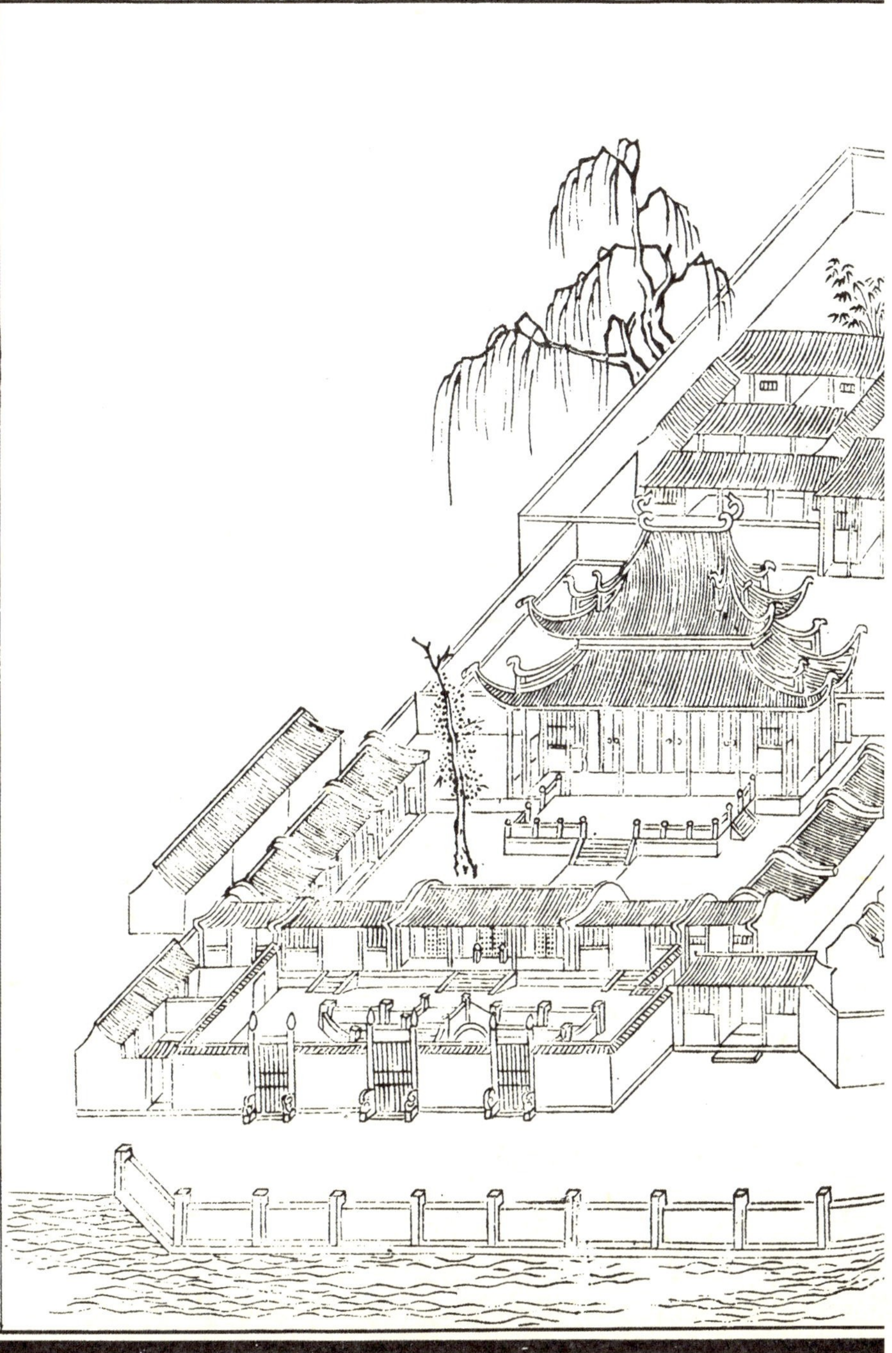

苧蘿山圖

金雞山

五洩山圖
夾岩洞
迴波岩
輔德岩
會仙臺
金仙岩
棲真巖
涵秋峯
東龍潭
三學禪院
玉女峯
積翠峯
童子峯
白雲峯
登拜臺
石屏
朝陽峯

西龍潭
堆藍峯
倚天岩
石門
石磯
石鼓
寶陀峯
天柱峯
香爐峯
卓筆峯
石筍

諸暨縣志　卷首

諸暨縣志卷二

建置志一

沿革表

邑故屬越古爲荒服僻壤偏陬遠溯諸虞夏商周而上幷求諸荆揚粤越之閒茫乎邈哉豈易考證故舊志所載諸暨二字說各歧出有字同而音異者有音同而字異者紛紛援引莫衷壹是竊惟志爲縣設則當斷自置縣始建置明而沿革可考爰將皇古迄秦備採諸說如左連綴成文不事點竄而刪舊志傅會駁詰之詞以歸簡易自漢而降凡歷代史書地志之可考者幷統轄州郡列沿革表於左方備參稽焉

古爲暨國高陽氏後彭姓沂之承有蔇亭卽古暨國其派者爲諸暨隸越周爲允常之都夏后氏後界有諸山暨浦路史或言西有櫧

山萬歷府志山多櫧木故謂之櫧山宬仲溫諸暨縣記北有槩浦萬歷府志即今之槩浦鄉是也宬仲溫諸暨縣記或言無諸舊封夫槩故邑皆上下各取一字從省稍轉訛耳萬歷府志○案漢書閩越王傳閩越王無諸越王句踐之後也姓騶氏秦并天下廢爲君長以越其地爲閩中郡漢五年復立無諸爲閩越王王閩中故地都冶師古注閩中即今之泉州建安治即侯官縣是也考唐之建安即今福建建甯府建安縣地唐之侯官亦即今福州府侯官縣地若云諸暨爲無諸舊封豈秦立諸暨縣非隸會稽郡而隸閩中郡耶又左傳定公五年九月夫槩王歸自立也以與王戰而敗奔楚爲堂谿氏考堂谿楚地今河南汝甯府遂平縣西北百里有堂谿亭是也夫槩奔楚受地確有明文非諸暨已若云其前本有封邑則夫槩爲闔廬之弟闔廬之時越未臣吳豈能以越地封弟耶二說均嫌牽强不若從諸山暨浦較爲直捷允常卒句踐稱王都於會稽吳越春秋所謂越王都埤中在諸暨水經注漸江水篇北界山陰康樂里有地名邑中本作埤中者是句踐所立宗廟在城東明中里宏治府志城臨對江流江南有射堂北帶烏山先名上諸暨亦曰句無矣故國語曰句踐之地南至句無水經注漸江水篇今諸暨有句無亭是也韋昭國語解○案即今縣南之句乘山無與乘篆文

上半相似故訛異耳秦始立諸暨縣屬會稽郡浙江通志越絕書曰始皇帝三十七年東遊之會稽道度諸暨到大越已去奏諸暨因上姑蘇臺此紀實之文前此者據今證古皆後人追書之詞耳樓志漢屬會稽郡王莽更名疏虜漢書地理志注後漢世祖光武初復舊浙江通志獻帝興平二年分立漢甯縣後漢書郡國志注吳改漢甯曰吳甯今大門里或即其地嘉泰會稽志晉及宋齊梁陳竝仍之隋文帝開皇中屬吳州九年廢吳甯復入諸暨煬帝大業中仍屬會稽郡紹興府志唐屬越州會稽郡高宗儀鳳二年分置永興縣舊唐書地理志蓋割而置之也樓志五代吳越初改暨陽武肅王天寶元年仍改爲諸暨十國春秋地理表注時與楊行密爲仇故凡屬地與楊同音者悉奏改之吳萊浦陽十景詩自注宋初屬越州會稽郡高宗紹興元年陞越州爲紹興府諸暨隸焉宋史地理志及文獻通考孝宗乾道八年以楓橋鎮分置義安縣清類天文分野之書淳熙元年廢一統志

元屬紹興路成宗元貞元年陞爲州元史地理志明屬紹興府太祖己亥年即元順帝至正十九年正月改名諸全州丙午年即至正二十六年十二月降州爲縣仍復舊名明史地理志國朝因之編戸一百五十二里浙江通志雍正六年改編順莊共五百五十六莊賦役全書

	漢	後漢
州	揚州刺史部刺史乘傳周行郡國無適所治	揚州刺史部
郡	會稽郡治吳縣今江蘇蘇州府吳縣治漢書地理志注秦置高帝六年爲荆國十二年更名吳景帝四年屬江都屬揚州	會稽郡
縣	諸暨縣即今治漢書地理志注莽日疏虜浙江通志平帝時王莽更名疏鹵世祖建武初復舊	諸暨縣

	三國吳
治歷陽今安徽和州治	揚州刺史部 治建業今江蘇江甯府上元縣南三 謹按南齊書州郡志吳置持節督州牧八人不見揚州都督所治
初治吳後移治山陰今紹興府治續漢書郡國志注 秦置 宋書州郡志永建漢順四年分會稽爲吳郡會稽移治山陰	會稽郡 治山陰今紹興府治 謹按三國志吳志孫亮太平元年分會稽東部立臨海郡孫休永安三年分會稽南部立建安郡孫皓寶鼎元年分會稽立東陽郡諸暨竝仍屬會稽焉
即今治續漢書郡國志注 越絕曰興平二年分立吳甯縣 嘉泰會稽志漢獻興平二年分諸暨之大門村爲漢甯縣吳改漢甯曰吳甯今大門里或即其地	諸暨縣 即今治 宋書州郡志東陽郡豐安令漢獻興平二年孫氏分諸暨立 謹按續漢書郡國志會稽郡太末注建安四年孫氏分立豐安縣其說與沈志異顧祖禹讀史方輿紀要云豐安廢縣在浦江西

晉

揚州刺史部

治建業今江蘇江甯府上元縣寄三晉書地理志揚州合統郡十八謹按會稽隸焉謹按通典魏晉揚州刺史本治壽春今安徽鳳陽府壽

會稽郡

治山陰今紹興府治晉書地理志會稽郡秦置統縣十畢沅晉書地理志新補正晉書於此置東揚州謹按武帝太康二

諸暨縣

即今治晉書地理志會稽郡統縣諸暨

南興平二年孫氏分諸暨立後漢志注謂分太末立誤考漢之太末今為衢州龍游縣地今之浦江漢為烏傷縣黔巘地漢之太末在烏傷西南今之浦江在諸暨西南既云豐安在浦江西南則非諸暨分立矣似當以續漢志注為是

	宋
州治會稽非其所轄晉平吳乃移治建業會稽始隸焉	**揚州刺史部** 治建康今江蘇江甯府上元縣南三宋書州郡志元嘉敍十一年省以其民併建康三十年分置會州孝建武孝帝元年分揚州之會稽東陽新安永嘉臨海五郡爲東揚州會治稽山稽陰治鄮大明帝孝武三年罷州以其地爲王畿而東揚州直云揚州八年罷王畿復立揚州揚州還爲東揚州前廢帝永光
年封孫秀改爲國惠帝永甯元年復爲郡明帝太甯二年徙封瑯邪王又改爲國咸和中改會爲鄮後復舊	**會稽郡** 治山陰今紹興府治宋書州郡志會稽太守秦立領縣十謹按孝建元年爲東揚州刺史治永光元年省仍爲太守治
	諸暨縣 卽今治宋書州郡志諸暨令漢舊縣

元年省東揚州并揚州鄉鼢順帝昇明二年改揚州刺史曰牧

梁	南齊
揚州刺史部　治建康今江蘇江甯府上元縣南三	揚州刺史部　治建康今江蘇江甯府上元縣南三
會稽郡　治山陰今紹興府　治隋書地理志會稽郡注梁置東揚州謹按武帝普通五年分揚州置梁書敬帝紀太平元年罷東揚州還復會稽郡	會稽郡　治山陰今紹興府　治浙江通志建置表宋會稽太守領縣十南齊州郡志亦仍宋之舊
諸暨縣　即今治	諸暨縣　即今治南齊書州郡志會稽郡諸暨

陳	隋
揚州刺史部 治建康今江蘇江甯府上元縣南三	揚州總管府 治江都郡今江蘇揚州府江都縣治隋書地理志周爲吳州開皇九年改爲揚州置總管府大業初府廢 謹按揚州領四十二郡會稽隸焉
會稽郡 治山陰今紹興府治 陳書文帝紀天嘉三年以會稽置東揚州	會稽郡 治會稽今紹興府治 隋書地理志會稽郡平陳改曰吳州置總管府大業初府廢置越州統縣四 浙江通志建置表揚帝改爲越州尋復爲會稽郡屬揚州部
諸暨縣 卽今治	諸暨縣 卽今治 隋書地理志會稽郡諸暨有泄溪大農湖 紹興府志沿革表開皇中屬吳州大業中屬會稽郡 謹按舊志載隋開皇元年廢吳甯復入諸暨隆慶駱志質實篇謂隋書地理志金華縣注廢建德太末豐安三縣入改爲吳甯十

二年改東陽十八年改名焉並無廢吳甯入諸暨之文樓志亦據清類天文分野之書謂開皇中羅吳甯分五鄉入烏傷亦未有復入諸暨者然據嘉泰會稽志興平二年分諸暨之大門村爲漢甯縣後改吳甯今開化鄉四十都有大門村則吳甯復入諸暨舊志之說似亦未可遽非也

唐

江南道採訪使

舊唐書地理志貞觀就元年始於山河形便分爲十道入曰江南道謹按越州隸焉

越州會稽郡 中都督府

治越州今紹興府

治

舊唐書地理志武德禞四年置越州

諸暨縣 望

郎今治

舊唐書地理志越州中都督府諸暨漢縣屬會稽郡越王允常所都

唐書地理志會稽

江南東道採訪使

竝治蘇州今江蘇蘇州府吳縣治

舊唐書地理志開元氖二十一年分天下爲十五道每道置採訪使檢察非法如漢刺史之職江南東道理蘇州諱按越州隸焉

浙江東道節度使

治越州今紹興府治

舊唐書地理志浙江東道節度使治越州或爲觀察使

總管管十一州越州領縣三七年改爲都督督五州越州領縣四天寶元年改越州爲會稽郡諱按諸暨竝隸焉

唐書方鎭表乾元鏞元年置浙江東道節度使領州八大歷紱五年廢置都團練守促及觀察處置等使領州如故十四年廢建中繼元年復置浙江東道都團練觀察使二年廢中和緇三年升浙江東道觀察使爲義勝軍節度使光啟鑴三年改爲威勝軍節度使乾甯緇三年改爲鎭東節度使諱按竝以越州

郡諸暨望有銀治東二里有湖塘天寶中令郭密之築溉田二十餘頃舊唐書地理志會稽郡蕭山縣儀鳳篇二年分會稽諸暨置永興縣天寶氖元年改爲蕭山樓志隋書地理志云平陳廢永興入會稽而前此不聞有廢永興入諸暨者是會稽之分置永興爲復而置之而諸暨之分置永興則割而置之也

五代吳越

爲治所

越州東府

治會稽今紹興府治

十國春秋地理表注唐乾甯四年武肅王號越州爲東府後國中亦稱東都吳越天寶元年梁敕并越州爲大都督州領縣八五代史吳越世家昭宗拜鏐鎭海鎭東軍節度使鏐如越州受命還治錢塘號越州爲東府謹按張淏會稽續志時亦稱會稽府

諸暨縣

即今治

十國春秋地理表注初改暨陽天寶元年仍改諸暨縣城武肅王遣王永修築十國春秋吳越武肅王世家天寶三年注輒五月奏改東府暨陽縣爲諸暨縣惡楊氏也謹按十國春秋吳越世家中和三年王討劉漢宏時稱諸暨乾甯三年王討董昌時稱暨陽據讀史方輿紀要謂係光啟中改說亦近是

宋

兩浙路

治臨安府今杭州府錢塘縣治宋史地理志熙甯纖七年分爲兩路尋合爲一九年復分十年復合府二平江鎮江州十二杭越湖婺明常温台處衢嚴秀

兩浙東路

治紹興府今府治宋史地理志南渡後分臨安平江鎮江嘉興四府安吉常嚴三州江陰一軍爲西路紹興慶元瑞安三府婺台衢處四州爲東路

紹興府

郎今治宋史地理志本越州大都督府會稽郡鎮東軍節度大觀纖元年升爲帥府舊領兩浙東路兵馬鈐轄紹興鎬元年升爲府文獻通考紹興元年越州陞爲紹興府置浙東安撫謹按陞府爲紹興者蓋以年紀名也領縣八以諸暨隸焉嗣後紹興爲浙東路治

諸暨縣望有龍泉一銀治

郎今治清類天文分野之書乾道緯八年以其地之楓橋鎮置義安縣後省大清一統志義安廢縣在諸暨縣東北五十里宋乾道八年置淳熙元年廢今爲楓橋鎮謹按似此則分置及廢才三年耳隆慶縣志貲實篇舊志載義安縣所轄蓋長阜大部長甯長秦花亭東安西安紫巖花山義安也今按義安之轄十鄉大要不遺矣謹按宋史地理志紹興府新昌縣注已

乾道八年以楓橋鎮置義安縣淳熙元年改據此新昌爲義安所改則即諸暨所分而縣境與新昌竝不毗連則其說非是又按宋避太宗諱凡州縣更名如義陽軍改信陽南義州改南儀孝義縣改中陽見於錢大昕十駕齋養新錄者二十有六分縣何以直犯其諱豈年遠不遁耶此則未敢知矣

元江浙等處行中書省 治杭州即今治元史世祖本紀至元十三年二月耕以臨安爲兩浙大

紹興路 上 即今府治元史地理志唐初爲越州又改會稽郡又仍爲越州宋

諸暨州 下 即今縣治元史地理志宋諸暨縣元元貞元年升爲州

明		
浙江等處承宣布政使司	都督府六月罷二 十一年徙江淮行 省於杭州二十八 年改江淮行省爲 浙江等處行中書 省治杭州謹按領 路三十府一州二 紹興路隸焉	即今治 明史地理志元置 江浙等處行中書 省太祖戊戌年置 中書分省治甯越 癸卯二月移治嚴 州府丙午年十二 月罷分省置浙江 等處行中書省治 杭州府洪武三年 十二月置杭州都 衞八年十月改都
紹興府	爲紹興府元至元 十三年改紹興路 領縣六州二	即今治 明史地理志元紹 興路屬浙東道宣 慰司太祖丙午年 爲府領縣八
諸暨縣		即今治 明史地理志府西 南元諸暨州太祖 己亥年正月改諸 全州丙午年十二 月降爲諸暨縣西 南有新城在五指 山下太祖癸卯年 李文忠所築西南 有長淸關二巡檢 司廢 浙江通志建置表 諸暨縣明初爲諸 全州洪武二年已

	國朝
衛爲都指揮使九年六月改行中書省爲承宣布政使司 謹按戊戌即元至正十八年癸卯即至正二十三年丙午即至正二十六年甯越府即今金華府治浙江領府十一紹興隸焉	浙江等處承宣布政使司 即今治 浙江通志 皇清定天下置浙江等處承宣布政使司凡隸布政司者府一十一州一縣七十六
	紹興府 即今治 浙江通志 國朝定爲紹興府屬浙江布政使司領縣八
酉復爲縣屬紹興府 隆慶駱志洪武三年庚戌改諸暨縣仍屬紹興改路爲府 謹按明初改州爲縣以上三書年月不同未知孰是	諸暨縣 即今治 章志 國朝諸暨自乙酉五月中歸附實順治二年未幾會稽鄭遵謙挾魯藩島合阻江明年丙戌六月再平 搢紳全書諸暨縣繁疲難

樓志諸暨有繁疲難之目自雍正中始通來或由陞題或由調繁或一聽督撫擇用試可乃授非能員弗輕任也浙江通志

國朝諸暨縣屬紹興府編戶一百五十二里

諸暨縣志卷二終

諸暨縣志卷三

建置志二

疆域

古者建邦立政首辨疆域疆字經典釋文訓竟廣雅訓窮窮其究竟而地始有域故杜佑通典言四至李吉甫元和郡縣志舉八到至到爲互文皆以言夫廣輪之數也志其至到凡附麗於疆域之中者可次第而言矣

縣境

東西廣一百二十里舊浙江通志○舊作一百六十里今更正

南北袤一百五十里舊浙江通志○舊作一百十一里今更正

八到

東至古博嶺山陰縣界駐日嶺會稽縣界俱七十里萬歷府志

西至五洩山杭州府富陽縣界金華府浦江縣界俱五十里萬歷府志

南至善阬嶺白巖山金華府義烏縣界六十里萬歷府志

北至兔石頭山陰蕭山二縣界俱九十里萬歷府志

東北至白水山山陰縣界九十里萬歷府志

西北至雀門嶺杭州府富陽縣界七十里萬歷府志

西南至日入柱山金華府浦江縣界七十里萬歷府志

東南至宣家山嵊縣界八十里而近白水嶺金華府東陽縣界八十里而遥萬歷府志

東北至紹興府城一百一十里浙江通志

西北至杭州府布政司一百里浙江通志

西北至京師四千四百二十里浙江通志

建置志三

城垣

昔先王作邑必先作城城者禦暴保民之所周官辨正方位數言其經營之意今猶可得而想見也邑建始於秦其舊城築於何年前志已云失考即所謂築於唐開天間者繹嘉泰會稽志似亦非今之城址則舊城築於何地今亦莫能紀其實矣今之城明初將軍胡大海之所改築者也自是而降舉廢之故舊牒可稽芟繁舉要條其規制而并以池附焉守斯土者其加之意哉

城

諸暨縣舊城不知築於何年隆慶駱志城周一里四十八步高一丈六尺厚一丈唐開元中令羅元開建東北門天寶中令郭密之建

西南門天祐初吳越武肅王嘗遣裨將王永修之今廢嘉泰會稽志
元至正末明兵取諸暨是時縣爲州將軍胡大海重築州城左
浣江右長山圍九里三十步爲門者五東迎恩南迎薰北朝京
西西施而水門不名未幾守將謝再興以諸暨叛大將軍李文
忠馳來擊之未克乃去州六十里別築一城不旬日而成名諸
全新州已而紹興平舊城亦下仍卽舊城爲縣而新城廢成化
以後舊城久漸圮民皆據爲宮室惟門存嘉靖中倭寇爲患知
縣林富春乃議築城撓者紛紛一日榜示曰城本官地決不與
民城本官造決不擾民毋再議遂興工刻日告成不管一民而
所議給帑金尚未啟封府志自爲文記之其略曰國朝建府州縣皆有城池以衛社稷
固八民保藏積聚獨腹內諸地或闕弗置今海戎頻興擾郡縣
諸暨在萬山之中寇亦再至城其得而闕諸嘉靖三十四年冬
請築城於監司時公帑告虛民力弗競請賣官泌湖以益之議
日可乃以十二月十一日起工越三十五年六月報罷公私費

計六萬有奇董其事者鄉之耆老與十遞年總而督之則富民袁旅壽秦駱東暘蔡烈吳大賢何相何元德蔣巍樓守道陳天麟俞拱壽九萬趙曉黃道中王元梓陳鶴年也先是施知縣堯臣築蕭山城聲藉甚人爲之語曰蕭山城打成諸暨城誘成問民孰良看兩城城周九里凡千三十丈有奇高一丈八尺雉堞六尺其二丈四尺有奇厚一丈謹按雉堞以下十四字當有訛脫樓門四東禹封玉帛南句乘雲物西蠡湖煙月北槃湋桑麻水門三

國朝順治十五年部院李率泰檄行每堞增高六尺并二爲一凡堞皆有隙以便發矢銃凡數堞增一礮臺府志乾隆三十一年奉

特旨普修天下城垣諸暨城亦在估修之列領帑七千八百三十四兩共修城身九十六段通計八百三十三丈其築城垛七百二十有四每垛長一丈高五尺六寸厚二尺門樓四座每座高二丈一尺闊二丈二尺於乾隆三十二年八月經始三十三年

三月報成知縣陳燦承辦三十四年春雨復坍內外舊城身數段知縣沈椿齡捐廉俸八百餘兩重修不領帑不復冊報樓志

謹案邑城自乾隆以後道光二十一年曾民捐民辦修築一次卷燬於燹其起迄工程今靡可得而紀矣咸豐三年西北城又坍城紳陳朗獨捐已貲修築知縣劉書田將爲請獎朗力辭故亦無卷同治十年知縣朱樸勘明坍塌估計修費銀一萬五千八百餘兩詳請就地籌修於是城鄉捐集紛紛興工以當事者不得其人費罄而工弛此後歷年詳覆但以兵燹之後瘡痍未復款鉅民貧驟難集貲待費停工更議其事爲詞竊歎便文自營固不自今日始也

廢城

諸全新州城在縣南五指山下明初李文忠築今廢隆慶志

池附

城東浣江天塹城內五湖舊志作三湖此從今日形勢更之相傳舊嫌長山勢逼用堪輿家說鑿此當之宋淳熙中縣令何喬浚其湮塞置二閘以時漲涸五湖者水自城外西南隅入至紫山下渟豬爲一湖

今稱三官殿前湖由紫山下迤北出桂花橋即上湖橋至酈祠前又爲一湖今稱酈祠前湖由酈祠前迤東過登仕橋即中湖橋曲屈以達於學前又爲一湖明嘉靖中知縣徐履祥以學湖之水偏帶西南不合須制乃浚其淤塞環西作堤以界之人呼徐公堤今稱新埂頭於是湖分爲二一在堤東者名學湖在堤西者名琵琶湖由琵琶湖北出採芹橋即下湖橋抵北城又爲一湖今稱火神廟前湖二閘者一在學湖東北隅甃石作溝過鋪前街至縣治之三思橋出閘以入於江一在火神廟前之北隅亦甃石作溝出城爲白水河緣城橫入於浣江者也五湖勢相連屬水自流通歷年久遠緣湖居民占湖壖爲屋日漸淤塞每有澄清之議而阻於地勢之難爲力說者謂萬一闔門三日將有拜井之虞唯計長者慮之而已參舊志光緒十六年振飢贏餘錢四百十六千知縣胡永焯詳司留存濬湖

十九年邑紳程槐酈英彥等領款興工知縣周學基捐廉爲倡又勸捐於城紳及市鋪佽助之至十二月工竣其費錢二千五百七十四千有奇唯採芹橋雖已開通左右尚未復舊自登仕橋至王家道地兩旁湖岸侵占尚多經費不敷從此畢事知縣周學基爲記

諸暨枕山帶江環城遠近西南多山東北多水此其大概也城以內長山橫亘雉堞回環城中及四隅窪處瀦水爲湖湖區爲五其實水流縈繞脈絡貫通仍處處相聯也夫此城之賴有五湖也其非徒壯觀瞻之謂將以備蓄洩資水旱濟利用而阜財源其爲益於生民日用之需誠大矣況湖光明媚增闔邑之文風湖水淪漣洩西山之煞氣其所繫顧不重歟考五湖之先自宋邑令何公明邑令徐公兩次修浚後迄今二百數十年間瓦礫堆集塵垢充溢瀕湖居民又各湜蠶食築室開圍占作私業馴至大者或溝澮小者若岡阜五湖舊跡行將漸就澌滅矣邑紳程君槐酈君英彥樓君任賢等目擊心惻怒焉憂之爰稟商前任胡公於光緒十六年振餘公款內提存四百元今年春集議開濬又苦工大費鉅難以蕆事基於是捐廉百元並籌撥公款百六十元以爲之倡又集紳商樂輸一千七百元有奇計自三月開工起至十月工畢共用洋銀二千四百餘元芹橋雖已開通左右仍未復舊自登仕橋至王家道地以橋之三洞界之兩旁湖地侵占尚多湖身狹若修頣

而歷年積久仍恐易於湮塞唯目前經費支絀籌捐不易是以
僅事疏通節用迄事所有業經濬復之處先勒石立界出示禁
止毋許堆積污穢其未經開濬及湖旁侵占之地故
址猶存設他日重議濬復皆可考而知也是爲記

建置志四

廨署

民守於官官守於土問俗觀風尚謀戾止矧涖茲土而曰視如傳舍乎此聽事之所以有廳治民之所以有治也邑之廨署廢興者屢矣孰經營是孰鞏固是志其崖略亦廑勞之績也由是而倉廒育嬰堂等亦各以類附焉皆建置事也

秦時開縣建治宋建今治（嘉靖通志）在中城少近東北（隆慶志）廨內有琴堂（嘉泰會稽志）元陞爲州治（嘉靖通志）明初己亥屯兵守禦燬於兵（舊志）洪武三年復爲縣治（嘉靖通志）知縣田賦重建（宏治府志）正統己巳燬知縣張鉞重建正德己卯圮知縣彭瑩重建山陰蕭御史鳴鳳爲記

諸暨浙東鉅邑也地阻而俗美環山爲湖累溪爲江而田於湖山之間雨暘非其時則亢溼異宜灌洩甚艱故歲無常稔治之非其人則寬猛異劑民不帖服故事多廢弛比年以來自學宮以及諸公署皆荒圮弗治而邑之廨事墜壓尤甚上雨傍風殆

無所障蔽前令馬侯思聰嘗一經畫矣尋以陞任不果今令大庾彭侯瑩既涖政之明年吏畏其廉民服其公爬梳剔抉理皆就緒禱祈雨應農亦告登乃節嗇凡費以稽贏財贖民細故以徵餘力學宮諸署以次修復又期年而廳事亦成侍御吳公華按治至邑嘉其舉廢而民不勞也曰吾當有以助汝則又以贓罰所儲檄輸於邑而鼓樓坊牌又成庠生徐君俊仁輩相率來告請一言以紀其績余惟天下之事皆成於能任而壞於自私其在一邑則又切近而易見者也是故好事者多紛更避嫌者樂因循紛更之人非以倖名即以竊利而民之受其病者多矣或者以是爲嫌也於是避之即事有當改亦因循而不爲其勢必至於大壞而不可支則其爲費益倍矣故避嫌之與好事均自私也因循之與紛更均病民也今侯治儆久當更之邑而建置得宜亦惟以公心自任而行其所無事故人咸知以費爲省以勞爲逸以及時爲幸宜其上下咸安而相與有成也使爲天下者皆能充是心以任其責則亦烏有弗治哉侯之績固所宜書而余亦因之有感矣是役也爲廳事凡三楹廳之左右稍下爲蓮幕爲庫藏凡二楹以下兩廡爲六房左右凡十八楹爲儀門於前凡三楹又前爲鼓樓凡五楹又前爲坊牌凡三座悉取堅完勿事華侈丞與尉某某有贊襄之力焉

崇禎十六年又圮知縣錢世貴重建紹興府推官前署諸暨縣事陳子龍爲記余以庚辰冬奉檄署諸暨令事察其山川形勢自縣以南多高山平原類苦旱而其北則受浦陽江之下流爲湖瀦以百計恆患水既已連歲災穀不登窮民相聚刦巨室日

數見告予日夜厲賊曹衣求盜衣捜山澤飭干掫衞城郭又大發粟振貧乏養癃篤告糴於鄰民用小靖而縣治則頹圮甚廳內以二十餘木支之令治事輒惴惴棟折且將壓焉廊廡無牆垣吏抱牘立雨雪中門無閈闌樓無鐘鼓館賓於東隅如入車廄令之私舍僅蔽風雨蓋建自正德中於今百二十年矣宜其墮壞不治將益深而予是時方芟梗扶傷之不暇且歲月之不假易安敢以告司里明年貢令錢君來則討捕賑貸之政益修朞月之間令行禁止四境大和又明年歲大穰遂上計中丞御史臺以建造請報可於是量徵徭役用寬民力不足則乞嘉肺之羨緡又不足則捐常祿繼之木石埏埴靡不躬親義取壯緻不用丹雘凡歷二時而成爲堂者三堂之前爲軒後爲重堂皆如之右爲庫者一左爲幕廳尉實居之庭之左右爲廊六曹掾所供事也前爲儀門者三又前爲麗譙者五挈壺氏司之左偏爲賓館以歲時見大夫堂之後爲令燕室不詳記既落成而予以冬日行縣見之作而歎曰我今而知爲政矣古之論治者曰營室之中土功其始故入其疆寄寓施舍之不具橋梁宮室之不修於是乎有逸罰豈能無勞民蓋罷於逸樂安於苟且足以傷政而偷俗也是故易取大壯書有營雒詩記司空司徒春秋書築宮禮載百工咸理此先王所以重明作考功效而計久遠也故立政體國利吏數世今也不然吏旣驛傳其官而世之課吏者程功之心不若糾過之心闒茸者謂之安靜姑息者謂之愛民於是巧售其術者卽不至陰收脂膏以自潤亦未過楚孫叔齊晏嬰也而外則陽爲儉嗇頹垣不塗敗戶不鍵歲玩日愒以累後人而責諸不及則相率爲懈慢矣夫四境者政之所訖

也邑治者政之所出也田疇溝洫在遠者也戶牖庭除在近者也夫令也朝於斯夕於斯出令布惠之地而蕪穢不飭豈能震動恪恭以經野保民遠猶辰告以廣世德於茲土乎夫門內不治而能治其四境者我未之前聞也由此推之錢君可謂知本矣抑之詩曰夙興夜寐灑埽庭內定之方中日秉心塞淵惟錢君有塞淵之心夙夜之勤以鎮撫百姓凡厥正事罔敢弗克建其獨宮室乎余受事之日淺又厄於歲不獲經始而重服錢君之斷而有成也錢君宏遠矣

國朝順治四年浙江通志九月山寇猝至廳廡門樓一夕盡燬章志康熙九年知縣蔡枸重建詳名宦傳中為正廳後為川堂為後堂西為內宅正廳東為幕廳前為戒石亭為儀門為譙門庫西為丞衙儀門內東為典史衙兩廊為吏舍浙江通志余縉為記碑建堂左側今

上紀元之九年邑令蔡侯重建聽事堂落成邑父老函請記其事因憶侯出都之日余方巡視京城杼駕過從郎以吾暨之民風土習山川關隘而詳詢之余固知侯之上有以酬主知下有以慰民望也今當報政之期矣公而革徭田之弊巡行而復經野之規具懾奸摘伏之神釋竄逃株連之累追黃白渡之私漁而石梁重建清茅渚步之官田而輿杠再興諸如美政豈特建縣治葺聽事堂之足記也哉然而有不可不記者皇恩浩蕩而感發無地何以令人企仰國威遠播而觀瞻不肅何以令

人畏敬而況乎公帑無請乞之金錢則動用難民間有早責之絲粟財率作難乃侯當此之際捐俸勸諭不踰時而異材林集神人胥應庶民子來首建譙樓晨昏有司使斯民之得以早作而夜息也次建儀門內外有限使斯民之得以知趨而知避也次建大堂承宣有基使斯民之得以不爲詛而爲頌也敦厚渲樸之氣坐斯堂而有以開之衣冠禮樂之風坐斯堂而有以振之克威克愛之猷坐斯堂而有以布之爲保障不爲繭絲之意坐斯堂而有以播之政事以舉民氣以和爲天子之屏藩作斯民之父母坐斯堂而皆有以任之則是堂之所係豈小而建斯堂以出治之績又豈淺鮮也哉自此而贊廊廟侍闕廷慰天子之蒼生我侯之學問事功咸於今日兆之矣是烏可以無記以著侯之功神侯之政而傳侯之業於不朽乎余用爲是言敬與父老再拜而勒諸石侯諱杓字而執丁未進士福建晉江人

許開

正廳爲閒三舊顏曰明正堂又廳東有無倦齋宋時建今廢舊志

川堂爲閒三正德中知縣彭瑩顏曰忠愛堂康熙中知縣魏觀以後堂閤塞去之樓志

後堂爲閒三嘉靖中知縣朱廷立撤而新之顏曰三事堂自爲文

記之（其略曰大庾彭君之尹諸暨也撤廳事之舊而新之榜曰忠愛彭轉官雨厓子代焉撤堂之舊而新之榜曰三事夫士君子之爲人臣也其道二忠君愛民焉盡矣而其所以行之者有三也清以植其本也慎以審其幾也勤以致其成也三者廢一不可而吾皆未有行也未有行也而勉行之是故書諸堂欲毋忘也將終身誦之耶曰未也所貴乎清也以其惠所貴乎慎也以其斷斷所貴乎勤也以其要清矣而鮮惠則所謂清者隘慎矣而寡斷則所謂慎者葸勤矣而無要則所謂勤者勞是故去乎隘與葸與勞則可以語三事矣可以語三事則可以語忠愛矣可以語忠愛而後於人臣之道無愧焉爾矣嗚呼此彭君之所以善學夫古而余亦願竊比於彭也）隆慶中知縣夏念東改顏曰寅恭堂自是修改不一康熙中知縣佟世燕修顏曰新民堂乾隆中知縣張端木改顏曰思補堂後堂西爲內宅有省心室又西有堂爲閒三康熙中知縣朱扆顏曰君子堂以堂前植竹故名乾隆丁丑知縣張端木修顏曰雙清堂又有得心堂今廢（樓志）

幕廳一間在正廳東乾隆中改爲倉（樓志）今爲冊房庫一間在正廳西（樓志）

望稼樓三間閒三層在後堂東偏乾隆中知縣常金蘭建粵寇之亂毁

東廊九間分房四曰吏曰戶曰禮曰承發今增鹽房招房値堂房康熙十三年山寇竊發盡被焚燬知縣吳龍震重建樓志光緒十九年三思橋市房失火延燒又盡知縣周學基重建

西廊九間分房三曰兵曰刑曰工康熙十三年與東廊同燬知縣吳龍震重建樓志

戒石亭一座舊在儀門內當甬道之中後移譙樓外當大門之中樓志同治九年粵匪之亂亭石俱毁

謹案繫年要錄宋高宗紹興二年六月癸巳頒黃庭堅所書太宗御製戒石銘於郡縣命長吏刻之庭石置之座右以爲晨夕之戒又容齋續筆云乾德三年成都景煥撰野人閒話一書首載蜀王孟昶頒令箴二十四句太宗皇帝嘗取二聯先後互換書之曰爾俸爾祿民膏民脂下民易虐上天難欺以賜郡國立爲戒石銘石所鐫者卽此四句蓋宋制也

儀門爲間三光緒二年毀於風三年二月知縣劉引之重建

賓賢館三間在儀門東康熙中知縣楊洪建樓志誤作夏念東後今據名宦傳更正

改顏曰迎賓廳樓志

架閣房一間在儀門西樓志

大門譙樓爲間三隆慶中知縣夏念東改建自爲文記之時之義大矣書曰敬授人時又曰勑天之命惟時惟幾二帝三王之治率由此也我國家則以夏時爲正而分啟閉至晷漏鐘鼓每致謹焉咸以陰陽生掌之生故周宮挈壺氏遺意也故海內郡縣儀門之外莫不建鼓樓以崇其制示臣工以知所謹焉洞斯義者以時集事如龍見火見之不懈晝儆夜誡之勵精俱隱然寓於崇樓建置之內是樓之興廢其所繫豈淵小哉諸暨東越隩區古以州建今改隸紹興府地廣而山崇民雜以宂夙昔稱難治先令是者一惟民之所欲惡爲從違故鼓樓之內儀門之外皆爲民居隱占突據其中高樓宴肆喧沓萬千無所忌避聽理公庭者方下官階即入酒樓高會矣即體統且弗肅安望其順時因利而敬順之哉予承乏是邑觀斯樓之圮已有年矣又慨乎上世之豪民隱官地以爲市肆欲一新之而民方以水潦費無所出乃捐俸爲之不足又捐鋪役之浮食者以益其數民肆撤矣計五丈有奇橫減是之半償之以價約三十六金崇樓建矣而稍

易其向所費倍是於是鐘者鼓者有所棲息而不懈於從事庶幾乎堂階森嚴時幾罔懈樓之建其有由哉是役也典史曾君應祐老人趙世諴實董其事丞篁村王君祐簿懷石習君節樂觀厥成例得並書嗚呼建置不難也而難於不費民拓地不難也而難於民不以爲病使樓成矣而民以爲傷己之財奪己所有則叢怨也非崇制也有司者其可乎哉此固授時之意而時幾之義所當爾也老人石有德等請曰願碑而亭之以永後於是乎記

雍正七年知縣張長庠重建樓志今門無樓移更鼓於正廳東偏其改置緣起無考光緒十九年三思橋市房失火門被延燒知縣周學基重建

旌善亭在儀門左廂知縣夏念東重建今圮

申明亭在儀門右廂知縣夏念東重建今圮

謹案洪武二十七年詔有司擇民間高年老人公正可任事者爲里老理其鄉之詞訟又詔天下州縣置旌善申明二亭民有善惡書之以示勸懲凡戶婚田土鬬毆常事里老於此剖決見顧炎武日知錄

又案大清律注有州縣各里皆設申明亭一條則國朝亦有此制又章志縣署圖大門外左右繪有彰善癉惡二亭各立禁碑則康熙時尙未圮也今則亭阯無考矣

土地祠在儀門內東廊之南樓志粵寇之亂毀後又建復光緒十九年三司橋市房失火延燬二十二年再建外殿顏曰福德祠內殿顏曰欒公祠相傳爲祀明初知州欒公諱鳳

獄舊在儀門外西宋劉宰有諸暨縣重建縣獄記端平理宗二年八月立文見漫塘集同治元年粵寇之亂被燬光緒□年移設儀門內卽惠濟倉基

候審公所在縣署左側光緒五年知縣潘康保卽永裕倉房改設

遷善所在今縣丞廨前光緒二十六年知縣葉昭敦卽廣濟永足二倉基改造

縣丞廨舊在幕廳東其正廳顏曰廉石堂明嘉靖間丞胡宋建

國朝順治三年主簿缺裁移主簿廨丞廨改爲倉房樓志今又改爲糧房

主簿廳在縣庫西謹案陸游諸暨縣主簿廳記云邑舊無丞元豐間置丞徙主簿以居之而主簿以鹽倉爲署則簿署似非縣庫之西三十步有逍遙齋宋主簿吳處厚建自爲文記之天地萬物參差散殊恢詭譎怪不能相一而莊生能一之是亦辯之志也前儒魁疑其著書首以逍遙名篇其言宏綽其理疏曠其旨幽妙其致高邁王公大人不能器其說造化眞宰不能材其用誕則誕矣而僕竊喜之又以逍遙之名名其齋亦莊生之意也嘗試論之夫性有定分理有至極力不能與命鬬才不能與天爭而貪羨之流進躁之士乃謂富貴可以力擬功名可以智取神仙可以學致長生可以術得抱恨老死而終不悟悲夫使天下之富必以如陶朱猗頓耶則原憲黔婁不復爲賢人矣使天下之壽必盡如王喬彭祖耶則顏氏之子閔氏之孫不復爲善人矣使天下之仕必盡如稷契伊管耶則乘田委吏不復爲孔子矣使天下之色必盡如毛嬙西施耶則嫫姆孟光不復嫁於人矣蓋富者自富貧者自貧壽者自壽夭者自夭達者自達窮者自窮妍者自妍醜者自醜天地不能盈縮其分寸鬼神不能損益其錙銖是以達觀君子立性樂分含眞抱樸心無城府行無町畦天下有道則激激與世相清天下無道則混混與世相濁壓之泰山不以爲重付之秋毫不以爲輕升之青雲不以爲榮墜之深淵不以爲辱震之雷霆不以爲恐劫之白刃不以爲懼喻死生爲旦暮用盈虛爲消息仰觀宇宙之廓落俯視生死之卑壓譬如一浮萍之適大海稊米之寄太倉何足議重輕於其間哉故所至皆樂所處皆一適出與天爲民入又與道爲鄰

若是則安往而不逍遙乎此命齋之大略也齋凡三架十有八楹東西之廊翼然而趨左右之房洞然而虛地可載屋不求其餘堂可容几不求其舒可以聽訟可以燕居可以偃仰可以自娛室有淨名經三卷員詰兩軼道書數十軸其餘琴弈圖畫舞樂之具率皆稱是故卯而升坐於堂則奉版抱牘雁鶩而莅進階前沸於闤闠堂下鬧如囹圄於是與里胥亭長市井閭巷之民辨曲直質是非於亭午而退休於室則前溪後山軒窗四豁身几坐於環堵心恍遊於大庭於是與釋家老聃莊周列禦寇之徒談性空論名理於書此僕之所以爲逍遙也衆人但見僕汩汩而進碌碌而退塵埃滿巾泥汗滿韡而不知一室之內自有此樂金朱煌煌軒冕崇崇爵甚榮而位甚尊任甚大而責甚重怨謗之所藪憂客之沂屈又不知與僕室內之樂何如哉乃知古人韜光戢景陸沈於世柱下之史漆園之吏柳下惠之小官東方朔之爲郎皆有所謂又何必遁逃山林跧伏草野而爲方外之士哉夫位之卑者不競則躁職之賤者不快則悲今吾於是齋也齊鵬鷃之大小均鳧鶴之短長荒唐汗漫覼縷亹亹廣南華之意述逍遙之旨者不惟用以自釋又將告諸後來者使之息躁競悲快熙乎澹泊者焉

後爲丞廨徙簿廨於倉廥嘉泰元年主簿丁密重建陸游爲記

建炎紹興閒予爲童子遭中原喪亂渡河沿汴涉淮絕江閒關兵閒以歸方是時天子暴衣露蓋櫛風沐雨巡狩四方曾不期月休也大臣崎嶇於山海阻險之地草行露宿不敢告勞亦宜矣況於州牧郡守以降蘧篨一廛以治其事者相望又況降而爲縣令丞簿者哉及王室

中興內外粗定然郡縣吏寓其治於郵亭民廬僧道士舍者尚比比皆是積累六七十年四聖相受天下日益無事兵寢歲登用度饒餘然後皆得稍復承平之舊至於縣則有迨今苟且因循者主簿在縣官中卑於令丞而冷於尉非甚有才則其舉事爲尤難若諸暨主簿丁君宗者可謂才矣君海陵人也今居吳世有顯人爲吏精察而平恕學工文辭而不忽簿書期會之事嘗兼攝丞久之得添給不取一錢皆用以新主簿之廨諸暨舊無丞元豐間置丞徙主簿以居之而主簿更得廨乃故鹽廥藉溼支傾殆不可居然閱百二十年爲主簿者凡幾人至君乃更新之不亟不徐不侈不陋不費於公不斂於民竹箇木章瓦甓丹堊不蠹不苦窳不漫漶堂後舊有池自君來此二年產異蓮駢跗邑人傳以爲君且通貴之祥相與名其池上之亭曰雙蓮君故不喜怪而邑人之意如此亦足知其得民也君與予之子子虡遊乃因子虡請記歲月予不得辭也昔我藝祖肇造區夏當乾德六年二月癸亥嘗詔郡縣吏代歸者皆上其官舍傲壞或興葺之數於有司以爲殿最嗚呼祖宗明詔具在汴館而近世乃有相戒以爲非急務且徙速謗者獨安取此哉予嘗備太史牛馬走獲窺金匱石室之藏故敢併記之以曉他在仕者嘉泰元年十月二十七日中大夫直華文閣山陰縣開國男食邑三百戶致仕陸游記

廳側有雙蓮亭亭下有池宋慶元間池產駢跗蓮故建舊志

國朝順治三年缺裁又爲縣丞廨

教諭廨在明倫堂東詳學校志

訓導廨在明倫堂西詳學校志

典史廨在縣治儀門内東六十步舊有窺月臺今廢嘉泰會稽志

駐防廨在縣治東又楓橋設駐防響鐵嶺設駐防兼緝私安華鎮設員緝私皆有營房

右官廨

楓橋公署在縣城東五十里有喜雨堂即楓橋鋪今廢乾隆府志互詳坊宅志

宣何公館在縣城南六十里萬歷中知縣時偕行即羅嶺鋪遺址栁建尹從淑成之并設社於旁章志陳性學爲記夫通都大逵冠蓋往來相屬徵官舍則使軺奚止此四方公署所以參郵傳而設也宣何距縣六十里道且衝而無官署以憩非闕與往余承乏使曹奉璽書分茅益藩經斯地則舍于何氏宗祠見靈櫬森在上愁若不自甯閒有臺察使者至廝從員役紛午驛騷甚且撤俎豆以施供

帳從鐘廣以待軒輿則主者病冠蓋驅馳山徑雖獲暫休而所駐終非所安則舍者亦病然迄未有彰而圖之者萬歷辛卯乾所時侯循行至惕然曰奈何使棲靈薦苾之區爲秣馬傳餐之所此長吏之羞也於是議建宣何公署易羅嶺鋪遺址從事焉堂皇肆啟廊宇稱之周翼垣廨前起麗譙又於旁設社倉儲粟以備薦饑共爲閒若干計緡若干凡捐俸若干通融轉易若干勸義助輸若干郎工駿駿就緒而侯忽改遷定海代侯署者又方尹侯念役尙殷一繁而財力頗詘功未可旦夕奏也復捐俸爲通融爲勸義又踰一稔而事始告竣會余有閩臬之命從楚北乘便歸甯何氏貢生名敏一者與余素同筆硯爲金石交率其家器庠生光祖來敦舊好請一言爲記余惟先王之制賓客候人戒塗隸人牧圉各瞻其事而後賓至如歸未世率應文視之矣時侯創興百年曠闕以仰裨王政爲一難專城結綬非不欲有所征繕類多避嫌中輟而侯掃抹形迹毅然決計爲二難且官不煩帑藏役不費追呼俗不駭更置一爲三難郎令居者企過者瞻冠蓋安止而何氏亦永妥其先靈一舉而衆善集焉賢令之施爲用注茲固其一斑哉顧非尹侯嗣厥終如其始則亦安覬于績用之成是在時侯視民事猶己事在尹侯修前工郎若工時一則獨任其難一則其成其美懿哉茲役俱不朽於宣何矣時侯三畏八諱偕行尹侯三巴人諱從淑並以名進士起家治邑多惠政未易枚舉助義董事者蔡子智□□何宗德何鯨何登何璋趙和□□□例得書爲列序之如右今圮

謹案蔡子智下舊鈌二字趙和以下舊鈌四十六字

右行署

布政分司在登仕橋西正廳川堂後堂東西廊廚浴房書吏房中門大門各三間隆慶騶志即南司今圮唯地存章志

按察分司在東門內正廳川堂後堂東西廊廚浴房書吏房中門大門各三間隆慶中知縣夏念東修萬歷丙申知縣尹從淑重修隆慶騶志即北司今圮章志

府館在學宮前左外泮池之東正廳三間川堂一間後堂大門各三間西向隆慶騶志萬歷三十年知縣劉光復改為永利倉章志粵寇之亂燬互詳倉廒志

稅課司在縣南洪武初設大使一員攢典一員正統四年裁革十一年復設嘉靖四十五年復革課程本縣帶辦遂廢樓志

右廢署

醫學在縣前西街（郎鋪前街）洪武甲子設訓科一員內外科醫士十二名（乾隆府志）後燬於火

國朝康熙五十一年重葺之旋以地近街市爲市民侵占屋又籍入於官乾隆五年知縣秦勳奉督憲德札設局施醫乃加整理改曰惠民藥局監生趙驤捐田十畝九分零以資施濟秦勳（樓志設作方以恭據碑文更正）今勒碑記其事粵寇亂後又爲豪者所踞經趙驤後裔瑩追之今爲牛痘醫局光緒間城紳孫瑗復捐市房一所坐落中水門外西向前後兩間并水閣樓基址一行在內徵租以施種牛痘

陰陽學在縣前西街洪武甲子設訓術一員（乾隆府志）

僧會司舊無廨宇洪武甲子設僧會一員掌書一名僱僕二名旋移智度寺（乾隆府志）

道會司舊無廨宇洪武甲子設道會一員掌書一名佃僕二名旋移乾明觀乾隆府志

右雜署

倉廒附

預備倉在城隍廟側正廳三間廒二十六間門三間洪武辛未建謹案洪武三年詔令天下州縣通建預備倉辛未係洪武二十四年督不當遲緩至此未字恐係亥字之訛蓋洪武四年爲辛亥也宏治間知縣潘珍修之隆慶間知縣梁子琦重修顏曰廣仁堂隆慶暨志周繼夏爲記其略曰國家惠愛元元有常業矣復於天下郡邑例設預備倉入粟儲之亦成周之制縣都委積以待凶歲也石渠梁侯治邑體國勤民首於預備倉注意焉覩倉廒頹敝不堪積儲乃取給公羨以典幕曾君董其事飭材鳩工建廳事於中圍拓廒舍於兩翼恢崇環固而制大備始事於戊辰仲秋越有二月而告成扁曰廣仁堂夫積貯者生民之大命也守土者爲生民立命當歲稔則大其積貯可善經久之藏及歲凶則時其振施用周一方之急待哺之民庶乎有濟而全生者衆矣其爲仁也不亦廣乎公諱子琦字汝珍一字石渠中都壽州人乙丑進士曾君名應祿字錫之號磻

溪南昌豐城人今廢

東倉在楓橋

南倉在長浦

西倉在靈泉

北倉在花山

便民倉一在縣東永壽寺一在三港口江南步頭

右六倉廢弛已久基址無存據舊志錄之謹案嘉泰會稽志載有省倉在縣廨東廡後又有常平倉在省倉東今亦無存

廣濟倉在縣丞署前雍正中設編九天雨露沛恩澤廣濟普施字號志樓粵匪之亂燬光緒二十六年改造遷善所

永盈倉在駐防署後右側乾隆中設編仁義禮智信字號乾隆府志今廢惟荒地存

永豐倉在駐防署後雍正中設編大有頻書民力足天庾豐盈億萬斯年字號樓志今廢惟荒地存

永裕倉在縣署左側乾隆中設編恭寬信敏惠字號樓志今爲候審公所

贊政倉在堂側乾隆中設編贊字號樓志卽宋縣丞署改今又更爲糧房

惠濟倉在儀門內乾隆中設編稼穡作甘字號樓志今改爲獄

永足倉在縣丞署右側乾隆五十六年設乾隆府志粵匪之亂燬光緒二十六年改造遷善所

永利倉在學宮前左外泮池之東卽府館舊址萬歷三十年知縣劉光復以歲苦旱潦置官田二百七十二畝零取其息儲之以備振章志自爲文記之古昔盛時數口有百畝之田樹畜紡織種種具備又且耕鑿湻樸不聞侈靡食息熙

括吏無從剝上之人猶然慮及旱溢爲災愁憐菜色預圖三年九年以備非常今何時乎富者罄室塗觀貧者朝不謀暮國家雖稱軫念民艱而輓輸不得後時乜凡意外單與徭費與夫郵飾廚傳一切倚辦小民此顔閣策其將疲買生涕泣太息之秋也無論焦燎汎濫特甚即一方稍稍不登匍匐號救者十人而九卒然議賑無資議借莫應申請未當可而枵腹已塡溝中矣初復於二十六年抵暨目擊其旱魃遺殃家戸徬徨困頓狀搜之帑庾俱已懸罄幸當道許假權宜民頗樂義猶得因人濟人沿都量給亦或蘇命旦夕然得無時不及待偃不能移奄奄竟作餓鬼者乎此復之坎心而於今不能以夢寐甯也苟可利後敢畏難勞今蒙兩院允糴社穀一千七百餘石得銀五百餘兩因幫銀買桐樹鋪前田七十六畝零并先買黄沙匯及下十里鋪共田一百九十六畝零歲課三百餘石總計三年生息約千餘石縣有額穀社有四倉而此倉又日積歲充小歉議平糴大祲用賑貸持籌而熟計之暨民其亦可免溝壑乎復之竭蹶爲此者不忍當吾世而再見顛危又不忍以身親莫措之苦更遺艱於後人也倉中一顆一粒莫非民膏寸木片瓦俱從民力苟平日泄泄於奸人荒歲又輒擾擾於閭閻徒飾利民之具不崇惠濟之實則是倉也實余之罪府也謹誌余懷以告同志

規制具載經野規略光復陞任郎遭侵蝕萬歷四十年知縣洪雲蒸追比之糴穀易銀續置田一百二十畝零久又廢弛倉屋亦圮經野規略

國朝雍正七年知縣張長庠捐俸重建增設廂房乾隆中又修之編天時地利人和公溥字號樓志後又廢弛辛壬寇亂倉屋被燬光緒二十五年知縣沈寶青奉飭籌辦積穀留撥平餘項下提派學堂經費修造正室三楹西向中奉劉公神位側廂兩楹左右倉房各五楹門五楹其黃沙匯及洪公續置倉田久遠失業無可稽考桐樹鋪倉田向給劉公子孫承種唯清釐出下十里鋪倉田共　畝　分　釐　毫交董事經理籌辦積穀改名寶豐倉編富國由崇儉斬年在好生字號

章氏義倉在花山鄉三都章東甦東昊東有等撥捐田六十畝後董事者續置田二百餘畝搆屋三進左右廂房各十餘楹積穀備荒賑濟族人

紹文堂在大部鄉花紋泉乾隆二十年撥捐倣范文正義倉朱子

社倉之法常年則放社倉以生息凶歲則發義倉以賑貧規制詳密族人賴之

育嬰堂 附

育嬰堂在城西蟹眼橋内乾隆三年郭仙城遵父元宰遺志倡捐房屋一所計正樓三間側樓四間門一間并捐田二百畝以爲育嬰之資知縣方以恭秦勷先後詳憲立案邑中慕義者又續捐田二十七畝於乾隆六年開堂收嬰逐年冊報

拯嬰局在花山鄉三都道光六年章志楷章佃等捐立

拯嬰局在長阜鄉楓橋楊神廟左首廟後龔咸豐開二品封職陳殿榮倡捐集資建造拯里之不能存養者山陰戸部郎中何惟俊爲記 蓋聞造化之理有陽必有陰生育之際有男必有女易曰乾道成男坤道成女此生理之自然者也暨陽素稱淳樸之鄉奈有溺女之俗良由貧不能養相習成風殊非父母愛子之心且失天地好生之德繼桓先生心竊傷之思所以拯

救而撫育之者顧自以力薄不能博濟爲恨適山陰金君蘭生陳君寶堂偕雲伯至楓以拯嬰之舉商於先生并邀王君士岳駱君浦綱陳君邦甸等集議章程悉臻美善凡屬同志無不稱先生之仁與諸君之義爰自甲寅之夏各紳富量力佽助各鋪戶按月抽釐積三年而拯嬰之局以成得膏腴之田百畝每歲收息得數百串凡生女而貧不能養者給其資歲以百計而溺女之風以熄可不謂仁之至而義之盡歟諸君之創是局也約有三難事鉅而費大後難爲繼一難也每月收捐近於瑣屑二難也任重事繁日久懈弛三難也而諸君勤勞三載集腋成裘酌定章程不避嫌怨遂使虺占之兆盡成烏哺之慈閭閻銜恩士女頌德非能體天地好生之德者焉能成此善舉哉余與繼桓先生交最深得其梗概故樂爲之記

育嬰堂在長阜鄉楓橋關帝廟左候選同知陳垠倡捐建造規制具載碑記陳垠捐坐疏且豫悅頓畢觴字等號田九十九畝八分六釐九毫各家陸續捐坐筍獨進淩林莽誰累寥遺舉秉疏解荷求沈葉翳中卽枕渠象處嗣近稅稷歡尋見傍筵字等號其田二百三十七畝九分五釐三毫新置坐歡兩機有膚求觴解國周古稷施矯俗利筆妙毛謝近導贍翳沈遏杯勞見飄字

等號共田二百十三畝二分三釐三毫

何氏拯嬰局在大部鄉山口同治閒何國明捐建邑令劉引之給額曰幬保桑梓

賙拯倉在長阜鄉全堂道光閒楊芳五捐田八十畝賙濟族中貧乏并拯救溺嬰故名

生生堂在花亭鄉澧浦道光十六年厲兆鴻首倡勸捐凡貧而不能育女者錢穀並給捐田規制俱勒碑

拯嬰局在超越鄉正二十七都局設木連寺之上房咸豐閒候選州同樓以治倡捐共田五十餘畝收息拯嬰

拯嬰局在超越鄉二十八都陳惟善酈仁親等田錢並捐收養棄孩今共田五十八畝零

養濟院在北門外一里有屋二十餘楹隆慶志宋名居養院嘉泰會

稽志曰居養院以惠養鰥寡孤獨立法甚備宣和初裁遂廢元復設名孤老院明又廢

國朝復設改名養濟院收養鰥寡孤獨及殘疾無告之人給發月糧無致失所樓志

濟陰堂在西門內道光六年鍾步翰倡捐收埋暴露建堂於西隅又建寄棺所積骨亭於西門外二十九年子國勳復與邑中同志續捐前後共田九十六畝零豎碑於堂咸豐辛酉粵寇之亂堂燬碑記亦裂惟捐戶姓名及田畝之碑尚存步翰孫權經理數年續置田七十九畝零地四畝零尚未勒石

濟陰局在金興鄉街亭光緒七年盧謙周蔭樾等勸捐挪設共田六十餘畝糧存同仁莊博施戶又義冢山一處係燕窠樓姓宗祠捐收埋暴露逐年冊報

義冢 附

縣西門外長山之麓 隆慶驛志 無畝分

楓橋鎮黃土山明嘉靖中里人陳元璧所輸 無畝分 知縣朱廷立爲記其略曰仁者人之心也義者事之幹也事當於吾心而毅然行之不必拘古人之迹者知古人之如吾遭焉亦若是也故曰以義起也悲夫諸暨之民有死而無葬地者或委之野塡狐穴焉或投之江飽魚腹焉鄂東朱氏曰何異類者乃殘吾同類者耶則怵然有所不忍矣有所不忍者仁也晝地而俾死者葬焉以義起者也嗚呼古者墓地不粥死者耶焉無流民也後世有流民之遭而後義冢之名立悲夫吾不願夫世之有義冢也

縣北門外黃泥宕頭 無畝分 附近居民取泥暴骸明萬歷間知縣尹從淑禁之并立碑以誌其處 其略曰幽則有鬼神明則有民義一也義是務矣而冥冥中有不得所歸職治典者能無隱憂哉暨北郭外西北土名黃泥宕舊有義冢蓋僑寓者無子孫而得以槀葬焉此無祀鬼魂所棲也邇因無知小民借名取土朝夕開掘毁墳暴骸嗚呼彼死既不安厝而白骨且星月蠅嘬可慨已茲允里保鍾叔奎鍾克明鍾樓王敞等之請鐫碣以禁倘有人心者心與口相語曰咸秩無文國朝歲時邑厲之祭必齋如也矧一簣之土何地無之而甚至

戕賊枯髏首犯不韙乎允若茲則生爲良民無愧於諸厲而受福無量天地鬼神陰鑒默相不可既已雖然禮防民於未然刑加罪於既然吾願其從禮無從刑可也否則開槨見棺開棺見屍憲典昭如列星誰復爾宥哉

右三處俱載舊志

南隅土名苎蘿山腳計地三畝經野規略

六都直步土名地埠計地十畝

三十都平闊土名黃泥山計山二畝

附四十七都廊下土名荒平計山十畝

五十五都全塘土名黃土嶺計山十畝

六十八都土名西邊地計地五分九釐

右六處舊本義冢明萬歷閒知縣劉光復淸出

五都上倉湖土名江埠計地四十二畝六分經野規略

六都源潭匯土名上圩塘計地一十二畝

四十一都陳蔡土名黃濟山計地十畝

右三處本係官地知縣劉光復淸出立爲義冢

東隅交界七十一都土名後村埂直五十三弓三尺橫五十五弓五尺計地一十二畝二釐三毫經野規略

七十一都土名後村埨西直十五弓中直十五弓東直十弓三尺橫四十弓計地二畝二分三釐九毫

七十一都土名後村埨直十九弓橫二十九弓五尺計地二畝三分三釐五毫

四都祝橋土名沈家塍計地四畝

附七都長瀾土名灰宕山計山十畝

六十二都湄池土名羅塍高步計地三畝三分官灘不在內

六十八都土名埂地計地四畝

右七處俱明知縣劉光復捐貲契買

正七都姚公步土名沈家步計山四畝姚大德捨
十一都應店街土名廟後山計山五畝應和四十三應太二捨
十一都二圖土名泉井隖計山八畝俞艮五捨
十六都草塝土名黃婆山計山一十八畝趙俊三十九捨
十七都一圖土名黃泥壟計地二畝楊和順等捨
二十二都安華土名應家街計山三畝許惠四十捨
正二十四都宣何土名廟後山計山三畝何連十一捨
正二十四都二圖土名闐轎山計山五畝何源十捨
二十九都牌頭土名毛陽山計山四畝吳穩十捨
正三十四都街亭土名石宕山計山五畝陳穩九十三捨
三十六都璜山土名黃觀山計山二畝黃姓公衆捨
三十六都璜山土名後山塝計地一畝黃庚六十六捨

三十八都烏巖土名馬蓼山計山二畝又土名丁家隝計山一畝
俱蔡子智捨
三十九都東蔡土名瓦窯頭計山一畝張仲賢捨
四十都獨山土名白虎山計山六畝趙存四十二等捨
五十一都一圖土名童山計山十畝五分駱來二百四十九捨
五十四都楓橋土名鋪前山計山十畝陳都三十三捨
五十六都干溪驛路邊土名黃泥壟計地七分謝富三十四捨
六十都橫闊土名梅園山計地五畝斯潤斯邦彥捨
六十一都店口土名牛角嶺計山五畝又八堡垣字九百九十四
九百九十五號共山四畝俱陳欽一百三十七捨
六十四都阮家步土名道堂山計山五畝黃仲玉捨
六十六都木陳土名岐山脚計地三畝壽秉初捨

六十六都木陳土名安家步計地四畝又四畝俱壽文六十四捨

六十六都五圖土名黃家湖江邊計地二畝四分五釐壽祥四十四捨

六十六都魚墅土名金家園計山十畝壽鼎承捨

六十九都古栗橋土名豹青隝計山六畝鄭元亮章艮一捨

右二十四處皆士民捐捨

廣孝阡

南隅二一堡愚字一百二十八號土名白洋山計山四畝又愚字一百三十一號土名大貝山計山五畝六分俱知縣蔡杓捐立樓志

北隅二一堡謂字三百十一號山三畝地二分正一都四堡黃字三百三十三號山二畝俱趙瑞鯉捨

正一都元字號山一畝各姓合捨

右五處皆康熙初所立

諸暨縣志卷二三終

諸暨縣志卷四

建置志三

壇廟

郡邑壇廟之設凡有司春秋致祭者亦建置中事也舊志載有祠祀今惟名宦鄉賢忠孝諸祠之附學宫者已載學校志中不復重出外此爲壇爲廟儞其曾列祀典或載入防護録者仍舊編列并補其所軼次於建置之後即閒有典録所未及者亦必其政蹟足以深人之愛戴行誼足以興人之觀感始以類從焉若城鄉諸不經祀前志雜廁其閒今惟與僧寺道院散見於山水志云

壇

社稷壇舊在縣南三里宋政和閒縣令陳端禮依新式增築壇五

雷風雨師附焉淳熙三年縣令熊克別築五壇於西墉之外慶元四年縣令趙彥權始遷城北元遷城西南四里長山下舊志明洪武元年頒壇制於天下郡邑立於本城西北左社右稷三年知州田賦奉文建於城北三里牆垣房屋如制隆慶志略萬歷中知縣尹從淑重建繚以周垣立門四宰牲房三間神廚三間在壇東齋房三間在壇西後圮樓志

國朝建於城南三里壇西嚮高二尺一寸陛四出各三級外繚以垣立門四門塗以朱由北門入埋石柱於正中近南處長二尺五寸方一尺上露圓尖西北隅爲瘞坎壇東爲庫舍三間齋房三間壇西爲神廚三間宰牲所三間每歲於春秋二仲上戊日致祭今圮

案順治十五年定每歲春秋二仲上戊日子時致祭雍正二年刊頒祀典立神牌二一曰縣社之神居左一曰縣稷之神居右

祭用羊一豕一各盛以匣帛二黑色長一丈八尺盛以二篚爵六籩豆各四籩實棗栗形鹽槀魚豆實韭菁菹醯醢簠簋各二簠實黍稷簋實稻粱鉶二盛和羹酒樽二洗盥樽一盆一帨一巾一祝板一香案香爐各二燭臺四乾隆四年頒令於祭前一日陳設監視宰牲屆期各官具朝服至壇行禮○今廢弛已久城南三里紅廟之上有地稱南壇者即其遺址被禮書佔種

蔬果

風雲雷雨山川壇在城南四里明洪武三年知縣田賦奉文建隆慶暨志壇南嚮高二尺一寸陛四出前陛五級後與左右皆三級繚以周垣立門二設燎壇於東南隅案儀注祭社稷用望瘞故設瘞坎此用望燎故設燎壇

房屋與社稷壇同

國朝悉仍明制今圮

案元制分祭雷風雨師不祭山川明洪武元年命設山川壇二年命以風雷雨師合爲一壇六年又命合風雲雷雨山川爲一壇既又命祀城隍於壇

國初仍明制雍正二年頒定祀典立神牌三一爲風雲雷雨之神居中一爲境內山川之神居左一爲城隍之神居右祭用羊三豕三帛七色白其餘陳設祭品與社稷壇同旋以城隍神別

祀於廟初以春秋擇日致祭無定期乾隆二十二年禮部議覆准陝西巡撫陳宏謀咨請以春秋二仲與社稷壇同日致祭嘉慶間更號爲神今久廢弛壇址無考詳繹舊志似即元之祗壇永遠遵行◯社稷壇改建當在西南城外長山之下

先農壇在城東金雞山下雍正五年署知縣事黃道中奉文建浙江通志壇南嚮高二尺一寸繚以周垣中建正殿三間供先農炎帝神農氏厲山氏后稷氏三神配房三間藏青箱一犁一鐵耒一齋房三間在壇東神廚三間宰牲所三間在壇西耤田四畝九分在壇前天下州縣一律今圮

案向以每歲仲春亥日致祭雍正五年定耕耤儀注改用季春亥日祭用每案羊一豕一坐爵一用磁帛一色青其餘陳設祭品與社稷壇同祭畢各官更朝服正印官秉耒一色赤佐貳執箱箱青色盛籽播各從土宜播種耕時用耆老一人牽牛牛黑色農夫二人扶犁犁赤色引各官至耤所南向立耕九推九返農夫終其畝須有耕耤三十六禾詞一章令人於耕所歌之今壇垣俱廢惟餘小廟一所俗稱神農祠蓋即正殿遺制壇前耤田四畝九分工書承種每年耕耤之日惟於上網廟前草率行禮虛應故事而已

又案乾隆七年部議從御史徐以升疏請立雩壇頒令各府州縣奉行雩祭無壇者卽於先農壇行禮定每歲孟夏月上辛日合祀稷山川諸神同壇共祀設神位五風雨雲雷之神居中社神居左稷神居右山川次左先農次右祭器祭品祭儀俱與祭先農同惟爵數又帛色各從本位區分 又有旱雩祭在山川壇行禮禜祭在社稷壇行禮均乾隆七年所定者 以上諸壇今俱廢自社稷壇以下乾隆九年皆頒有祝文

先蠶壇在北門外七岡嶺上康熙初知縣蔡杓奉文建案准河東督臣請前志不載壇制無考旋圮後人卽其地建祠趙瑞鯉又於祠前構亭五楹以憩行人光緒十五年地起蛟祠與亭俱毀金祖浩偕瑞鯉裔孫籌捐重建今稱先蠶祠知縣屆期詣祭

案會典壇坎廣輪高厚之制一以先農壇為準時用季春日用上巳幣用黑用瘞埋儀注亦與先農壇同惟方位不一古人或有用東者以桑柘所生之時也或有用西者以與耤田對其方也今在北門外則從周禮蠶事必於北郊也

邑厲壇在城北二里了路頭明洪武五年知縣田賦奉文建隆慶駱志壇北嚮高二尺四寸陛前出三級繚以周垣前立門齋房三間

在壇東宰牲所三間神廚三間在壇西今圮

案明制於清明日中元日十月朔日致祭先三日迎城隍神至壇設位告祭用羊一豕一籩豆各四簠簋各二祭之日設位於壇之左右立厲牌二上書本縣境內無祀鬼神用羊二豕二分設各一米三石爲飯香燭酒紙隨用

國朝悉仍明制雍正三年增飯米額爲九石今廢弛已久惟了路頭有地稱北壇者卽其遺址尚餘石表一座其地亦被禮書佔種蔬果

里社壇明制每里百戶立壇一所祀五土五穀之神今圮章志

案今各鄉村俱建土穀祠而壇遂廢惟紫巖鄉社神尚壇而不屋又王家步臨江山上有社壇一所壇方甃以石累級而上有石几石鼎壇旁古柏蒼松鬱然森秀此明制之僅存者

鄉厲壇明制每里百戶立壇一所祭無祀鬼神今廢章志

案今鄉村多有孤魂小祠蓋卽其遺意也

祠廟

城隍廟舊在縣城西一里宋湻祐二年縣令家坤翁遷於淨觀院

內卽翠峰寺明洪武三年主簿史子疇重建於長山之陽二十年縣丞馬文聰移於山麓後圮永樂間邑人曹希賢王景明等建正廟三間川堂三間後堂三間東西廡各十三間坊一座其別院道房不載舊志後以地處壙野天順四年知縣單宇擇得姚舍山北玉簪山下張應二家隙地一所以官湖南來之地與張言抵換又以銀五兩與應行敏契買而移建焉前臨大街後抵官城上下交便案此卽今之廟址見張氏宗譜所載便民專帖本從灣角嶺進路神道湫隘萬歷二十七年知縣劉光復謀之父老買鍾姓地開闢直道前臨湖水舊志光復爲撰碑記碑載金石志咸豐十一年粵寇之亂毀同治間陸續重建樓志云萬歷中劉公碑記路係鍾姓捨舊志謂買鍾姓地誤　案劉公碑記今載金石志並無鍾姓捨路語惟碑後又有捨路鍾賢四十兩行題名耳此兩行寫刻字蹟與碑文均出兩手顯係後人增入非建碑同時事也未可援此以疑舊志之誤

案神舊有封號明洪武十七年定禮制去封號直稱曰城隍之神歲無特祀春秋二仲上戊日合祭於山川壇三厲祭則迎神於壇而主之凡有司初入境必先齋宿於此陳牲告神而後到任祈水旱災眚必先牒告而後立壇國朝悉仍明制今則此典久曠不行朔望知縣一詣廟拈香而已

倉聖祠在北門安仁坊在茲閣西北光緒初年應朝生捌惜字局收焚字紙中奉倉聖神位惜未蕆功而歿其弟煜生力踵成之夫朝生以識字之農無中人之產乃知崇聖教而尊文字毅然毀家而不顧二十年來實心實事始終不渝誠難得也詳傳振海徵信錄序

越王句踐祠在超越鄉越山山郎句乘支峰句乘亦作句無所謂句踐之地南至句無是也祠不詳所始中祀越王句踐左右以越大夫范蠡文種祔焉

興越二大夫祠在上横街祀范蠡文種明萬歷二十八年耆民酈有政請邑侯劉光復捌建祠在武安王廟側祀以仲冬以入吳

之月也（劉光復興越二大夫祠記）越之冠帶而長中諸侯者自王句踐始其噓燼復然脫羈然冢君沼强吳而威上國實惟范少伯蠡文子禽種是賴二大夫義當祀後世多震慕少伯高蹈而悲文之不早見嗟乎此未易言也少伯當逆戰夫差時强諫弗聽已習知主之不同量獨以毀軍滅名復隱忍以見志功成身退洵知機矣若子禽朝格敵而夕行成國虛無人挺任居守惟雪耻報國是圖迨泣血枕戈幸翦寇仇而通周室方將借天子寵以屬諸姬其功之不成命也臨殁從容自裁曰臣聞命矣無纖毫怨懟狀則非如擊節炬目悻悻矜功伐而懷憤懣者比也所謂生死不二之臣非歟且少伯告君曰親附百姓臣不如種是二大夫自爲有明暗而其造澤於越則一也則爲此地而議崇祀誠無先二大夫者

范相廟在南門外長山之南范蠡巖下嘉泰會稽志俗稱陶朱公廟即陶朱鄉土穀神每歲社會奉祀甚隆章志（宋主簿吳處厚長山陶朱公廟碑記）窮之與達繫乎命用之與舍繫乎時得之與喪在乎天去之與就在乎我四者古君子出處之大節而公獨兼而得之不亦智矣乎公之事業詳於國語史記吳越春秋當是時吳與越相持幾三十年吳常勝越常敗吳譬則虎越譬則鼠吳譬則狼越譬則羊句踐之命在於夫差掌握中數矣公力與皋如計硯諸稽郢大夫種諸臣閒關險阻未嘗少變其節乃說句踐卑詞重幣頓顙屈膝籍其帑庫質其妻子爲吳奴虜及四石室又說飲溲嘗惡以媚夫差而夫差不悟乃伐齊而舍越復貪與諸侯會於黃池及

越焚姑蘇入其郛猶與晉午爭長不以爲恤既而民疲歲饑禍稔數極公卒與越之君臣因其困乘其敝一舉而滅之故曰持盈者與天定傾者與人節事者與地此之謂乎君王之耻已雪霸國之業已成則邑萬戶祿萬鍾爲師尚父寵之終身固其宜也公以爲功名不可以多得富貴不可以長保瞥然輕舟飄然五湖投紳笏如柴柵棄妻孥如敝屣冥冥而飛汨汨而逝緬不能結繳不能弋鳥喙雖長而不能喙屬鏤雖利而不能割存耶亡耶死風波耶葬魚鼈耶泛溟渤登蓬萊羽化而仙耶俱不可得而知也徒使越之人愛之不忘念之不足鑄金而禮其像環地而封其域與夫貪權冒寵市禍賈患而遂脂鼎鑊血刀鋸爲魚爲肉爲菹爲醢者豈同年而語哉余嘗按之圖經得公廟於諸暨陶朱山下俗說公本諸暨人今淨觀院即其故宅也鄉曰陶朱之鄉巖曰范蠡之巖井曰鴟夷之井俱因公而得名也年禫夐闕不可得詳廟庳窄蕪壞不治屬歲荐饑民又乏饗余嘗至其下徘徊觀覽惻然於懷者數四蓋碑者悲也君子所以述往事悲來今者也因書以爲弔焉詞曰越山疊疊兮越水環公有廟貌兮山水之閒屋其三架兮門鐍戶闢庭墁不治兮鞠草裛菅豚瘝乏饗兮歲歉民慳香火闃冷兮巫休祀閉頹廊梗雨兮古木號寒饑鼠書嘯兮饑鴉冥還功磨日月兮名揭邱山遺像可挹兮高風莫攀我來憶古兮憤淚一潸秋色著樹兮霜葉初殷青史傳信兮灼不可刪千古萬古兮雲凝石頑

孟母端範夫人廟在縣西三十里槩浦鄉十二都與孟子廟同時

建乾隆十二年六十九世孫玉麟修葺一石作硯孟母端範夫人廟碑記孟母端範夫人之崇尚矣蓋孟子少孤不得稟其父邾國之教夫人實成之宋宣和四年於孟子廟東前地專廟以祀明宏治十年益增其模前室祀邾國公後室祀夫人用孝宗詔也自是凡有興作皆奉詔舉事得動支帑金吾邑西人夫檗里孟氏自宋太尉曰載者來遷尊立孟子廟亦即於廟東前立廟專祀夫人孟子廟得官錢辦祭修葺以時丹雘常新而夫人廟成毀相尋六十九世孫玉麟有志重立其子承之庀材鳩工於舊阯構正寢三閒又恐爲風雨所蝕也捐田若干畝付執事經紀以爲歲修之貲孝子仁孫無窮之心也謀立石紀其事於事爲宜竊惟爲母立廟剏自周人周七廟之制定於武王更成於周公之手蓋因殷禮其實堯舜以來胥用此法而特爲稷母姜嫄立廟前無所承漢儒以魯頌閟宮當之其說似鑿然守祧奄八人奏夷則歌小呂舞大濩以享先妣固出於禮經之文不可厚非前人也嘗繹得其制禮之意周以后稷爲始祖不容再祀帝嚳使稷降從昭穆之列而姜嫄德所應崇別廟不嫌故爲五年之禘推嚳爲自出之祖使居東嚮之位所以明有尊而姜嫄私情則於別廟申之此考之三王而不謬者也夫人大有造於孟氏周人可致其隆禮孟氏獨不可盡其美報乎當年孟氏立廟固自有說傳以此義尤足塞小儒之口而宏治之制以前室祀邾國公後室祀夫人於義爲安蓋帝嚳嫌於后稷不可竝立於姜嫄之寢邾國不嫌於孟子不妨共祀於夫人之庭士庶異禮此其義也今邑西孟氏實規其制神版雙奉而廟猶存孟母之稱聞鄒人亦云爾蓋名

本於所起義自得通仍之無不可也昔孟氏立孟子廟於其里會稽陶進士允宜爲記推爲國故奉爲先師作硯愧不能文今承屬草亦敢以此義質之世之知禮者夫人姓仉氏元延祐三年加謚封宣獻夫人今 上即位二年定謚端範封號如故廟額應作孟母端範夫人

亞聖孟子廟在臯浦鄉十二都孟母廟西南宋初孟子四十七世孫信安郡王孟忠厚扈從渡江封爵諸暨子載遂徙臯浦鄉而家焉嘉定十年敕建孟子廟肖像其中明萬歷七年知縣陳正誼新之會稽陶允宜爲記載金石志復請於督學喬因阜檄孟氏後通文學者充生員一體優免與試世爲承襲以奉廟事如兗府四氏學例三十三年知縣劉光復修之陳性學爲記載金石志 國朝順治閒六十四世孫貢生孟稱舜生員孟樹忠等呈請每歲撥暨田六頃供修備祀批允勒石府志

文應廟在陶朱鄉松山之麓俗亦稱松山廟祀漢會稽太守朱買臣每歲

正月望耆老請長官丞尉謁廟祈年章志宋趙希鵠撰碑記載金石志又一廟在西門外長山之麓粵寇燬今已重建又一廟在東門外西施灘上瀕江寇燬今未建復案趙希鵠碑記廟始建於東漢陽嘉三年廟號錫於宋嘉熙四年初在松山之巔徙於山麓亦嘉熙四年事也

嚴侍中廟在超越鄉二十五都祀漢侍中嚴助刱始莫詳今里人祀爲土穀神其墓在破開鷄胣山墓碣載金石志

關帝廟在城隍廟東側刱始莫考同治元年粵寇之亂燬光緒閒重建尚未竣功

案關帝廟前明已入祀典國朝因之爲官司春秋致祭朔望行香之處典章所系舊志失載故刱始年代無考今特補之

文昌祠在東門外江東迎福門舊作下方門明萬歷二十三年知縣尹從淑建後堂三閒前廳三閒門房三閒左右側廂各三閒每科赴試者多祖餞於此又於祠北建文明閣爲層者五爲面者六

下甃以石作圓洞上豎鐵木弔窗玲瓏鈴聞十里沿江磊石築隄障水蓋用形家言以鎮艮方也今祠燬閣存

陳性學文明閣記

吾暨在浙東稱巖邑浣水經左長山峙右而堪輿家以西南白洋峰孤聳東北水口空虛龍伏虎昂不利於諸弟子萬歷乙西方壺謝侯卜地於金雞之巔東江之隩建二浮屠庶幾艮位峰高與白洋峰東西拱映功甫畢而旋圮歲甲午又方尹侯蒞吾邑博士弟子以術者之言請侯曰余宰邑邑之士鬱而弗宣於宰謂何耤令術者之言信培植地靈不可後圖因卜基於下方門稅課司遺阯以此地灝江足當下流搤塞也請於當道俱報可下令鳩工通邑之民聞令而樂助者如市揄篤賛者老十數輩董其役徵夫起徙輿木輦石荷鋪負脊辨方位度程式斂祿丹備陶甃赴工之民紛如子來乙未之冬閱成凡五重重若干楹基崇若干尺迤南數武建文昌祠一區廂房旁列前後各若千閒是役也不煩民力不病官帑捐鏹者士民率作者倏嘉勸者兵臺郡守二大夫也會余奉節命觀察七閩道經故里快覩其成而博士弟子徵文記之余安敢辭余維堪輿說迂怪而趨吉避凶者可信故洩者補之豐者損之斗魁戴匡六星曰文昌宮魁下兩兩相比者曰三台經生學士多宗之茲閣之建峩峩翼翼使峰孤者對峙水去者迴瀾風氣愈完金湯永奠胥吾民而納之春臺之域何有哉省臺吳公巡縣適茲閣之成顏曰擎天砥柱意亦遠矣侯諱從淑字道傳丙戌進士又方其別號也

在茲閣在北門安仁坊城內五湖之水皆由此洩萬歷三十二年知縣劉光復建閣鎮之額曰在茲上供文昌像（劉光復在茲閣記）王政之於民有惠然推與之而民利有森然厲禁之而民亦利者總之上於民偏施下不俾得共成其大公無我之體而已余自莅暨以來凡溪澗池沼之屬於官者務與民同之毋敢以尺寸徇之郎早爲勢家侵牟而羣情弗便亦悉追還誠不欲以利民者妨民耳已亥秋父老葺城隍廟相率而請闢廟前鍾姓地以見水朔湖路以通行余謂安神福民可聽也庚子春鍾生律與廟下居民又合言湖路伸上縮下不宜莫若竟砌屬城形勝往來兩利俱益余謂通道便民可聽也甲辰冬鍾生律又請曰城北虛單某備五十金闔族與近居者僉議就可共得百數十金願起閣湖中鎮通邑之水口標泮宮之文峰余謂費不煩民功足利衆亦可聽也鍾生捐貲如約余買官地及學湖之被侵者輸錢佐之迄乙巳春季而工竣閣廣三丈餘基高丈許層而上之及巔約餘六丈不施丹堊繪藻之飾列書格言以供顧諟煥乎炳心目矣鍾生律張生思信五言趙生世民陳生泰階共議祀文昌神於閣上勒碑以乞言世之言文昌事不經見余未審其本末何敢謬爲說詞竊意文者天之精英郎所謂維天之命於穆不已者是也故曰於乎不顯文王之德之純夫以純言文則此文之爲可思矣孔子曰文王既沒文不在茲乎先儒解茲爲此此又何所指耶顏淵曰夫子循循然善誘人博我以文約我以禮吾人日用事事物物各有節奏率心而發念之則惺常念之則常

惺文爲本來之靈光盡其所以爲我者而文在矣故君子終日乾乾夕惕若念茲在茲允出茲在茲也竭吾之才尋孔之卓以上契羲文精一之旨夫豈異人任乎二三子念之毋負斯舉也康熙五十三年水決北城閣圮乾隆十六年重建閣更三層而上高六丈四尺董事者酈其浩陳志聰酈士錦也今又燬又一閣在櫺星門左道光十五年建亦供文昌像案舊志作梓潼帝君廟樓志以文明在茲二閣爲振興文風附入學校志中虞集廣州路右文成化廟記云斗魁戴匡六星爲文昌之宮士大夫多信禮之歷代俱有封典嘉慶六年詔京師地安門内文昌祠春秋致祭一切儀文仿關帝廟定制今謹遵而更曰文昌祠而仍以時代列此并二閣亦附入焉

賈孝子廟在孝義鄉黃演祀劉宋孝子賈恩今鄉人祀爲土穀神

史大夫祠在縣西二十里靈泉鄉大夫名昭字德輝其先杜陵人唐咸通中充諸暨鎮遏使平喬中甫之亂黃巢犯境又卻之卒葬靈泉鄉之温泉村鄉人懷之立祠祀焉浙江通志

上綱廟在江東台輔坊卽安俗鄉土穀神神姓陳名諡宋堯佐四世裔學士陳盛之祖登進士第官至吏部侍郎平邊有功留守秦鳳扈蹕南遷從東越樊江後隱諸暨江東台輔坊境內火以法除之卒後往往顯神里中追祀立廟敕封定國侯加封裕國明王舊志歲十月望里人與城隍文應二廟並賽之賽會甚盛樓志

此廟以正月十月之望與城隍文應二廟同日賽會故亦及之

史魏公祠舊作史太師浩祠今據府志更正在乾明觀內祀宋知紹興府事史公浩乾道間奏免湖田租振卹淹没之家因立祠祀焉舊志謹案史公當宋孝宗朝以丞相出守越封魏國公奏免湖田若干頃蠲租振之有德於越進封越王後復追封昭惠王爲都土地奉敕建祠額曰彰德有司春秋致祭（乾道四年奏疏）比蒙聖恩特遣中使到臣屬州訪問水澇去處已卽時具奏去訖臣爲郡無狀使旱澇失常上貽聖慮不勝惶懼臣比差官檢視惟諸暨湖田被水民間禾稻皆以淹没至有拆毀屋宇出賣家具欲爲逃亡之計者蓋恐將來稅賦有司或不加恤不得不出於此也臣遂急差覈察使趙公遇星夜前去覆視仍出榜盡蠲全稅其被水之

家借支義倉振卹使不至於流移伏乞稍寬顧憂臣所領州爲縣有八其他七縣皆報大稔惟諸暨聚天台四明寶婺數百里山谷之水止有錢清一江以洩之故人於縣之四旁立七十二湖以瀦此水故無泛溢之患歲久所謂七十二湖者人皆占以爲田遇雨皆歸七十二湖侵損所種之苗然則非水爲害民間不合以湖爲田也是故諸暨爲縣雖四方大稔時和歲豐常有流離餓莩之憂深可憫憐今湖田不可復諸暨湖田之民歲歲懷憂人人受害不敢以不告 奉詔委史浩委諳湖田利害差官相度措置申尚書省乾道四年八月 乾道五年奏疏諸暨爲縣當台婺之末派每歲秋潦水必泛溢故八於縣之四旁作七十二處以受此水歲久湮廢八占以爲田昨因經界法行官吏無卹民之心將湖田作籍田打量計二十三萬五百二十畝有零秋米總八千八百七十石有餘夏稅鈔絹內本色折帛改作苗米中色價紬計米三千二百一十七石二斗七升五合并添入管苗米二千八百五十石四斗四升六合五勺二項共計一萬二千八十八石二斗六升一合一勺於上其折帛即無虧損見降付戶部許令紬折施行 奉詔紹興府將前項紬計錢省倉中界現行糴米價值作二貫零九十九陌折納米一石添入每年認發湖田米施行乾道五年七月今圯

紫陽文公祠舊在南門內明嘉靖間知縣徐樾嫌其湫隘近市遷祀於紫山書院之作聖堂後敎諭林志謀遷學宮鬻院田并祠

基以充費後學不果遷而書院廢祠亦與之俱廢

紫陽精舍祠在縣東五十里長阜鄉楓橋鎮一名義安精舍朱子爲常平使時鉤察民隱召楊佛子與語因止宿焉鄉人壊其像歲時展謁後陳志遜請祀於義學祠遂改爲急遞鋪舊志今改爲景紫書院

單公祠在城隍廟側元延祐二年建祀元知州單公慶舊志今圮惟合祀於名宦祠中

李公祠在學宮內明成化間建祀訓導李公永舊志馮珏李先生祠堂碑載金石志今圮惟合祀於名宦祠中

梁公祠在紫山書院內明隆慶間建祀知縣梁公子琦浙江通志今圮

（餘姚大學士呂本梁公祠記略）余棲閒謝事久矣卽閭閻月旦亦所不接又烏知百里之外守令之去來與其政事哉薄田名祕在暨者租徭其邑於是暨人常往來於家至是有以其父母梁侯赴內召且行而欲碑以示其思者數輩敘侯政績皆節用

愛人剔弊興利先教化後催徵正身率屬舉廢興賢而水旱災苦之必致其援冤潛幽隱之必用其情其大略舉續之最者而細者不與用以紀事請且曰吾民將祀侯而像之矣余覽而賢之爰表之以成其美且以告夫後之令暨者侯名子琦字汝瓚號石渠起家以己丑進士鳳陽壽州人也　謹案記中薄田名泌在暨者稱從其邑二語讀之乃知駱志所謂以泌湖投獻豪右者郎吕公也特錄記略於此以資參考

靈雨祠在南司東明萬歷十七年六月亢旱知縣王嘉賓步禱富春山木又神夢神告以九日雨果驗因建祠祀神王公丁艱歸民又建祠祠後以祀王公監生毛立意捨地生員石著經畫陰陽官婁文達董其役後又以時公偕行尹公從淑與王公合祀今俗稱木又廟〔陳性學靈雨祠記〕書曰惟德動天又曰至誠感神天神之應捷於影響天不言視聽寄之民民心之天可德感不可利誘威惕者德能格天天且不違況於人乎此暨之民即感德之民而王侯之俎豆於暨宜也暨居錢江上游山湖鹵錯旱潦不時侯以戊子元日下車侘傺鮒涸簿書蝟紛而目所忽接輒畫於心耳有暫聽不輟於手跂踵濡沫者轉於袵席何隙弄奸者辱以蒲鞭進而受事罔借譽於上吝以賦政罔作威於下鍰羨絕私問遺盡屏則壞給帖界限有懲尤

加意青衿暇則商榷經義不期年而政通人和越己丑六月不雨侯曰食民命也用軫我念率僚屬齋禋徧蓋祉從結壇禱昕夕閲十日不雨侯衷疚其辭迫其容若將隕越於地邑人曰君無病乎其何以雨邑人之病病吾君侯曰民病是瘼吾何愛焉閲十日又不適獻議者云紫閬山有木又神司風雨惟有德者禱之始出出出無不雨王侯聞之欣然躬迎神神即報夢應期大雨四郊沾足瀕槁之禾以回侯謂民德神貺擇地於南司左構靈雨祠報之使神永庇於暨且便禱也不閲月侯丁內艱暨士民號泣失怙恃逾年侯功德被茲土思慕無已即靈雨祠後鳩工爲椽五楹肖像瞻祀五年於茲矣士民石著鄺希範鄺汝安趙應鵬數十輩詣予請記予稔侯之德由積誠而格天由格天而格民余奚辭詩稱豈弟君子民之父母夫父母之於子飢食之寒衣之所欲聚所惡勿施已爾若侯之於吾暨也無大小無難易益於民者行不待日損於民者去唯恐其留夕若甘雨之應特爲民一措耳則民之思侯與侯之格天同一誠也夫子事父母終身慕焉吾暨之祠像王侯獨今日慕之已哉身而子子而孫孫而元雲世世仰止其慕又當何如哉侯諱嘉賓號廷石直隸滁州人

劉公祠凡六十三所在縣前六角亭官船步茅渚步會義橋餘不盡載祀明知縣劉公光復章志今茲或存或圯亦不能足六十三所之數矣鄺滋德劉公祠記浣溪上下山水之間軒而楹者六十三所皆祀明進士青陽劉公光復公令暨潔己愛

民善政不可枚舉而導利而布之上下者則术著水功之治邑境萬山層矗次爲重湖暘雨無時卒鮮甯歲公下車軫念民瘼相度地勢經畫區界決瀦潰滯圩堰壩閘以捍以豬旱澇頓減烝民乃粒雖薛平之治滑洪遵之知太平無以過也故祠之特繁然或以爲原隰墳衍高下淺尼山埔墾闢漸流壅塞農亩亦勤橫汙災之塡淤反壞村里憂墟將無利盡於昔而害及於今歟則未悉公之大經濟也夫公覩昔人之利猶已子孫之業其知有所取慮有所棄或坎爲衛或呼爲阪瀷以宣乾用澱宜濬宜封爲罰爲禁曾無何而貪者冒其禁惰者玩其勸既且浸尋脧削呼者閉坎者涸是愚蚩斲梁棟爲薪蒸以危其室者之過也故老又傳公興利時民有以弊請者公答言彼時余且化龍爲汝等子孫圖之果爾則公神靈之昭烜於霄壤者未或忘暨也誠無以報豈徒山渚陋區村氓勤牲酒之敬已哉於是乎記○又有會稽陶望齡劉公生祠碑記祠在山陰新江口以非本縣境故文附名宦志本傳後又有郭肇重修茅渚步劉公祠碑記以專爲茅渚步祠而作故文載山水志

三邑侯祠在西門內祀明知縣王公章路公邁蕭公琦章志今圮

錢公祠在上水門外祀明知縣錢公世貴章志今燬

朱公祠一在茅渚步一在王家步祀

國初知縣朱公之翰章志今圮

謹案茅渚王家二步今均無遺址可訪唯花山鄉四都白門新廟橋外有朱公祠今尚存

孟貞女祠在檗浦鄉十二都孟母廟側祀明監察御史蔣文旭聘妻孟氏宣德間巡按御史蔣玉華翰林院侍讀黃文瑩以事疏請於朝詔旌其門建坊立祠

王烈婦蔡氏（向稱蔡烈婦今改從列女傳以昭一律）祠在紫巖鄉六十二都南塘隖祀元末王琪妻蔡氏洪武中詳請立祠（事載洪武一統志）萬歷間巡道范按部復上其事曰歷觀蔡氏事蹟皆乾坤正氣所鍾貞勝亦以烈死並當表揚仰給贖鍰本家建祠修墓塐像立祀仍遣官行禮以慰貞魂以勵頹俗於是知縣劉光復令其子姓修墓立祠建坊豎碑於其鄉之南塘隖而以其婢女附祀於西廊

貞烈祠在東門外江東迓福門下舊爲接官亭明嘉靖間知縣朱廷立修復更名觀稼亭（有觀稼亭說見名宦志本傳）萬歷間知縣劉光復詳

請改建貞烈祠合祀孟貞女王烈婦蔡氏批允動支學租銀三兩二錢每名給一兩六錢樓志作每名二兩今據縣案以備牲醴於大寒日遣學官一員詣祠致祭劉光復貞烈祠記略孟諱蘊字文姬幼凝重不凡讀書輒自慕古人父母擇配蔣氏子文旭未婚旭以貢舉選授御史忤旨賜死女日夜號泣一候喪過其門竊衣衰絰扶櫬歸蔣不可挽服闋復歸母家獨棲一樓作梅花聞詞諸詩以勵志歷七十餘載卒年九十三髮不見白亦純心之昭也宣德六年侍臣上其事詔旌表里門仍祠祀焉蔡諱相字彥卿性婉淑亦好書能詞元至正中適東郭王琪未帀月僞吳張士誠寇兵至相奔避長甯山猝與兵遇時道旁紙鑊正沸懼辱投鑊中死從行媵者名順女被賊迫應聲曰主母死義不爾汙倔强駡詈賊屠之里中至今歎異何其偉也兩人後先耀美越二百年而生氣不磨歲己亥余叨宰茲土時憲司范公敦世厲俗注意風化裒採古今忠節士女余輯二氏上之范公大爲褎異捐資葺祠題墓學憲思韋淇公郡主劉公咸贊美贈助有加余擇縣東五里許官亭遺址挪祠合祀之題曰貞烈祠

宣烈婦祠一在西安鄉六十六都福清嶺下上宣莊康熙閒建祀宣琪之妻宋氏祠前有池池岸有碑鐫曰宣烈婦殉節處歲給學租銀一兩六錢致祭一在六十四都何家山之麓祠前爲通

衢節烈婦于歸時折輿杠處康熙間里人何宏基建

何烈婦祠在紫巖鄉六十都東何村嘉慶十七年建祀諸生何檢妻屠氏光緒二十四年里人重新之

雙烈祠在采芹橋西道光六年奉　敕建祀陳維章妻陸氏方曰琴妻李氏粵寇之亂燬

節孝祠一在東門外迎福門雍正四年知縣佟逢年奉文建前立石坊同治元年燬於兵光緒七年重建一在城內縣後道光二十年都人士采葺幽芳稟請　旌捐資建祠前立石坊學宮春秋致祭葉敬新建節孝祠碑記江蘇陽湖武進二縣以節孝久湮冥其姓氏籲大吏陳請合建一坊以表之得旨允行於是吾邑人士樂聞是舉博訪節烈貞孝婦女益以府縣志乘所采而未與褒揚者類著於冊稽涉疑似別而出之雖仁者宅心長於善善顧筆削所在　旌典攸關慎之又慎固其宜也冊具都數三千二百有奇由校官遞上當事累考層核咸以為當奏入得　旨如陽武故事先是窮檐茹苦之輩以爲分所宜然不欲自見有志激揚者又以幽芳勁節按里而有爲數

較繁憚於瀆請撫事增歎莫可如何茲得近援故事上荷溫
綸諭非間世遭逢瞰坊石既樹慕義君子絡繹輸貲拓地建宇
設主棲神餘貲充牣選購腴畝祀事之供歲修之給咸取諸此
事　聞以好義優敘有差敬於斯役備聞顛末蓋蒐輯名冊始
於道光十一年辛卯至庚子而祠宇始訖工謹
識諸石冀後之君子踵而行之則名教之幸也

陳孝子祠在孝義鄉陳蔡鎮祀順治初紅梅孝子陳巧官孝子於
光緒二十三年詳
旌宣統庚戌邑紳傅振海會官紳與徐孝子職栗主同送入邑城忠
孝祠其里人庠生陳瓚監生陳烈舉人江蘇候補通判蔡殿襄
等復建祠五楹於鎮上祀之並祀鄉先賢賈孝子恩邑人傅岱江峰陳孝
子詩立國重忠臣居家重孝子忠臣不偷生孝子亦如是卓卓
陳家郎采桑隨母氏遙見山寇來蔽母東隅裏但得母身全何
惜兒身死兒目守瓶如兒心鍊鐵似兒死母心悲母全兒心喜
世間多奇兒奇兒誰有此不愧舊家鄉孝義名其里遐稽昔賈
公苦衷堪竊比百載發幽光豈僅隆享祀堅節並精忠名應垂
國史詩見梅嶺遺稾兩浙輶軒續錄諸暨詩存續編

諸暨縣志卷四終

諸暨縣志卷五

山水志一

禹貢記地理以山川爲表九州疆域因是以定蓋疆域無常而山川不變也前志載山水如計簿然散而無紀按籍以求而地無可指如楙林山在上虞縣見十道志大巖山在山陰縣見山陰縣志乾薑泉出乾薑山黃山浦即漁浦在蕭山縣見嘉泰會稽志及蕭山縣志皆沿訛攔入不加考訂即地以問而書無可徵如暨龍山爲櫟溪之所發源上谷嶺爲楓溪之所發源苺蕾山爲石瀆溪之所發源皆略而不載此類甚多疏漏錯糅二者交譏今用會稽李慈銘氏修志略例參章學誠氏湖廣通志之說仿酈亭桑經附注之法大抵挈山之綱以溯水之源沿水之流以表山之勝始南則日入柱爲浦江界句乘巢句爲義烏界而界牌宣則浦陽江之所從入也次東則東白爲東陽界上谷爲嵊縣界駐日爲會稽界次西則五洩爲富陽界浣江貫其中合流

而注於北則爲山陰蕭山界以山爲主而水隸之以水爲經而山緯之按其方嚮計其道里踦峰側嶺小港餘支隨地紀入城市村鎮關津橋梁寺觀祠墓亦各附書俾講輿地者知要阨言水利者知流派而金石文字遊記題詠悉以類從以爲遊覽之助也

金華浦江縣西境深褭山南境五路嶺浦陽江之源出焉東北流會義烏縣蘇溪濵溪諸水凡百里出白馬橋至同山鄉二十都之界牌宣地爲兩縣交界有界石上下兩村皆宣姓上宣屬浦江下宣屬諸暨舊設新界寨巡檢後廢今遺阯尚存入境亦名上西江北有滴水阬溪南流來注之

滴水亦作吉水阬當界牌宣迤北水有二源上源出野豬尖下源出窯嶺合而東流出雙溪橋經陳氏宗祠前又東流出鎮龍橋折

而南流至界牌宣有界牌橋小水入之水亦發源浦江合流出
河瀾橋又經下宣宗祠前東折入浦陽江
合而東北流經珠嶺北麓嶺下宣山有元浦江義門鄭彥貞墓【宋】濂

鄭彥貞墓志略彥貞諱鉉彥貞字也其家自宋南渡初即合食爲義門迄今已歷十世宋元二朝國史皆爲立傳家教修明有遺範二卷世守之彥貞嗣主其政家人翕然遵化逾千百指愛無不均也情無不一也不知孰爲親而孰爲疏也視其貨泉則錙銖皆聚於公且曰我惡敢私也察其事功則羣趨而競赴曰此分當然也事父孝父病其妻卒彥貞不敢哭强顏奉湯藥後八日父卒彥貞哀慟幾絶鬢髮爲之盡白及至終喪外舅勸其更娶彥貞謝曰鉉見後母肆虐戕賊骨肉者多矣忍令吾兒陷之耶不聽彥貞年未四十君子義之時天下承平衣冠萃於燕都嗣然出游以充其見聞揭文安公傒斯在禁林黃文獻公溍居成均二公以文辭鳴當世皆折行輩與彥貞交一時士大夫見彥貞方嚴皆敬憚之或酣酒放歌聞履聲即斂容正坐仲子泳與從子深同講授脫脫太師家彥貞爲書數千言陳時政之弊令進於太師太師多采行之彥貞尚風義舊與參政忽都魯沙游其子爲武義宰免官留武林貧不能自存彥貞延其家十口來浦江給衣食三十餘年鄰瞽者跛者彥貞憫其顚連養之終身每夙興告飢者塡門彥貞積餘飯親擕簞分餉之至老不厭元季兵起州郡俱繹騷大將數統兵入境服義門名皆戒士卒毋敢犯樞密判官阿魯灰帥軍五萬一夕驟

至奪民廬舍以居彥貞說之曰明公非太師之偏裨乎太師征高郵尙以無罪去國況明公之士卒恣行不道乎脫有一人言於朝不識明公將何以處之阿魯灰愕然曰業已如此爲之奈何彥貞曰爲明公計者甚不難浙東據山阻海其民頗柔馴易制明公誠能撫定而綏輯之俾他兵不敢東向執政柄者尙敢以嚧咳相驚乎行且錄明公之功矣阿魯灰不覺屈膝曰非公不能聞此言命左右致東帛爲謝明日下令啟行一軍肅然國朝取婺州彥貞攜家避入諸暨流子里時曹公李文忠統兵來嘆曰此義門也今世罕見之躬爲扁鐍而去事平遣帳前先鋒卒民兵二千護其家歸浦江人以爲彥貞積善之報云彥貞年七十以甲辰之歲四月十四日終於家某月二十八日葬於諸暨州同山鄉宣山之原彥貞之先自歙遷暨又自暨來遷祖諱綺字宗文宋乾道中賜號沖素處處士父文泰靑田尉德璋子出爲伯父德池後德池之父致則處士曾孫也妻張澄有婦德子五人長漢次郎泳通經而有文累官從仕郎温州路總管府經歷得封彥貞江浙等處行中書省左右司都事階亦從事郎次提東陽丞次漢英浙江行省宣使次崇庶出也孫十人楨棫幹樞横格棠來杲柯曾孫男八人

又北東流經五指山經大陽嶺上有靈㞧寺亦名同圓寺康熙間僧禺峰建又北東流經石壁山亦名靈屏山又迤東流經湯江巖山在江南【趙】裕湯江巖【記】湯江巖其地世主湯氏在縣南六十里巖下江曰湯江江上村曰古湯村巖高百數十丈奇險歷落無山不厓無厓不石無石不洞無洞不穿凡三十六景由湯村而東上約

里許爲南天門入門有巖曰應聲巖內供莊嚴神像坐少頃巖中忽聞人語聲雜犬聲孩嗁聲可駭求其故乃知隔山有發逵阪莊烟火數十家距二里許其聲相應故以爲名由應聲巖上不半里爲湯家大巖蓋一山之主宰也巖下有廟廟中有井水白味甘曰玉帶泉廟之前有螳螂峰稍左下有登雲石石右下數十武曰無心洞雲從洞中出如一縷烟頃刻漫山廟右下數十武有曰老鼠石曰鬬雞峰又左下數十武有石坪廣數十丈如牛眠狀曰眠牛石再下有小石橋過橋有曰石大刀從刀下入一洞穴深不可測洞外有木魚石又下有巖可容數百人內通小石橋石壁刻成道巖三字巖左右有兩獅子石左獅左上有石蘿峰又左上有月臺石又下有蓮花峰數十頭又左上爲石梯衕又下有冰心石石左上數十武有開磨石高數十丈中開尺許如戶可側身入入而有聲浯滔然宛如湯江流水之聲而不見其迹右下有石屏風再下有靈龜石石左下數十武有雙眼泉石獅右上數十武有下慈航石又上數十武有上慈航石又踰峽上有歸棲巖巖北有曰雞籠山聳峭秀拔高出雲表山下有釣魚磯平曠可坐數十人轉身踰峽復向故道至大巖約里許大巖左上有玉罇潭潭下有兩罇如玉可望不可取潭左上有龍跡石石下數丈有玉鏡巖再下有瀑左有步雲梯又左下百十武有石猴峰一頭兩面面南者如悲泣狀面北者如捧桃而食上有羅傘石南望仙掌峰如畫大巖右有望姑石望浦邑仙姑山在目故名右行數十武有飛珠巖巖高數十丈有泉飛出圓勻如珠盤桓而下冬夏不竭仰視之亦不知其水從何來也浦陽徐純齋好遊山以數百金售得之歲丙午西有邀余往遊純齋復爲圖以遺余因記之時戊申二月二日也

日入柱溪東流來注之

日入柱山案一統志作石柱山浙江通志作八柱山在縣西南七十里屬同山鄉山南屬浦江水出柱南者爲南源出柱西者爲西源南源自山下東流經風洞口又東流經仙過嶺下亦稱仙過嶺溪又東流繞鳳凰山麓至鳳山橋南受思母嶺溪

思母嶺當日入柱山迤南水自嶺下東流出將軍橋橋左一山有石高數丈俗呼將軍石故亦以之名橋又東流受張隖底溪

張隖底溪出仙人洞泉源甚長大旱不涸故田皆膏腴無分豐歉東流經邵家山至獨殿口入思母嶺溪合而東流出鎮西橋又東流經棗樹坪又東流經五龍阪折而北流至鳳山橋入南源溪

合而東流出鳳山橋經邊村村在溪南有慈暉樓爲邊朝京奉母處詳坊宅志亦稱邊村溪又東流出福壽橋繞登仙山麓山在溪北有仙人洞旁有響洞岡入行其上足音跫然自下應出蓋洞深無底其下處處相通也相傳爲楊大仙脫凡處又東流出鎮東橋至雙溪口北會西源溪

裏江山當日入桂山迤北西源溪出焉水自廿二長灣東流經山下又有外江山溪入之又東流至八字橋北受下莊溪大嶺當裏江山迤北下莊溪之源出焉南東流出梅庵橋又東流至八字橋入西源溪

合而東流出八字橋經裏壽北受東巔溪

東山岡跨同山諸山兩鄉其南麓東巔溪之源出焉南流經桃隖山又南流經東巔始稱東巔溪入西源溪

又合而東流出蛾眉橋經塘下亦稱塘下溪又東流經梅山

山在溪南亦稱梅山溪又東流出三板橋北受西源石橋溪

海螺山西源石橋溪出焉南流出西源石橋入梅山溪

又合而東流經黃鴨南受黃鴨溪

杉樹隴當梅山迤東黃鴨溪之源出焉北流經黃鴨入梅

山溪

又合而東流經石礶堰北受小環溪

巖畸嶺跨同山諸山兩鄉水自嶺下南流匯爲馬塘又南

流出太平橋稱太平溪東受望仙橋溪

雲護嶺跨同山諸山兩鄉水自嶺下南流經翠雲亭又

南流經仙師殿側出望仙橋稱望仙橋溪又迤西流入

太平溪

合而南流稱小環溪又南流入梅山溪

又合而東流更名稱大環溪經殿前出永慶橋迤南流繞達材書院院在溪東北九株松樹下光緒二十五年建出巨濟橋又迤南流出雙溪橋會南源溪

又合而東流經唐仁村在溪北明季總兵壽允昌故里北受東青溪

六秀峰山有六峰竝峙故名跨同山諸山兩鄉其南麓東青溪之源出焉南流出魚鱗橋迤東流繞東青山始名東青溪又東流出一字橋又東流南折經下仙師殿又南西流經象鼻山出平橋入日入柱溪

又合而東流出新橋經許宅明孝子許嘉故里亦稱許宅溪又東流至山嶺橋南受裏王溪

裏王溪發源瑶嶺北流經獅猘嶺麓又北流繞出邱店後至山嶺橋入日入桂溪

又合而東流經鴻村趾北有高城市亦稱鴻村趾溪又東流經王村阪出利濟橋亦名董家水步又東流南折繞上王村又南流至黃沙溪村更名稱黃沙溪北會沇宅溪

桐高隝跨同山長浦兩鄉沇宅溪之源出焉西流出利涉橋折而南流至下莊出平橋又南流出萬壽橋至沇宅始稱沇宅溪西受劇阬衖溪

竪阪嶺跨同山諸山兩鄉其南麓劇阬衖溪源出焉南流繞國公山後又南流經劇阬衖西受古鐘山溪

古鐘山即六秀峰支峰水自寺山灣東流經顯教寺前晉開運四年建本唐忠國師道場初名忠山院後改賜

今額又東流入劇阬衕溪

合而東流至沈宅入沈宅溪

又南流經同山山在溪東萬歷府志云去縣西南六十里小而特出同山橋經邊家墊東受金霞嶺溪

金霞嶺在縣西南五十里屬同山鄉下有大歷寺唐時建水自嶺下南流逕許村横路西折入沈宅溪

合而西流經山頭河有蔣宅小水自東南來入之合而西入黃沙溪

又合而南流西折經烏柱廟又西流出普濟橋北受古竹山溪

古竹山在縣西南六十里屬同山鄉山西屬浦江水自東麓東流經古竹村又東流經中央分去聲折而南流有周都莊小水東流入之又南流出兩板橋西受擣臼灣溪

擣臼灣嘗古竹山迤南水自山下東流經大莊折而南流
經王家大墓又折而東流至兩板橋下入古竹山溪
合而南流至烏桂廟後入黃沙溪
又合而西流南折經發達阪横店出義濟橋南流入浦陽江
又合而東流經吳村步北受布穀嶺溪
布穀嶺在縣西南六十里咸豐辛酉屯兵駐守詳兵備志屬同
山鄉南有雲臺寺水自嶺下西南流經金家又南流經謝家西
有下隝底朱家隝諸小水入之又南流至吳村步繞出避水嶺
腳咸豐辛酉屯兵駐守入浦陽江
又合而東流經豐江街又東流至安華鎮上南會義烏溪亦名大
陳溪
金華義烏縣龍旗山大陳溪之源出焉屈曲北流數十里又雜

受句乘巢句諸山南麓之水至同山鄉二十二都之天造橋入境又東受巖鴞口溪

義烏石叉衕巖鴞口溪源出焉西流至巖鴞口入境折而南流出通濟橋又南流至天造橋入大陳溪

合而北流出利濟橋迤西有黃藤市又北流經珠嶺南麓又北流經五指山山形如指者五當豐江之西南諸全新州城依焉南爲鬬雞山山有鬬雞石北卽石壁山在縣西南六十五里旁有樸頭峯陳洙詩水怪泣潭底然犀記温嶠山水各有靈陰洞號萬竅入盧如有人髣髴蘇門嘯山形肖元樸官簿謝清要壺中別有天人間忙兩曜空洞石室中宵分突與與顯晦豈數存天造非人料金華三洞天與此成二妙又北流經大鴟嶺下有風穆廟祀明縉雲郡伯處州胡深謝再興叛時深與李文忠屯守於此文忠築新州城用深策焉又北流經新州城里卽李文忠所築諸全新州城處今城址久圮而地猶

以是名焉（傳學流過新新城詩元代失綱紀東南屢用兵將軍跨鐵鎖壯士扼新城地有龍行迹山餘鶴唳聲只今遺壘盡極目事春耕）又北流至新州義橋東受長豐溪

義烏黃坣嶺長豐溪之源出焉西北流經黃巖隖入境又北流經球山又北流至新州義橋入大陳溪

又合而北流至安華鎮地有營房設員緝私南東受句乘山善阮嶺諸溪

句乘山（亦作句無山）在縣南五十里山南界義烏國語云越臣於吳吳更封越南至句無即此爲宋汝章棲隱處萬歷府志云山有九層俗呼九層山山南有句無亭韋昭國語注云今諸暨有句無亭是也相傳越王句踐會棲於此今岡上有古墳遺阯俗名越王墓下有搖石灣中有石大數圍風吹則搖溪源出焉名後溪西流經後溪村又有牛角白鷺諸灣小水南

流入之合而西流出後板橋北折經礦亭村後村在溪東相傳昔曾開礦於此故名溪西有木瓜山山西有廣福寺周顯德三年建初名鳩福後改今名出眠牛橋又南流至饗虹橋東受大小前溪

鈕頭金隴當句乘山迤南小前溪之源出焉西流經俞家鴟折而南流經礦亭村前會大前溪

石精隴當鈕頭金隴迤南大前溪之源出焉山半有洞口隘中寬深莫測名石精洞西南流經芝甘村南有厚施嶺水西流入之合流經府君殿前迤北流經青山廟又北流繞出海螺山後入後溪

合而南流經荷科山又迤西流至虹橋菴東受善阬嶺溪

善阬嶺在縣西南六十里屬同山鄉南界義烏咸豐辛酉

訓導韓煜文率團勇遏賊於此善溪之源出焉西流匯爲老虎潭相傳有虎浴子於此道旁有旌忠碑爲宋德祐間何雲立雲率子嵩築義柵於此又西流逕宣何溪西舊有羅嶺鋪後廢村有宣何公館明知縣時偕行建并設義倉居民又於其旁建時公祠後並圮南折經犢士塘又折而西流經虹橋山出永和橋鄉民何德建後圮嘉靖七年何士奇等重建一名虹橋駱問禮永和橋記永和橋當宣何鎮要津鄉之好義士何士奇暨廷元元顏同建於嘉靖戊子歲溪津接善嶺句乘諸山之水湍悍病涉前曾建橋輒圮諸好義士謂建而圮與無建同命工擇材務求孔固至是踰五十年如新歲己酉余爲諸生以遊學抵金華往還此橋坦然莫知險易越丁卯使楚適阻雨行緩將二鼓始抵鎮鐙火過橋左右顧溪流淜湃如履巨筏而衝江濤也悚然神動是夜止友人何思學宅明日相與覽山川之勝復上是橋因歎昨苟無橋則投止無地而溪流暴悍是橋屹然當其衝歲月之久非偶然者思學爲余道其由因謂族人某方礱石欲書其事徵言於余久未有以應也今年萬歷丁丑以赴滇復過是橋思學

更申前請爲書之而繫以詞廷元元頡皆何氏長者而士奇尤慕古自好思學郎其子名徽於邑弟子員中最有聲詞曰水不在高維其有庇義不在興維其有濟冬日易箑夏日易裘登斯橋也念彼湍流始稱善溪亦名上瀨溪入句乘山溪

又合而南折出新橋經蔡家阪又南流出安天橋經河漢折而西流至安華鎮入大陳溪

又合而北流經上下豐江至安華步入浦陽江

又東流經曹家渡舊有豐江橋後圮呂祖謙入越錄五里邵家灣五里涉豐江南有覆斗山入越錄云山形正方若斗覆然江北一村周氏族居稱豐江周明隆慶戊辰進士袁州府推官周繼夏故里再北有金鵞山輿地紀勝引舊經云在縣南五十里有金鵞自此山飛入吳郡又東流經塘頭宣至溪北村北有蒲臺嶺溪南流來注之

蒲臺嶺在縣西南五十里跨長蒲諸山兩鄉北麓之水入石瀆溪水自嶺下東流經溪口村西受椒山隝溪

椒山隝當蒲臺嶺迤南水自隝底東流經宣裏廟至溪口入蒲臺嶺溪

又迤南流經東山下西受桃隝溪

桃隝當椒山隝迤南水自隝底東流經蔡家又東流至東山下入蒲臺嶺溪

又南流出王家橋至牌軒下地有亞魁坊明正統丁卯舉人徐琦立又南流出興樂橋經興樂廟即宋之興樂里舊有興樂驛後廢又南流至溪北村入浦陽江

又東流經東頭畈又東流至湖頭步舊於此設湖頭鋪與羅嶺鋪各設鋪司一名鋪兵三名後廢有旱溪水自南來注之

句乘山北麓大灣口旱溪之源出焉西流北折至景家隝又西折至長塘下有慈母嶺水北流經挂鐘形入之又西流經新涼亭又西流至湖頭步有官渡北折入浦陽江

又折而北流經水霞莊村在江西張建轅故宅稍北有李家橋舊設李家橋鋪後廢又北流經金旺經天竹園阪有馬家隝水西流來注之

馬家隝當句乘山迤西屬超越鄉水自隝底北流出白塔廟橋下受張許水宋國子監司業張濼故里又受晉公嶺西南諸水注於傅家潭又西流入浦陽江

又北流至埂埭地有埂橫亙至山下周名萬定埂合邑築埂衞田自此埂始又北流經馬郎步又北流至長潭地有渡有夏家隝水西流來注之

句乘山西麓夏家隝溪源出焉一出煙廠一出沙嶺兩源合而南流經朱霞隝出鎮西橋又南流經白羅山後至上宣阪出太平橋入雙港西折出雙港橋即善感橋明萬歷三十二年王友十一建知縣劉光復善感橋記略南隅居民王友十一艱於嗣以雙港係浙東諸郡往來之衝欲造橋利涉其兄王友三亦助之三年而得兩子因名之曰善感橋入浦陽江案雙港一水東西橫貫於浦陽洪浦二水之間而以善感橋跨其上以通行人春夏水漲洪浦不能容衆流則分句乘金僴諸溪水西流入於浦陽江夏秋水涸洪浦不足資灌溉則於浦陽江中橫築一堰名楊柳堰障江水東流注洪浦二水於此本屬通流然後分行至丁江口復合今先紀浦陽江後紀洪浦港以分脈絡而特標其說於此

又折而西流經趙家隈迤南三里許即牌頭市市東有同文書院光緒口口年建載學校志市西五里有斗子巖一統志云即胡德濟敗張士誠兵處入越錄云五里自界牌巃起牌頭市市旁斗子巖巖旁獅猢山首昂背偃略類猨猊名勝志云巖高如斗峻不可上在

縣南四十里巖下有石門又有龍潭潭不甚深不涸不溢上有龍王殿前明知縣劉光復咸豐二年知縣劉書田光緒二年夏旱知縣劉引之皆禱於潭而獲驗故俗亦稱三劉廟廟左有白雲菴俗傳有白蚯仙人掌霧於此咸豐庚申導引包立生演習武藝與以巖香遠近信之竟以孤村抗强寇致令東北兩鄉左近居民慘遭殺戮幾無噍類此則妖由人興儒者弗言也

[王]臺斗子巖暴雷澍雨紀事詩有[序]山有石門土人謂猿公白姓者居此誤入者見眷屬往來洞房窈窱有女子倚繡牀亦時攝人間好女入洞云但是山怪惡猿猱所不能攀其麓十里則古木虬結延袤皆紅土青疇設色所不能到也余初經是山得必有仙人家住處丹砂紅作地皮鋪之句亦徐疑拙語也改作一律以紀遊景之最奇者處女白猿公團圝一洞中霓裳奔月冷雷斧駭人紅龍影青天熱魈聲夕照烘鴝鵒伺人過驚落滿山風[許]瑤光白蚯仙人[詠]諸暨城南斗巖與天通上有爲雲爲霧之金龍自言舊是白蚯老仙翁前明洪武助戰功元黃血泛東海紅定金取紹遂受封同首於今五百載花花大塊紛沙蟲妖氛來自蒼梧郡十年纏繞天西東有刀捷克捷有刀過必降持以殺賊均不利不如老翁之刀光熊熊人言諸暨本越地鑄刀疑出若耶銅連宵寶氣射斗牛白蚯之刀應與白猨之劍同不然包生

一愚農兵法不曾孫吳攻背負耰耡無寸柄何以一呼殺賊千萬從夜焚銀楮犒厲鬼朝待天香將陣衝訛言竹刀天上飛來迅斬盡吳賊粵賊驍桀空古來戰陣賴神力結草抗囘稱英雄河冰江潮豈盡妄令我懷古心忡忡此事亦在可解不可解起如驚霆終飄風困守孤村不違出神仙畫策何膚庸徒令億萬蒼生墮入劫灰中幸哉王師下浙疆土復同治紀元壬戌冬大軍克捷告成功神仙俠義乃得附昭忠載鬼張弧遇雨吉從此光天化日羣疑融

又北折經楊樹下又北流經何村步夏宅步又北流經耕霞莊又北流經小硯石村在江西有渡迤西四里許有朝坑廟即天椆鄉社廟又迤西爲石彭山山多石層累而上若堆積然俗傳錢鏐鞭石聚此有洞五最異者爲涼風洞許雪門瑤光云風自洞中出聽之有聲以瓦罌貯水當洞口則液液然滲出物理之不可解如此洞中暗間有石竅日光射下熒然如星又有千金洞油豆洞仙桃洞香天洞亦皆深邃不可測有石鼓扣之有聲又有香鑪石龍角石藏器石涼風洞水即自洞中流出者又有妙潭泚水則自下湧上若跑突泉然**又北流經宣家**

村在江東有光緒甲午進士樓守愚居室又北流經太硯石村村在江西即宋之硯石里又有小硯石里入越録五里宿寒熱坂自牌頭市起五里宿硯石村又北流經王家井村在江東有市市旁有禹思亭亭側爲道南書院又北流經了山牐頭有了山渡旁有了山亭西有平闊峽水東流出牐來注之

平闊峽在縣南二十里屬天稠鄉當西山岡之北南山岡之南兩山中斷衆水歸焉亦名亭闊古有亭闊驛今廢有登科坊明景泰庚午舉人張肅立村口有楊司馬廟嘉泰志作亭闊廟章志云相傳越句踐司馬隱此歿爲本境土穀神歲正月元宵里人設供爲木架高四五丈復於架上卓幡竿數十尺名曰插旓詳風俗志廟前有金龜洞南山岡上有南山寺漢乾祐二年建水自村口合而成澗入鯉湖即宋之鯉湖里亦作蠡湖東流經

戚村又東流出鯉湖橋舊有鯉湖橋鋪今廢入宣家湖東流至月山有馬村諸水合之出蜈蚣橋東流至了山塘頭出塘入浦陽江

又北流經二年村在江西下莊湖內五年村在江東定蕩阪內村以年名前朝里正糧長遞年遺制也又北流出會義橋橋在黃白山下初名黃白山橋後傾圮明隆慶中知縣梁子琦重建稱梁公橋婁子羔梁公橋記略諸暨縣治南十里許曰黃白山渡發源於浦江義烏邑令常設官舟渡之覆溺千計行者病焉嘉靖丁卯邑候梁公至都民俞尊十五等具呈公覽之歎曰夫成梁而濟衆王政首務也郎日至渡所度費計工顧謂父老曰湍聚則激勢殺則緩宜疊石爲柱鋒前而短後甯輕其上毋輕其下作梁維木中爲一洞左右翼之則直省而基固可萬年濟邑兩歲不登考諸藏則無積取諸下則滋擾其捐我俸五十緡以爲費餘費藉吾民之好義者於是石汗郭良貴趙堯等各出金有差費既具乃擇日鳩工始於隆慶三年某月日越明年某月日而工竣橋長二十一丈廣一丈六尺上結瓦屋數楹如橋長俾往來者憩焉工甫畢公且被召暨之士民德公之濟於是號爲梁公橋公諱子琦字汝珍別號石渠壽洲人己丑進士後又圮萬歷二十

八年知縣劉光復修建更名曰會義橋

劉光復會議橋記略黄白

川上受寶婺萬山之水爲浙東諸郡達武林要津居人疊木爲架緣互重板上覆瓦屋十餘楹費踰數百金不數載而板木悉朽腐歲己亥余以振饑過茲見殘木三兩株架其上一人緣而渡若將繫絶者川近安家湖每臨湖督築目之而吁一日耆民二十餘人請曰某等皆近橋民某王謂橋可石造某等咸願捐金大約五百金可集事敢告於是以忠正者主錢穀幹力者主工役心計者會計僱傭出納各依次就事起工於辛丑七月成於壬寅八月橋長二十丈爲三洪闊幾三丈中洪約五丈餘諸耆民請名以誌不朽余慨然曰諸人力本務生一旦出百十金無難色謂非踰義負機有火然泉達而不能自己者耶孟子曰雞鳴而起孳孳爲善者舜之徒也諸人取天地自然之利還以濟天地間公共之人所謂利爲義之和者非耶身爲太平醇良由鄉而邑而天下會歸有極之風不於暨倡之乎耆民咸唯唯曰大哉君侯之教願世守之遂題橋曰會義而爲之記

後又圮　國朝康熙九年知縣蔡杓飭耆民趙瑞鯉等捐募重建乾隆十五年橋又久圮知府杜甲知縣翟天翶又飭紳士楊如瑶等捐募重建杜甲譔記粤寇亂後橋又傾頽光緒六年浣東楊志祥任捐修費二千餘緡又捐田二十餘畝爲歲修資志祥字汝霖號吉庵江東人浦江戴蘭嶠譔碑

記橋東有劉公祠祀明知縣劉光復即六十三所之一又北流至潘家渡舊有官渡有長山溪南東流入安家湖出牐來注之

寶聚山在長山之下當白陽尖迤南長山溪之源出焉東流經寶壽寺唐大中八年建見於越新編初名聖壽咸通十年改今額寺內舊有來青閣涵碧亭藏經之殿三額皆唐柳公權書又有寶壽寺碑見嘉泰會稽志亦唐人撰書今佚錢德洪寶壽寺詩微雨山徑深連岡倚危壁登眺出雲岑邐迤縣蘿薜古寺松檜陰山房梯凳側嘉朋曳履來晤言洵良覿結念屬清樽情深動歡趯坎坎鼓聲淵蹲蹲舞衣窅清嘯發孤峰芳塵寄瑤席雲散不知還班荊坐月夕甯知後來者相尋繼幽迹旁有雨花巖亦名滴水巖有庵又經郭家隝折而南流出丁家橋橋迤西爲十里鋪即桐樹嶺鋪舊設鋪司一名鋪兵三名後廢又迤東流經安村阪出安家橋又東流出安家湖牐入浦陽江

又北流經新屋園有義渡又北流經包家潭至了江口亦稱了江

楊有洪浦港北流西折來注之
白巖山一名巢句山又名射句山在縣南六十五里屬龍泉鄉縣治對之山南屬義烏其西麓洪浦港之源出焉散流三四里西北至金澗山在縣南六十里跨超越龍泉兩鄉下有阬相傳有金宋元間命官淘采開得之如穅粃然鎔鍊無成元知州馮翼上其事罷之明永樂四年又遣行人視焉無冶鑄迹亦罷山下有淨住寺唐永貞二年建名龍潭禪院宋初改安福禪院祥符元年改今額合而成溪始稱金澗溪亦名下瀨溪北流經金阬廟至阬西阪受寺隝楓塘諸水又受白峰嶺楊店橋諸水北流至溪下陳受泥心嶺溪
泥心嶺在金澗山迤東水自嶺下北流東南之水爲板橋溪經菴山合西山觜水迤西流至阬西茶園下有宋朱光墓入

金澗溪

又西流經道凝山山在溪北上有白雲觀康熙三十八年道人趙天乙建浙江布政使趙良璧白雲觀記暨之南有道凝山山之巔有隆岡菴僅存其址道人居之入山採藥出山乞食如是者三十年忽値大風雪山中無糧道人不飲不食塊然獨處有黑虎守其門樵者問之則不食七日矣人歸而語其鄉之人莫不驚異以爲眞有道力者人饋則餐人問則答卒以爲常余膺　簡命屏藩兩浙籌餉之暇採覽風俗廉知道人遺以吏召之至則姓趙名天乙暨邑人也形貌樸遬若無能者然觀其日可不食夜可不寢與之言論洞徹元理豈非得長生久視之道者耶余聞金熙宗時有邱處機者居蟠溪終日一食晝夜不寢者六年遂仙去號長春眞人上接五祖之印下開七眞之宗嗚呼如道人者棲託此山不寒不暑朝飢夜露已歷年所能無仙乎第其所居不足以息徒衆余因捐俸以倡邑人爲築觀於山中而道人初無意也然自是而道凝山以道人名矣顏以白雲觀此陳希夷所謂臺殿不將金鎖閉來時自有白雲封也落成因爲之記并作銘曰巍巍道凝迴出塵境綢結一椽修心鍊性黑虎守戶白雲在山太虛無我功成大還凡南麓之水散流入之又西流經狹山出狹山橋更名稱狹山溪又西流經後充嶺在溪北亦有散流入之又西流經梅花潭頭至朱

村又西流至越山山即句乘支峰上有雲居寺唐天祐六年建貞明四年賜名越山禪院宋治平三年改賜今額今仍稱越山寺俗傳有施駙馬捐寺田九十六畝又祝髮於此能治蟲災歿塑其像於寺田禾有蟲鄉民禱之每著靈驗舊有鑒眞禪師眞形今毀經越王廟西折經三越亭又西流經石鼓山山在溪北上有盤石如鼓扣之有聲多產黃精白朮竹箭相傳唐王鍊師所居又西流經阮家南有句乘山小水繞越山東麓北流入之始稱句溪溪南破開鷲肫山有漢嚴助墓墓碣勒江東嚴助之墓六字見金石志居人祀爲土穀神志所謂嚴侍郎廟是也又西流經毛宅畈至雙港東口北折出小江橋雙港一水本西流通浦陽江前已注明此第紀其北折入洪浦港者溪東有臨江閣又北流出五踏步橋稱洪浦港亦名上東江地有仕堂堰載水利志又北流經石盼山有月映

菴黃姓建廂於此出樟江橋又北流經霞阪出江口橋旁有江口亭東有超越溪凰儀樓溪西流來注之

成務嶺嶺上有茶亭在縣南三十里跨超越龍泉二鄉其西麓超越溪之源出焉東麓之水入板橋溪西流合稻蓬嶺水經石邵溪北有嚴頭廟又西流經金漆隖南有天堂道凝諸山水入之又西流出楊村橋經木連理山山有香社教寺隋婁世幹捨宅建唐會昌間廢咸通間重建賜號木連院周世則會稽風俗賦注諸暨有木連院因有連理木故得名後改今額今仍稱木連寺即超越鄉四都社廟始稱超越溪折而北流出新橋至雙溪口東受凰儀樓溪

峙屏山在縣南三十里屬超越鄉其北麓凰儀樓溪源出焉迤東即浮塘山北流經稻蓬山東麓之水由許村入板

橋溪又北流經石宕出迴龍橋經荼山山在溪西東麓有甘泉潭泉味甘冽相傳地產甘草故也迤西流經鳳儀樓村在溪東樓墨林永叔兄弟故里有忠孝碑爲墨林兄弟建又有魚梁書屋始稱鳳儀樓溪又西流出玉鎖橋經八角亭至雙溪口入超越溪

合而西流出沙埂橋又西流至江口橋下橋舊架木爲之嘉慶間諸生樓德溥改建石梁凡三洞光緒間里人重修入洪浦港

又北流經趙家出千秋橋明嘉靖四十二年樓大孚重建駱問禮千秋橋記邑之望曰南山樓公人欽其德仰山嶽焉暨故隸越其鎮山曰句乘即所謂南至句無是已以樓公居比近德足相埒人之稱斯名也固宜水發句乘曰洪浦港俗傳句踐隱居句乘時嗣君率衆朝迎即命駕橋二所曰萬歲曰千秋今千秋橋當洪浦港之衝往來尤劇樓公具濟世才而厚於仁目擊是橋屢建屢圮成虧不常奚以經久木易腐石梁爲可水迅急石柱爲

可土無簣則崩石磴爲可不請於官不募於衆而毅然獨任之長八尺有奇闊六尺有奇白露下而謀始止於陵斯壯落成之日邑侯梁公涖焉曰橋稱千秋樓公亦千秋因爲更其號曰千秋公君子謂之善頌善禱樓公名大亨萬歲橋在千秋橋北五里有千秋菴又北流經萬歲橋橋久廢今地猶以是名又北流經俞家水埠至闞全湖牐有闞全湖水西流出牐來注之

雲鷲山在縣南二十五里屬超越鄉水自北麓北流經闞湖廟前入闞湖又會矮山諸水迤西流至闞湖楊家出閘入洪浦港

又北流出楊莊橋經祝家村在港東洋湖内又北流出小橋至大牐頭有洋湖水西流出牐來注之

新壁山在縣南二十五里屬天稠鄉東麓有延壽菴唐大中五年建水自山麓北流經惠家大莊又西折經宣蕩阪出聚源橋又西流至月影潭折而北流出小橋至大牐頭是爲上

洋湖水又有下洋湖水發源於稻蓬山北流入洋湖尾迤西流經陳莊出陳莊橋又西流至大牐頭與上洋湖水出牐入

洪浦江

又北流至小牐頭出小牐橋又北流至麻車東有街亭港支流自毛村灘後分行西流來注之又北流至丫江口即丫江楊入

浦陽江

合而北流經長阜菴至朱王江口東有街亭港正流經毛村灘前北流西折來注之

諸暨縣志卷六

山水志二

金華府東陽縣北境大嶺開化溪之源出焉北流二十五里至開化鄉三十八都之界頭村縣南六十五里入境又北流二里至航村村在水西義士蔡廣生故里旁有虎巖岡名航村溪西受寺基坪水

寺基坪山當界頭迤西水自山下東北流入航村溪

又北流至烏巖村在水東舊有五鳳樓明和溪郡主建今廢東受鷺鷥嶺溪

鷺鷥嶺在縣南八十里屬開化鄉跨連東陽界水自東陽境西北流至楓樹頭入境旁連白水嶺萬歷府志云白水嶺在縣南東八十里東陽縣界又西流入航村溪

又西流北折經陳村有五指山在縣南東七十里山形如指者五與在同山鄉者異地同名小水入之又北流經木鹿鳴鳴之西爲柳家山山麓有古風院明崇禎中蔡一莪捨建有僧象白從靈隱寺卓錫於此又有道興院距古風院數里明嘉靖中吕彩建僧獨任從靈隱寺卓錫於此著有炮古錄蕭莊吟諸集又北流至沙阪有東白山水西流來會之

東白山在縣東九十里縣亙開化孝義二鄉名勝志云一名太白山一名太平山又名岑山嘉泰會稽志云一名太白峰跨連三邑其在剡曰西白在東陽曰北白萬歷府志絶高者爲太白次爲小白剡錄峻極崔嵬吐雲納景趙廣信昇仙處也雙石筍對立如闕有廣信丹井水冽於冰在山之陽瀑泉怒飛清被巖谷懸下三十餘丈稱瀑布嶺舊經嶺有仙女盆旱暵不竭相傳

七夕仙女沐於此石簡上有天柱峰有鋸石巖石方削十餘丈直裂如鋸又有疊石巖石疊如屋容數百人國昱送清徹遊太白詩卷經歸太白躡蘚到蘿龕若履浮雲上須看積翠嵐倚身松入漢瞑目月離潭此境堪長往塵中事已諳釋仲皎東白遇雪看山詩結屋山深處山山帶雪攢四圍銀世界一色玉峰巒夜氣如天冷清暉映月寒溪梅初一放著意為渠看劉錫山有白猿赤玃又有鳥如雞文彩五色口吐綵綬長數尺號吐綬孔靈符會稽記云巖際有蜜房採蜜者以葛藤連結然後得至劉宋時褚伯玉嘗隱居於此在東白山立嘯猿亭疏山軒西白山立二禪師道場齊雲閣水有二源一自山下西流經深阬村在水北名深阬溪又西流經下吳又西流經擂鼓山山在水南又西流北折合嶺後溪一自嶺下西流經嶺後村在水北明開達伯吳凱故里稱嶺後溪北受錫山菴溪

擂草坪岡其鎮山曰美女尖亦曰席帽山水自岡下西北流

經錫山菴有明開遠伯吳凱墓稱錫山菴溪又西流經花藏
山下山在水南受花藏山溪
花藏山在縣南東八十里屬開化鄉水自山下北流經花
藏寺前周顯德二年建初名官田院後改法藏寺今亦稱
官田寺有宋徵士吳常則墓內柏子隝有唐太常博士吳
偲墓入錫山菴溪
又西流經大莊村在水北入深阬溪
又西流經陳家出陳家石橋又西北流經深阬口又西北流至
沙阪入航村溪始名開化溪
又西北流至石壁脚村在水西山下巖石嶄絕壁立百仞故名又
西流經西演山下亦名演溪水西有西演村郎宋之演溪里雲南
提標遊擊陳大定故里又北折經泉塘口東蔡二村並在水東東

受巽溪

唐家山在縣東六十里屬開化鄉山下爲唐門下侍郎吳少邽故里其子少府監吳秉操墓在舍嶺後隖巽溪之源出焉西流入開化溪

又北流經大羅阪即宋之大田里唐文簡先生子吳蓋始居於此又水西有湖田村即宋之湖田里今爲呂氏族居又北流經棠里隖村在水西又北流經沙田阪村在水東有映山紅花岡小水入之又有大阪水自茅嶺小道西北流入之又北流出吳家橋又北流經獨山山自千歲巖發脈有兩小山當水口陡立如疊即宋之獨山里西有呼猿嶺亦作敷賢嶺小水入之東受千歲山溪

千歲山在縣東南七十里屬開化鄉與在金興鄉者異地同名以千歲禪師所居故名嘉泰會稽志云禪師不知名氏言生於周末當魏晉

間由西域入蜀開巖於此周顯德二年遷化自稱壽一千七十二歲亦稱寶掌禪師互詳下大巖寺及金興鄉千歲巖下水自山下西流經延慶寺寺即千歲禪師道場唐貞觀元年建初名延慶院會昌中廢咸通八年門下侍郎吳少邽奏置溪山院少邽爲文簡先生吳翥孫其先由山陰利樂村遷居於此今先生及孫少邽少曇墓並在寺後寺側一源堂即先生祠也周顯德間又改溪山院爲興福永安院宋祥符元年仍改延慶少邽七世孫吳世瑫又改爲寺

蕭闕重建越州諸暨縣延慶院僧法二堂記略越之暨陽有浮圖之宮曰延慶有檀越吳君世瑫者謀諸妻馬氏子曰玘曰玠曰琦曰琰孫牧之施錢百萬撤而易之三載工竣中搆猊堂奉大禪師講演於中數年而僧堂壞易而新之其工其材其基其構其輪其奐悉如法堂其勤瘁其躅施亦如之視院基之寬簡儉備而築之捐田歲入百斛以施僧徒至今得並鉢而食者吳氏之力也法堂成於嘉祐四年僧堂成於治平二年熙甯七年歲次甲寅孟冬月記

吳鉞延慶禪院捨田記延慶禪院在諸暨開化鄉之大田里唐咸通間鉞十九世祖少邽由門下侍郎告老家居奏置溪

山院至周顯德年間改爲興福永安院宋祥符元年秋七月又
奉敕改今名凡僧院之傳襲慧法之流布已詳於兵部郎中知
縣事潘華所撰記侍中七世孫世琄重建僧堂法堂增城令蕭
闕又爲之記碑之陰刻殿堂軒廡之所由始及其子孫名字至
今五百三十餘年巋然獨存雖託諸佛氏之教而金石文字與
有力也洪武辛酉秋七月鉞從兄鐩率宗人捐田若干畝以資
歲修期每歲秋九月十二日致祭文簡先生以及侍郎而次於
院之祠下貽書於鉞俾有以記之遂書刻於樂石仍具載捐田
子姓之名及田之畝步於石
之陰是年冬十一月望日　有古銅鐘載金石志後寺又廢弛

咸豐年間重修知縣許瑤光撰記又西流至獨山入開化溪
合而西北流經長畫菴又西北流經璜山山在獅子山下有時思
菴宋黃杞廬墓處山形如璜故名受大門溪

唐家山之陰大門溪之源出焉西流經大門村四山圍繞一水
中流水口兩山卓立如門故名即朱之大門里據萬歷府志漢
立漢甯縣吳改吳甯即此詳沿革表今村中尚有屏牆似從前
曾設衙署者一說謂五代時曾設營汛於此以防山寇故屏牆

存焉。旁有靈芝之山，山有明黃池墓。〔〔錢德洪黃石田墓誌略〕先生姓黃氏，諱池，字畜之，號石田。稟質天成，不事學慮而行自程，不事雕琢而器自形。少年讀書，聞一格言讜論，必求諸心而程諸事，事於父兄父兄悅，處於鄉人鄉人悅。君子見之慕其德而不敢怠，小人見之化於德而不敢欺，其素所樹立然也。先生有弟弱而愚，父母恆憂之，先生護持維謹，友愛之情獨摯，無後，則以次子嗣之。府司李陳侯讓、邑令張侯行、吾司教尹師一仁首建紫山書院，講明王氏致知之學。當時方諱言王學，先生獨不疑，曰：「講學以指吾良知，明吾所有也，夫何疑？」卒聘余主講席，身率子弟崇信師教，且云：「教子以求精進，豈專事科第哉？」讀論語首章，嘗云：「學習將以求心之說樂，毋藏慍爲已矣。若不見說樂，徒快快以尤人，學何事焉？」余歎曰：「古稱嚴穴多奇士，先生其人哉！」晚年匯世業，欲推明文公家禮，延賓冠其少子璋，立祭田，開義塾，使先人享祀豐腆，而鄉之子弟咸陶淑以成其材。惜不得盡酬其經畫而歿，悲夫！娶翁氏，子五人：長璽，歷貢生、徽府經歷；次瑩；次璧，歲貢生、太倉州州判；次玠；次璋。女一。孫十有二人，孫女五人。先生生於宏治癸丑正月廿四日卯時，卒於嘉靖壬子四月初三日丑時，以丙寅九月十九日葬於開化鄉靈芝山之原。〕又西流，合角灣水，逕蔡村，又西流，經周莊村〔在水北〕，入開化溪。

合流北折，有齊里、馬店諸小水入之，又東受梨頭嶺溪梨頭嶺當大門塢東嶺上有重祿寺水自嶺下西流經黃箭山山在縣南東六十里上有石峻立高十餘丈復有石如蓋狀亦名黃竹山俗傳范蠡遺鞭於此生筍成林竹皆黃色故名一名黃濟山有小魯村小水入之又西流至水口入開化溪

又北流經鳳凰尖下又西流經璜山村有市集有黃氏望煙堂祠

又西流出樓下阪西有龍泉溪東流來注之

白巖山在縣南六十五里屬龍泉鄉山南屬義烏餘詳前其東麓龍泉溪之源出焉西麓之水合金瀾溪入洪浦港山有大小二石柱小者尤峻拔又有醫石神壇相傳有貧女奉母居此猝遇強暴投炭窯中焚死當窯有巨石後人過拜每有靈異又雙溪口有周太尉廟歲旱祈禱有應東流經桐樹嶺又東流出啟賢橋光緒二十一年造時有橋梁石出土鐫有啟賢橋三字字徑

一尺二寸因仍其名又東流北折至齊村村在水東出隖口橋

東北受碧山溪

碧山在縣南東七十里屬龍泉鄉山南屬義烏水自山下北流經遲家山又北流經桑園灣村在水西又迤東流經福田山即宋之福田里山有福田寺晉天福四年建歸一禪師塔院舊基也初名福田院後改離相寺今仍舊名北受黃巖溪

小朱山當碧山迤東黃巖溪之源出焉西流經黃巖村在水南折而北流里許又西折入碧山溪

又西流受石閣溪

青尖西莊山當碧山迤南石閣溪之源出焉北流經西霖寺寺在水西又東折入碧山溪

合而北流出隖口橋亦名義橋入龍泉溪

又北流經黃阪陽村在水西即朱之黃阪里西有孟家山山有孝子趙璧墓又北流經朱家村在水東有屠家塢小水入之東折經獅巖胡公臺又北折經裏刀鞘塢有小水入之又東折至刀鞘塢北受寶峰嶺溪

寶峰嶺在縣南東六十里屬龍泉鄉水自嶺下東流經寶林寺晉天福四年建先寂禪院舊基也初名福田後改今額旁有宋直寶文閣王厚之墓墓碣存焉載金石志又康熙間余浣公家居時有寺僧耕地得古碑一通鐫王荆公之墓五字余縉諸暨邑乘補遺記宋王氏一族科名最盛而易代以後蕩析無遺求其故居遺冢并不可得數年前寶林寺僧耕地偶得古碑一通題曰王荆公之墓僧駭以詢余余曰此必誤認耳既而考府志暨學博士王厚之係介甫猶子從金陵徙家暨陽遂世居焉後之科名鼎盛者皆其後裔則王氏雖無荆公而實荆公之同派也前此冢碑非因南北各天半山父子已爲若敖之鬼而瘞土以祀之歟獨是南宋距今不及六百年而以海內名族本里先賢曾無一子姓在者即其室廬

邱壟之所在未嘗有樵叟牧豎能指點其處而碑今無存深區區發露於衲子犁鋤之下詎不深可痛哉惜浣公紀其事而仍不收其碑也案厚之係王榕之孫榕爲人爲邑令後家於暨故名其所居曰相門坊王魏公安禮子撫州臨川厚之非介甫猶子亦非從金陵徙來記皆誤有葛家嶺小水入之又東流入龍泉溪

合而東流出清潭橋又東流經梅溪阪村在水北郎元之梅溪里又東流經蔣家南受大成隖溪

金澗山在縣南六十里跨龍泉超越兩鄉其北麓大成溪之源出焉北流經大成里村在水西東有銀峰尖上有銀坑洞又北流經上馬宅村在水西其東有石臺菴石方如臺故名山腰有瀑又北流經馬店折而東流經邵家樓又東流經下馬宅入龍泉溪

又東流經溪東村在水南南受姚王溪

苦馬嶺在縣南五十五里水自嶺下北流經半邱村在水東有澗阬龍潭折而東流經黃家店又東流至張家店口受西

阬溪

西阬當布機嶺迤東一里南界義烏水有二源一自大尖山北流一自丁涼山東流合於摩訶潭有龍湫焉土人稱摩訶龍潭亦作慕和龍潭歲旱禱雨輒應溢而東流經葉村又東流經奚巖又東流北折至張家店口入姚王溪

又北折經黃家店村在水東又北流經傅村村在水西又北流經塘北又北流經寺下舊有上崇教寺故名隆慶駱志云上崇教寺在珠嶺南唐貞觀元年建舊名高崇院宋於此立高崇里亦名高松院後改今額今廢俗傳有貞觀四年銅鐘移置呂氏宗祠今訪之係明嘉靖四十一年所鑄者西受溾

頭溪

三摩嶺在縣南六十里洩頭溪之源出焉北流經洩頭兩山高峻壁立千仞中流如瀑布懸下折而東流入姚王溪合流北折經下山隝又北流經高埭並在水西又北流至郭口折而東流經方家又北折逕王家又東折經姚家姚寬子孫居此又北折入龍泉溪又北流經溪北村在水西西負梅嶺亦曰梅花溪孝子徐大雄廬墓處又北流至烏石頭有巨石當中流故名有義渡又東折經朱家村在水南又東流經上塘前村在水南又東流至雙溪口入開化溪

合而北流有黃公堂嶺小水入之經月形山下山形如月故名有義渡有八港小水入之又北流經鍾家大莊村在水西光緒二十

一年丙申土人於前山掘土得宋宗室富陽縣主簿趙希坐妻梁國喬氏墓誌碣誌言葬於金興鄉南莊之原今其地屬龍泉鄉殆宋時屬金興後改隸龍泉耳碣載金石志西受梅嶺東溪

梅嶺東溪出長灣東流經白石灣又東流經陽漢塢琴山塢鄭家門並在水北又北流經白駱阪有裏塢夾山藻田諸小水入之又北流經黃阬西爲燕窠有小水入之再西爲鍾山山北有鍾山寺隆慶駱志唐咸通八年建章志康熙三年僧聞悟中興此寺一日升座云何事空王卯午鐘石頭大小悉開封煙霞去住無拘束大道長安路已通後移錫禹航寶壽寺案梁普通間伏虎禪師結茅是山剏爲是寺後廢唐咸通八年重建明洪武正統嘉靖間及國朝康熙甲辰雍正辛亥疊次修造寺之興廢者屢矣詳傳燈碑記入開化溪

合而北流經駱家埠山口有永慶寺塢小水入之寺在塢內鍾山

隆慶駱志云在縣東五十里周顯德元年建初名永光塔院宋時改今額寺內碧蓮堂有楊文公飛白書見書史又有明天啟二年重修碑載金石志又北流至感山廟相傳元末明兵過鍾山渴甚有老人持水徧飲器小而飲不可盡心異之問其居趾云在感山頂不見咸驚愕知爲廟神加敕封焉出廣濟橋又折而東復折而北流經羅嶺又西折經五竈村在水北即宋之五竈里亦作湖藻仇兆鼇講學於此出襄濟橋東有黃沙尖小水西有葫蘆尖小水入之溪水入五竈後兩山壁立緊束如帶沿流一徑僅通行迹又北流經下石嶺經長塘又北流經楊家步在水西西折經光山下山有永福寺萬歷府志初名應國禪院唐會昌間廢晉天福七年重建內有梁武帝讀書堂硯水井又有米友仁書長生穀碑記載金石志又西流經胡家又折而北流至蜘蛛潭頂西受板橋溪

青頂山當大塘嶺東北山下有甘井水味甘厚板橋溪之源出焉東北流經大莊村在水西又北流經姜村鶴膝塢西有馬蹏山（傅克莊早春過馬蹏山詩）芒鞵踏破舊莓苔撥霧披雲往復回僻隝尋春人不覺折梅到手引蜂來山有蟻封塔又有馬蹏石周世則會稽風俗賦注諸暨縣有馬蹏石傳云始皇東巡馬蹏踐此其迹存焉又北流經白石廟至大橋頭受杜仙嶺溪

杜仙嶺溪

杜仙嶺南負黃阪陽水自嶺下西北流經破塘庵出大橋頭入板橋溪

又東北流經旗山長灣有國學生傅宏習墓（翰林院編修內閣學士廣東學政傅棠誌略）公字紹巖景文公子延之公孫也性孝友乾隆庚辰與兄宏全宏仙由梅嶺遷居荷香阪建祠捌祀置產植後進生平尤好以醫藥濟世施不責償晚乃著書自娛卒年六十有四德配黃孺人嘉慶十九年甲戌合葬龍泉鄉長灣子大受大經大基大剛孫博聞博才博學博厚著述詳經籍志經大門村在水西經樓家村在

水南村左中隴有嘉慶丙辰　恩賞翰林院檢討趙概墓經大碑山在水南自旗山至此俗傳地師賴布衣曾狀其形曰七節梧桐受山廠嶺溪

山廠嶺南負刀鞘隖水自嶺下西北流會葛家嶺桃花灣篁脩隖諸小水繞出大貝山注李家隖溪同入板橋溪

又北流經趙家在水西又折而西流經楊家在水東經李家隖廟廟在水北祀王朱蔡三相公康熙六十年建又折而東流經竹窠村在水南又折而北流經方家灣埂頭村在水西西爲基博隖有傅氏塗井水清而甘經荷香阪村在水東乾隆中傅元宰子宗翰孫宏全宏仙宏習始建太和堂於此吳縣蔣緗修炳章書額又折而東流過杉樹橋出釣橋橋畔有數百年喬蔭溪山清淑最宜吟釣至雙溪口受梅嶺溪

梅嶺在縣南四十里由從白巖發脈水自嶺下西流有半夏水以洗半夏藥異當品水北龜山有明梅嶺始遷祖傅良相暨妻葉安人墓德清俞樾書碑水南爲諸生傅岱課子處仁和相國嶺課子圖詩聞說山隈又水涯藤廬課子惜年華文心細似春初葉詩思清於雪後花枝巖仙遊名不朽箕裘世業願非賒寒梅萼本今猶昔付託攜書賴克家邑令溧陽沈寶青詩匈奴未滅慨詩難古得林泉一味閑詩句曾傳玉界尺家居喜近鐵崖山通經有子書何當投筆興心愛任斑師材須薰餘樂趣蓬蒿門外不須憫仁和徐侍郎琪詩能將庭訓作宵箴不負殷勤勸學心經濟文章歸一手可知循吏出儒林鎮洋毛孝廉壽詩梅嶺當年勤課讀劉湄今日荷恩慈可知賢嗣蜚聲日郎是先生布德時此圖題辭六卷已刻行世 有鍾山嶺鎮院洞小水自東北入之又西流經傅祠前傅氏舊居義烏杜門貞則堂明洪武時監察御史河南廉使傅藻爲黄文獻公溍門下四子之一解組後杜門養親宋景濂濂登堂拜母爲撰貞則堂記見宋文憲集其後嗣良相始遷暨學儀守良道魁繼之七世孫宏書始建祠堂顏日思成

堂有梅嶺二字石刻德清俞編修樾隸書會稽王編修繼香仁和王刑部同安吉吳刺史俊卿篆書餘姚韓侍御培森行書祠前有傅道禎妻毛氏節孝坊嘉慶十一年建經雲屏庵庵爲里社舊有仙雲白雉之祥嘉慶二十二年重修勒石經藍田村梅嶺溪至此亦名藏煙溪村在水北村野舊種藍靛故名有詩人傅克莊蒙園其姪尙鷸有藍田三十詠又北受藍田溪

藍田溪有二源一出花湯灣奇桂山西流經太平岡下岡最高平爲縣治外案有寶鶴嶺小水入之至水碓渚傅尙鷸水碓渚詩終日響丁冬無人水自舂欲尋聲起處滿澗白雲封又西爲石竇泉經滴水巖較城南雨花巖更勝傅尙鷸滴水巖詩何處動商音山深復水深人來巖下坐一聽一清心巖東北舊有石窗庵今廢馬面坪金家山下有纖絲水出藍田橋傅克莊藍田橋晚步詩港小舟難入沙輕水其流牆開梅一樹籬護鴨千頭月白翻迷路燈紅未上樓所思偏不見小立爲誰留

一出蓮花峰西流經蓮花庵明崇禎十七年建明知縣蕭琦撰有蓮花庵記又西流合獅子巖小水巖下胡公廟在焉北折懸流而下水石噴激飛瀑數十丈亦奇觀也又西流會水碓潛同出藍田橋入梅嶺溪

又折而南流有葛家嶺青龍背小水入之又折而西流經藍田街在水北有回龍庵旁有霞井暑月汲飲能除熱疾又西流經大園香酒隖口並在水北有諸生傳岱墓仁和譚獻仲修傳君江峰墓誌銘傳君岱字江峰家譜名廣佐諸暨儒家爲鄉邑名師學行卓爾少秉孝友考博厚府君生六子君其仲也父命析居君終侍不離第五弟廣伍早卒婦樓矢志不奪君與賢儷杜孺人將護周摯以所生子炳洵爲節婦嗣慰完貞苦君爲名諸生多文有聲教授游東講習洞見本末成就後學甚衆晚歲赴館恆攜子並課其教學宗旨先變化氣質讀有用書讀責以熟熟責以解而以山水佳勝草木文章皆足以陶寫性靈涵茹道妙是又以不讀爲讀者也琴山許氏璜山黃氏象山斯氏東山虞氏從先生游者恂恂淵淵望而知爲傳門高足弟子君不私其子其子之學業繼其家蓋同治初君歿於亂離閒關無一日廢學成已以成人加

此厥子振海振湘志行允肖適館杭州乃命兄教弟請者有後顧而行比冬言歸嬰疾易簀時瀞濯而卒時光緒七年年五十八遺著有梅嶺詩二卷君先以詩賦見知學使萬公卒後學使潘公采獲遺詩入輶軒續錄配杜氏儒家淑女佣德宜家子振海光緒二十三年選拔貢生就職直隸州州判振湘諸暨學生女一歸國子生黃尙根二子葬父某山振湘旋卒振海以誌銘未具來乞譔獻爲文久企夙學爰爲紀實銘曰君子抱道未施於人兵革之餘耿耿至仁道逢流亡囁嚅逡巡推食食飢匪有餘飧在位廣沛必澤斯民且耕且讀一之以勤台予克家養志如薪仕學同源觀微識眞墓門有木與山蔽塵梅嶺課子圖畫方陳丹青刻畫永永勿湮

夏泉山陡亹阪並在水南出吟橋據碑記初名合興橋亦呼涼潭橋經飛鳳東鴎春光花蓮諸山並在水北至荷香阪村在水南合大塘嶺水出雙溪口平橋荷香阪亦名雙溪莊兩水合流吟橋釣橋環之仁和徐花農侍郎琪爲書雙溪莊額德清俞樾有篆書雙溪碑碑陰勒梅嶺詩人釣遊處七字傳代告當課子於是〔嘉定徐侍郎致祥詩〕千巖萬壑赴雙溪中有丹山路不迷雛鳳比肩隨老鳳書叢花影草堂西〔會稽王編修繼香詩〕雙溪我亦記趨庭有弟肩隨共授經元草飄零池草冷并無遺跡寄丹青〔長洲葉侍講昌熾詩〕未到雙溪舊草堂但從畫裏認垂楊釣魚

誰解知魚樂一笑筌蹄付兩忘耕釣何嘗爲讀書讀書三昧得
眞如可憐因首談經者泥古蒼生轉誤渠(元)永嘉丁進士照詩孤
山處士林君復庾嶺詩人顧仲會輸與先生能教子梅花萬本
一廬書拓得林泉三兩間雙溪流水聽潺潺東南冠蓋紛無數
誰肯傳經太白山(吳)橋劉侍郎恩溥詩守梅曾記築蔬畬文會
頻將勝侶邀一自潘江成續錄好詩多半紀星軺(餘)姚韓侍御
培森詩晏書顏譜幾留遺咫尺鄉關仰大師自笑案頭塵俗甚
梅花猶欠去年詩(仁)和朱　錫榮詩從來教子如琢玉教子
成器在課讀要之是玉琢方成頑石可憐不受琢亦有良材靈
秀鍾往往孩提遭閔凶孰爲追兮孰爲琢自成寶器光熊熊賢
父不必有賢子賢子偏教父蚤死人事由來多不齊天心缺陷
有如此我披梅子讀課子圖宛然鳴鶴占中孚讀書之樂樂無比
天倫之樂比更無權把君臣作父子明良喜起如斯夫當時書
聲起風雲老親聽之色欣欣所望通經能致用豈徒弄翰誇能
文父教嚴而慈子學進愈往橐筆戰名場勵邀宗工賞一登拔
萃科王事就鞅掌莫非王事獨賢勞笑君割雞操牛刀如錐處
囊脫穎出司馬賢良稱第一事淸獻重來載口碑始信道生由本
立本之立父之課當年讀書一萬卷破流光彈指幾春秋樹一靜風
搖雙淚墮郎今手澤摘徒存況復天傾邪可論歸去來兮官
蹤北堂侍養闢蓬門吁嗟乎人生富貴夫何有眞樂無如事父
母青天兮青天嘵嚨顉䫜麟顏萬昔年課子老父良已矣我願
祝君慈母萬有千歲無害之眉壽(會)海盛蔣吏部廷黻壺中天詞
萬花深處正鄴城坐擁攤書剪燭鬢髮蒼然圖畫古階下亭亭
雙玉峴首輕裘西園飛蓋輸此淸閒福先生往矣明湖空賸寒

絲愧我吏隱金門拈毫吮墨戶外誰停轂忽捧吳箋三百箇字字珠璣堪掬擬喚道仙吏招賀監同向花間讀爲君歌罷短簫吹徹霜竹

梅嶺藍田雙溪元時隸樂安里傳墨林有樂安里十景詩一梅嶺看花二藍田踏青三獅巖進香四橋店貰酒五水巖瀑行六方灣松濤七雙溪釣魚八荷塘納涼九涼橋菜花十斗門麥浪又北流西折經伏虎山在水北出酈鄭橋經庭芝房夾塘村在水南陳家店村在水北水南有泗康廟入板橋溪又西受許村溪

泉盟嶺在縣南三十餘里跨龍泉超越兩鄉其東麓許村溪之源出焉西麓之水爲超越溪入洪浦港東流受稻蓬嶺水西麓之水亦入洪浦港又東流經許村水北有永興庵晉許元度捨宅爲寺後嗣飛熊遷邑之永興里里有琴自築庵曰永興亦曰永聚明萬歷間造塔曰聚星〔許煜詩〕行行踏破翠千重一抹斜陽淡遠

峰歸路不知山寺過梨花深處數聲鐘好山好水恣閒遊有歸與家人說不休防著夜來詩興到安排筆研近牀頭

道光辛巳舉人雒南縣知縣許存之道光丁酉舉人許恭講

廬又東流受白巖山泥心嶺亦呼泥峻嶺為朱仲嘉妻孫節婦遇虎處諸水西麓之水入金瀾溪又東流經高八斗村在水北又東流經新塘村在水南八塘下村在水南水北有廟亭又北折至田泥衕村在水西水南為張卜鳴會雙溪水入

板橋溪

合而北流出板橋橋舊架板嘉慶二十一年里人許克從始易以石橋西有古社郵亭有陳世榮碑記西受成務嶺溪嶺西之水為超越溪又北流經陳泥鴨亦作仁義鴨村在水西東為花蓮山張翰有花蓮山記至八里庵庵側有八角亭上書板橋故里四字水西有峙屏山山峙如屏跨龍泉超越兩鄉其西麓之

水爲凰儀樓溪山有梵音寺寺後石壁峭削巖下一澗直注到麓（傅克莊詩）兩面嵐光薄霧迷中間流出一清溪綠溪曲折爬沙上回首人家漸漸低水甚清俗曰觀音泉觀音香煙甚盛道光庚寅邑人傅克莊傅墨林樓深趙賡颺爲賦屏山竹枝詞一卷又北流經毛家蕩秧坵亦名帆揚溪村在水西有毛廷瓚妻樓氏節婦碑亭毛閬毛祖蓑毛鳳喈講舍在焉又北流經關王廟在水西經溪前門頭村在水西後倚浮塘山又北流經將官山瓦窯嶺後西爲鍾家嶺背路通浮塘有明刑部主事鍾庸宅又北流經楊家步東爲寶駕嶺通藍田經老龍頭折而西經樓店橋又北折至蜘蛛潭頂入開化溪（傅振湘蜘蛛潭詩）江流圍繞水平鋪波作羅紋石作軀自笑浮沈三十載樓身爭不及蜘蛛合而北流至周村港口東有孝義溪北流來會之

山水志三

皁角嶺在縣東九十里屬孝義鄉嶺之陰屬嵊縣孝義溪之源出焉西北流至唐村受走馬岡水岡上有石筍對立名玟配巖又有圓石覆於石上搖之即動名鑊蓋巖岡勢峻拔高出雲霄爲邑東羣山之祖横亘百餘里山脈至西安鄉江藻龍山乃止斷山自青石寺遊走馬岡詩坐守筍两意若何共登青石試吟哦綠陰一路隨溪轉黃鳥雙飛避客過殘刹斷碑荒草沒深山古寺老僧多偶緣散步違凝望走馬峰峰擁翠螺踏石穿雲興未慵勝遊人上最高峰山雞對我嘑深谷野鼠驚人上古松風埽浮塵清眼界天開霽色豁心胸四圍眺望渾忘暮煙寺深深度晚鐘又受斐曹小水又北流至東平湖下有孟姜阬水北流注之

宣家岡當皁角嶺迤南岡之陰屬嵊縣爲彡溪孟姜阬溪源出焉北流五里許至王南菴入皁角嶺溪

合而西北流有上培村小水入之又北流至西平湖下上有大小兩湖土人犁爲田又迤西流經上英阬有白鵝山黃家山諸小水入之又北流經下英阬有水簾丈餘下注爲潭又有蕉坪西麓水西南散流來合之東麓之水入步溪坪有雲谷菴俗稱蕉坪菴明嘉靖中建同治元年東安鄉古塘陳朝榮率團勇駐是菴又分駐西巖胡公廟爲犄角勢里人斯銘齋參其軍六月賊酋陳四踞陳蔡銘齋導朝榮襲之薄暮至琴山吳德楨饗以牛酒夜半搗其巢陳賊驚逸殲其從又西流至西巖山王濬遊西巖山詩城居苦囂塵營營寡所適朅來山中遊萬慮頓消釋夙聞西巖峰巒聳兩清絶佳氣接三台奇觀分五洩雲從澗底生瀑向林間出乘閒此問蹤指點煩樵客樹脫見孤猿風高盤俊鶻何須鶴背騎恍若生羽翼玩奇不知倦蒼黃日將夕招提鐘磬音客心同闃寂上有古西岳寺隆慶駱志作縣東北七十里誤梁時建唐咸通八年賜名咸通西岳院後去咸通二字相傳爲丁令威煉丹之地丹井存焉井旁有月山上築月臺今

寺慶爲胡公廟以巖在瀑上亦名棲巖廟出育麟橋溪水至此一東兩山壁立巨石當流瀑布千丈勢如噴雪飛沫濺衣觀者眩目下有一洞窈深無底石壁上蒼蘚壽藤虬木仙葩爭奇五洩上有觀瀑亭遺址石壁勒南無阿彌陀佛摩崖六字蓋西岳寺山門也又西南流經鹿上山下山產白石英經洩頭村在水西溪水穿穴亂石中至雙溪口南有霧露尖水合外邵溪北流來注之

霧露尖當孟姜院迺南出雲表聳立於諸嶸之間水自西麓西流三里許至青石院有青石山李家宅諸小水入之至白嶺下上有青石寺[隆慶駱志]晉開運三年建相傳寺內舊有銅鐘響聞十里鑄於晉天福三年今寺鐘久廢惟青石寺三字石額尚存又西流經金家坪下合外邵溪

湖塘岡上有仰天湖故名當霧露尖迺南水自岡下西北流

五里許徑外邵又東受朱家嶺水合流至錢家莊山下合霧

露尖水

合而西北流有王家灣小水入之又西北流經柳家塢又西北流經象鼻山下上有長壽菴又有吳長卿母馮氏妻陳氏墓今名其地曰婆墓至雙溪口入皁角嶺溪

合而西流又迤南流經三清岡下又西流經紗帽山瀦爲潭溢出西流經潘家塢又西流經硯瓦田村並在水北朱家塢村在水南又迤南流至後馬之伏虎山下有潘家坪小水自三清岡下北流入之又西流合梁上尖諸小水至清潭又南趨洋塢岡麓有流子里水北流來注之

蔡郎山上有石室中有石牀石竈南塢蔡義古村在山腹流子里水之源出蔡北流合大環岡諸水至外鄉環受梁上尖腋下

諸水又北流至流子里經高元聚慶堂前宋義士吳宗元宅又北流經晚香亭下元陳大倫別墅有黃家隖小水入之又北流經白鳳山下上有孝犬冢吳銓家畜犬病踣子銜食哺之人呼孝犬後瘞埋之冢上開花如白鳳仙

楊維楨桃花犬樂府并序　諸暨吳義士銓家畜犬犬病踣兼旬不起犬有子能銜食哺母不離母左右昔聞桃花有鼎湖號弓之義今爾犬又仁孝若是銓自王大父宗元五世孝慈犬之仁孝其瑞應也爲賦桃花犬歌繼古樂府昔桃花孝犬聞天家今桃花生子在吳家桃花子母病踣不起三子纍纍若悲號一子銜食哺母母食之始出馳一去復一來眠母左右不一離吳老人壽期頤五葉孫斑斕衣門前荊樹不分枝柱下茲蒂生靈芝吳家孝慈及草木況爾桃花爲有知喔喔梟獍兒泥塗我宮室蕩裂我四維風俗日壞壞不支歌桃花作家慶吳家兒當執政桃花甡甡化梟獍

申屠澄孝犬冢詩　昔年孝犬出元高門敝蓋猶銜故主恩白鳳花開孤冢上何須犬吠出靈根

至正癸未秋八月知州王慶爲之立碣慶又著有孝犬錄山下爲笏西吳氏鳳山祠有元陳大倫墓

閑灕故諸暨陳府君墓碣　偕陳氏遠有世序其先居襄陽之宜城有諱璿者生磐磐生斌斌生甸甸生宋國子助教旦始自宜城徙杭之萬松嶺旦生慤字公實有文學一時名人

如范元卿陸務觀辛棄疾咸與之游論者謂其氣節度量有郭元振之風官至承事郎知餘姚縣復自杭徙諸暨陶朱里慇生樵樵生載又自陶朱里徙開元橫山之西載生國子監主簿瑞瑞生嵒嵒生清清生德興字克明從子洙嗜學如不及克明資之使受經名師食或告絕躬事杵臼市米以遺之卒成鉅儒克明娶曹氏生府君諱大倫字彥理自幼岐嶷學易於洙既而更春秋年甫踰冠數繹義例揮毫輒雲煙滿紙自度功名易如拾芥屢試藝場屋不能中繩尺恚曰吾文視舉進士者何遠今不與之竝驅造物困余矣將何言於是棄絕益攻古文辭浦陽淵潁先生吳公萊以與學雄文知名當代府君從之講學下及秦漢以來諸文章大家章有其法句有其旨青燈夜懸或至達旦不寐學大進遠近歆豔之交聘為家塾師留富春山中最久富春右族多負氣善鬬府君周旋其間每以訟凶為戒言辭悃愊聽聞者皆心醉俗為丕變馮士頤將合族為義食不問耄倪一聽府君言府君量其可行者樹規如干則防範甚密其家賴之狂士吳子中文而好訐斂怨於鄉羅山人集無賴男子縛致幽室將撲殺之府君徑趨山人家揚言曰爾欲殺吳子中耶子中無大罪豈可以嫌隙之細遽害之具耳目者不為也吾當自之官山人聞之懼解其縛伏地謝罪府君諭遣之子中得不死元季兵亂江浙行中書徵兵儲於饒饒之判官方沂實部其民及押運吏入江為敵人所襲上官將致辟於沂逮捕甚急沂潛往見府君泣訴其故抽刀欲自刎府君奪其刀藏沂山澤間且解之曰兵儲之失罪在押運吏判官何與焉尋獲免沂見府君跪語曰生死肉骨之恩隕身不足以為報府君張目大言曰方判官

乃以市道交我乎忻不敢復言府君見時事不可爲遂絶意仕進時江南行御史臺移治會稽中丞吳鐸監察御史督烈圖王偲競欲挽府君於州縣文學掾府君力以疾辭且策西師旦夕必大至決不暇安居乃遁鄞縣之東陽已而果然諸暨下高郵樂鳳來爲州與李參軍希白謀迎還府君以師禮事之州兵爲變鳳與希白皆被害府君又避入流子里流子里在州東長谷中府君於兩山夾澗作晚香亭三楹閒日與賓客暢飲爲樂酒酣捉筆吟詩脫帽高歌擊几案爲節座人每爲絶倒或氣候和適戴華陽巾服寬博布衣支節行古石細路間遇泉石佳處遊目思覩意若與之俱忘人問其故歎曰吾生平無他嗜惟攻文成癖孶孶矻矻垂四十年昔之人如此者何限今安在哉每搔首自傷但得適意時竟與萬物齊冥當不計有明日也識者服其曠達後三年以疾卒於家實吳元年十一月二十一日享年七十十二月十八日葬於其鄉呂塘之原府君娶樂氏生二女適傳某胡驥繼張氏生一子協善古文辭能紹家學者孫男五可牧可蕘可漁可農可仕府君長身美鬚性坦夷吐言露肝膽雖髮已斑白手不釋卷天文地理老釋之書莫不覽其英華尤善爲竹樹蕭蕭有蒼勁之意寫已競取爲清玩所著有春秋手鏡尚雅集各若干卷尚雅府君之自號也府君殁其友張辰既狀其行復慟然謂人曰府君之才之美設用於時當無適不宜奈何斂財操勢者銖黍不合度輒斥而不取遂俾甘心邱壑老死而不悔甚可爲當世有司弔若府君者無榮無辱全其所有而歸於造化奚翅足矣尚復何說哉協持狀來徵銘瀛雖素知府君未必有加於辰之言也謹備識而爲之銘銘曰天之夢夢

孰得而論賦才孔多乃卒堙淪佹佹府君纓緌之門風措孤騫所凝者神五彩成章隨氣吐吞其光爛然可燭翳昏鬱而弗施結爲氤氲彼狂者生取尤於人將扼殺之不翅孤豚豶蘗一呼兒徒褫魂有友阽危遂者星奔將蹈白刃誰欲命存匿之山樊慰言複葶平脫其生矢不以恩少見事爲已復有聞假使大用何物不春惜丁亂離戎馬紛紜鶚書雖上荷衣莫焚笑詠煙霞傲睨乾坤時命所拘有志弗伸七尺之墳呂塘之原昭懿廓潛太史有文 **又北流經林鑿清暉之蒼蘚壁下**上有拳石里人吳士鳴鐫雄踞二字水西有筠西家塾里人吳樹本建臨流有夫子亭祀關聖亭額爲陳老蓮書上有古藤糾結巨木春時開花作紫白色香聞數里**又西北流經楊村**有江浙行省樞密院架閣管句吳銓妻陳氏墓吳銓陳環娘墓壙誌略夫人諱環字淑益姓陳氏世爲諸暨楓橋人曾大父端大父福父復初母劉氏夫人生元大歷戊辰五月二十五日幼喜讀女孝經列女傳以儉約自居年二十二歸於我我族屬衆夫人孝奉祖舅姑舅姑皆得其道會元末天下亂居民盡走山谷夫人祖母母及叔父母諸弟來依夫人值祖母叔父弟相繼亡夫人爲捐篋具悉殮葬無虧禮未幾母亦卒夫人更獨念母寡且無子歿又在他鄉哀毀特甚竭力治喪禮營吉兆葬里中胡塗山之原從弟今蘭縣丞凱之父倉卒歿還葬未有期夫人力爲營壙

於毋之墓側雖由我能如夫人之志而夫人亦可謂盡爲婦爲子之道矣子女婚嫁各已次第謂當偕老百年而夫人竟以疾卒是洪武十五年壬戌七月十八日也享年五十有五哀哉夫人生四子江海汝齡江早世女一適花亭黄銳以是年十一月二十七日葬於楊村山之原又北流經高城山又經金貓山合大鼠山小水西北流至清潭會阜角嶺外邵溪諸水西流出清潭橋潭水澂澈地極幽秀乾隆間吴益高樹增偕山陰王半村濬及同人修禊其間王濬上巳清潭修禊詩歲有蘭亭會興懷迹漸陳卻尋猨鶴徑一接盬陽春草色綠侵袂花光紅近人臨流還自笑沈醉側烏巾始名流子溪又合而西流至石門潭溪上有石闕對峙如門潭深無底土人謂通西巖龍湫南有甑簟山有宋免解進士吴譚墓其墓菴曰隆興今圯又西流經下吴宅村在水南又西北邐倒來山下受琴絃岡水

琴絃岡水發源上灣岡北之水由大林入櫟橋港又南流至南

堂經臥雲山房前山北有宋温州府別駕石孝武墓西流至百步街受車灣水

車灣水發源九峰山西南流會白水山水入琴絃岡溪合流瀦爲潭溢出西南流入流子溪

又西流南繞豬頭山下受睦陂溪

三台山之腋睦陂溪之源出焉山上多金錫有明廣儲倉大使吳鏓墓二源合流入流子溪

又西流合官山水又西流經黃濱村在水北合黃濱山水山臨流多水碓居人以箭竹稻稈製爲黃邊紙運入蘇湖歲獲巨利又有孝義鄉社廟奉劉宋賈孝子爲社神又西流受周家山水又西流迤北經官塘隝山有元義士吳宗元墓宋濂故筠西吳府君墓碣洪武二年冬十月二十有五日筠西府君以一疾不起壽年八十有八州里之人更相弔哭以爲義士亡矣吾鄉將何所依賴十數里中聲嗚嗚不絕四年春

正月六日葬於孝義里弋溪之原其孫鐵以濂知府君最深請張君辰件右功世取文刻碑文曰府君字長卿諱宗元號筠西其氏曰吳吳出泰伯苗裔初遷會稽之山陰唐大中間有諱翥者以學行聞門人私謚文簡先生先生孫少邽咸通初復遷諸暨開化鄉之峽上少邽九世孫泗宋崇甯中復由峽上遷孝義里世有顯人其詳具見譜圖記曾祖蘭祖元祐父護母斯氏府君馮出也孕二十四月而生幼發智如成人蚤喪父事母夫人甚恭黎明至寢所候起居躬進膳羞必待竟食乃退母常戒之曰我有媵侍自足備給使勿勞苦我見也府君頓首謝及母有疾府君皇皇不自甯夜參半泣禱上下神祇願以身代久弗驗府君心益苦一夕母夢白衣神謂曰汝壽止於斯今以汝子之孝特延一紀疾果瘳忽都魯忽公宣慰浙東聞府君之孝辟爲奏差受事僅數月歎曰我母年已耄苟力田以爲養不翅足矣何以仕爲竟拂衣而歸日在親側視其顔色爲進退歷十二年母以高壽終府君號慟幾至隕絶服闋雖已久但語及之輒哽咽流涕如新喪見者憫之府君自念父母歿惟教子孫毋析居乃可以繼先志聞浦陽鄭順卿家十世同爨特往謁焉順卿示以家範數千言府君如獲寶璐而歸力遵行之十有餘年家政蔚然可觀戶庭之間穆如春風人無閒言者和氣所感有犬病足其子含食哺之犬得不死文人競爲歌詩美之府君益堅爲善之志製家教一篇誨飭剴切洪纖無不及而惠利鄰族之事居多召子孫示之曰天之畀於吾者厚矣脫有餘財可坐視顛連而弗之卹乎吾就地之日近故惓惓爲爾輩言之府君晚年耳益聰目益明健步如強年人及見元孫之生士君子咸集府君危坐中堂一子康髮盡白帥諸孫曾雁鶩行以進次第舉觴

爲壽府君抱元孫置膝上銜盃盡歡蒼顔酡暈望之者謂爲神仙中人繪史遂爲高元聚慶圖以傳後三年府君遘奇疾陽道閉澀不復能小遺醫者云病在陰氣絶藥不能及法當噏而通之其孫日鉅者遽如醫言僅得汙血一勺終不治府君度疾不可爲呼家人與訣以義居不分爲屬其耿耿猶前志云府君娶陳錢二氏皆先卒繼楊氏後府君亦卒子男子二長庸先卒次郎康子女子一適同里斯文孫男四鐩銓鉞鉅孫女一花亭黄鏞其壻也曾孫男十源湜濤海汝澣治瀚渡淇曾孫女二在室元孫橚梓桶植府君性沖淡與物無忤貌熙熙常如春未嘗少見憂戚之容頗嗜音樂自造短簫長可六七寸遇風日清美輒箕踞而吟之聲振林木而胸中之自信者一假是以洩之故當時之賢者多樂與之遊且惜其不沾一命之祿以展蘊終無以暴白於世然而生受備物之養歿則期功緦麻千指就位而祭雖古之封君亦不過此尚奚憾哉濂也不敏頗嘗獲拜牀下與聞緒論及東出逃難乃蒙授館致餼如忘年交府君今不可覩矣俯仰今古烏得無情乎於是掇其大者而製銘曰有夫之贏如發行之眞如家聞之贏如條教惟程孰得而京如影端於形孰得而傾如螢如繩如彙如烝如將懋世而宏如

又有宗元甥陳堂墓

[宋]濂亡友陳宅之墓誌銘嗚呼吾宅之死矣銘非濂孰能爲之初濂讀書浦陽江上宅之侍其舅氏吳徵君長卿來游濂始識之徵君淵澄山聳發言不凡而咸中肯綮宅之氣象雍容揖讓合節鳳和鳴而玉鏘如也濂心異之進謁徵君退必與宅之言問其所從師則韓莊節公性黄文獻公溍也問其所學則治經爲進士之業也濂時頗有志應舉相與詰難經義連日夕弗休退則去猶依依南望至日落乃

止自時厥後宅之聲譽日隆起大夫士惟恐内交之晚廉訪使者行部舉爲稽山書院山長宅之辭宅之意氣方豪謂朱紫可以引手致及試藝有司數上數不利乃撫几歎曰慈親年高矣予髮亦種種安能逐三五少年競一日短長耶卽退隱大山中朝夕親側不敢少離去濂聞而悲之至正戊戌濂避兵徽君家已而遷宅之之西軒濂攜室人賈專及仲子璲長孫愼三世四人心膽戰掉若喪家之犬宅之煦嫗而軫存之視濂猶弟兄遇璲與愼有若子孫内子蔣夫人亦視專如姒娌然濂安之百里之外忘其流離顚沛之苦者宅之夫婦力也浦陽旣入職方濂挈妻孥而還庚子之夏朝廷遣使者來召濂趣裝上南京擢爲王官與宅之别者閲十春秋其依依之懷猶浦陽南望時旣以病予告東歸思宅之之心逾切病間竟騎驢往見宅之大喜展齒殆將折留浹旬椎羊豕以爲饗當夜半酒酣敘兵火離合語刺刺不能已旣而掀髯高歌聲調激烈一吐壯年不平之氣濂復悲其壯志雖不衰然亦頽然老矣居亡何濂復起修元史進官禁林又將十年而璲同愼亦俱竊祿於朝濂私自念皇明圖任黄髮以開文治如宅之者年縱邁豈邸壑所能掩將以其文行上聞璲愼咸爭曰陳先生老矣得毋不可於意耶乃止洪武丁巳春濂蒙恩休致於家始知宅之之殁已五年矣欲如昔日一見有不可得矣追念今古不覺潸然出涕專亦思蔣夫人之切復念宅之固云殁而夫人尚無恙行當胥會以慰中心之懸懸近有自諸暨來者則又曰夫人之亡已三月矣嗚呼悲夫濂知宅之之深者宅之殁矣銘非濂孰堪爲之宅之諱堂宅之其字也其先襄陽人十一世祖宋國子助教旦始遷於杭生餘姚知縣慤再遷諸暨陶朱里曾大父某大父琳承信郎提刑司幹

辨公事娶吳氏吳居縣東之流子里生子曰燦宅之之父也仍娶於吳遂依女氏以居爲流子里人宅之壽七十有七卒之日乃癸亥十一月六日閏月二十三日葬於戈溪之原男四鐭鋘鏞鎰鋘以前五年卒女二適吳義吳鐩鐩徵君長孫孫男六濟温浦潤浩澧孫女二尚幼曾孫男四樟權梓橡宅之性雅飭行乎患難能以理自遣室廬蕩於兵燹亟遷别墅曾無幾微見於顔色每速故人飲酒賦詩以自適其詩韻度深婉一篇出人競持去閭井之間恆樂觀之久而不厭徵君家將合族爲義居宅之左右徵君爲定科條以齊子姓至今守之嗚呼宅之已矣而徵君亦作泉下人矣上距避兵之歲僅二十年人事變遷何所不有未知後二十年又爲何如也如宅之者是矣銘曰五彩勿施不如赭泥我哀乎宅之受才則丕其數則奇我哀乎宅之斂其奮飛發於聲詩我哀乎宅之墓銘有碑太史勒辭是足慰多士之思

又西流經柏樹頭相傳爲賈孝子妻柏氏故里又西流受柯字亦作戈溪

三台山之陰柯溪之源出焉北流至任家灣始成溪流闊丈餘四面皆石石上有罅四五可容拳深不見底俗呼石湯罐又有石鍋一徑尺餘深亦如之懸流激湍衝入鍋中宛如水沸石壁上鐫有崇禎六年六月吳生八字故老相傳明思廟時有異人

鑪煉於此又北流有五指山小水入之又北流三里許至倒地

木有元吳府君護墓宋濂故吳府君墓碣銘迺三代盛時墓無銘其有銘自東漢始沿襲逮於後世遂與史傳相表裏載諸名賢家集者往往人知誦之事蹟顯白或有踰金匱石室之所藏者則其任亦重也奈何今之操觚者於赫赫公侯之徒徒則驩然紀其事而巖穴行義之士則十遺其入九揆於顯微闡幽之道顧有愧焉此濂於吳君感慨而不能自已者也按張辰所爲狀君諱護字邦輔姓吳氏世爲諸暨人耿介尚氣節不肯爲非義屈宋季權貴人用事妄受民間土田宗人妒悍者并族之所耕盡籍以獻君曰無田是無族也即上書丞相府直其事文下所隸卒復其舊一族德曰微邦輔吾宗爲餒鬼矣伯兄穡爲怨家所殺君誓以死復讎不逾月怨家嘯聚爲變君執之詣官至榜掠無完膚乃絕且蘇穡之子崇不啻若己出凡科徭之屬一不以煩之庾子大祲道殣相望君發廩以賑飢乏之民既而州下郵荒之令黠吏黄厳力趣君入粟君無所應吏將文致其過民走訴州大夫大夫弗聽有張氏子者怒曰吳君爲生我輩無粟得應今且獲罪使向非吳君塡溝壑者已久今日何惜一死不自白吳君哉遂自剄君因得解君行山陰道上天大熱無從得漿飲老父錢氏從容奉茗汁君視其居隘甚乃謂曰爾能飲一人度不能飲千萬人矣吾能治爾田廬爾戒爾子孫世世濟渴者毋失遂爲結屋三楹買田若干畝而去老父家至今尸祝之君嘗遣蒼頭持五千緡輸官奴逸去或勸追之君曰奴既去矣追之何爲奴聞之盡歸其錢叩頭謝君遇之如

初君爲人魁梧嚴毅有不可犯之色庭戸之間聞其謦欬無不慴服其事父母極孝奉甘毳惟恐有不至母歿迎舅氏就養敬弗稍衰君生宋淳祐壬子三月四日卒元大德乙巳十一月二十九日年五十有四至大己酉十月五日葬孝義里戈溪之原當君之歿里之人哭曰自吾里有吳君凍餒得衣食婚喪咸有所資助自吾里得吳君無賴男子不敢以誣罔相加遺脫有之必鋤剗乃已今將若何無不相向泣君曾祖爽祖蘭父元祐皆以貲雄於鄉至君而聲聞益著君娶斯夫人生二女少房馮氏生二子長宗元次宗儒君殁三年馮氏亦卒二子皆夫人所教育底於成人後君二十三年卒二女斯維賢陳燦其壻也孫男二庸康曾孫男四鏦銓鉞鉅濂自移家滿陽與諸暨接壤因獲隨君之子鈞西遊鈞西郎宗元時年逾八十貞容勁姿如蒼柏獨秀於風霜搖落之餘方以道閑家俾合食無離居每日出子孫上堂問起居退則各以其職莅事今垂五世無敢違其言人謂君行義之所致云鈞西謂濂曰先人墓木已拱而隧道之碑未刻子幸速爲文使吾目一覩即見先人地下可無憾濂不敢辭銘曰嗟漢有士以義俠聞或脫人之急或解人之紛徒憑陵以游騁思出奇而樹動吁嗟乎吳君其言也闇闇其行也温温藴爲粹然之珍舒爲粲然之文賑給我族姻翼衛我比鄰不吝已以自封期與物而爲春其視俠者之所施猶良玉之於賤珉吁嗟乎吳君陵可得而夷名不可得而遷太史勒銘表在墓門

又北流經柯亭下又北流合于阮水至華信嶺下入流子溪

五桂里
茅氏遷暨始祖
何劍公字刀峰
贅黃周公長女

又西流經小鼓坪又西流二里至姜村舊有市今廢南受西塘溪

東泉嶺在縣東六十五里屬孝義鄉西塘溪之源出焉合大拇尖五指山腋下諸小水北流至外菴明嘉靖間斯澫建同治五年斯源清斯之梁重建受蔡義陽溪

蔡義陽溪亦出五指山之脅北流經前張經後黃至西塘村入西塘溪

合而北流入流子溪

又西流南遶城山坪下元時增立城山里上有宋黃仲驤望煙樓及仁壽夫人義莊遺阯經五桂舊阯今名茅店內有金盤玉琖諸勝北宋以來黃氏名襄懿者卜兆於嘯天壠上卽其下爲居阯自比部宋卿發名於仁宗朝南渡後兄弟五人同登甲科因以五桂

黃閣宋孝宗乾道己丑進士上至桂里建有拙菴任海鹽縣令

名其地今名茅店者以山陰茅氏爲黃閣贅壻居此今則吳姓居之負山之陽則周姓居之不但黃氏名圍甲第鞠爲茂草卽茅氏亦徙居山間無有住此者又西受河圖溪

倒來山之陰河圖溪之源出焉西流經張家灣口合張家灣村在水北山中水經泥牆里至寺隝受寺隝溪

西平山之顚曰寺隝嶺寺隝溪之源出焉山北有彰聖寺唐咸通十四年建初名古靈院本在城山坪明初燬於燹重建於此有萬歷十一年所建碑駱問禮譔文陳性學篆額郁應臯書冊今在寺中又有陳老蓮所繪佛像三幅今佚西流出寺隝口合華伯嶺小水入河圖溪

又西流經上河圖本作湖塗卽宋之湖塗里舊爲申屠氏故宅門阯尙存今陳氏居之又西流徑下河圖合石尢山水山有元

處士吳康及妻斯氏劉氏墓【金雍孝義處士吳用中墓誌銘】處士諱康字用中姓吳氏吳之先本於泰伯其後遂以國爲氏至唐文簡先生諱薦實爲山陰始遷之祖十六世祖少邦歷官門下侍郎光祿勳復遷諸暨異溪十世祖泗號元邱居士又遷孝義里今爲孝義里人曾大父元祐入元隱而弗耀大父護今翰林學士宋濂銘其墓父宗元有家教若干言宋又序之妣陳氏錢氏繼楊氏處士錢出也生至大己酉三月二十日幼嗜學敦尚孝弟與異母兄大理路儒學教授庸甚友愛奉繼母弗少違極愛從子鐩嘗曰世之昆季失和由營己私所致吾等親年已高喜懼鍾於心承老親在弟願出私帑以示同居何如兄曰吾夙志也卽與鐩亦出己資之所有不遺一毫又爲誓書示久遠乃白父曰大人積德以承先業兒輩恐弗克負荷幸大人手立家範俾後嗣永有攸賴其父喜曰宜取法鄭氏乃可遂走浦陽求義門之規倣其大略爲家範數則迄今遵守處士性勤儉不尙豪侈待人一以誠知醫藥尤諳地理術遇求者輒應之亦不求報故士大夫稱爲父歿哀甚或謂六十不毀禮經所云以禮制哀可也泣而不答既葬逾月竟以憂終洪武辛亥二月十七日也春秋六十有三壬子十二月二十五日葬里中石尤山之原禮也配斯氏無子繼劉氏子男三人長銓江浙行樞密院管句次鉞入國朝知太原府嵐縣事次鉅女一人歸秣陵巡檢黃鏞孫男九人江海治汝瀚漢淇渡洪曾孫女一人鉞以狀洎幣謁雍銘雍曰翁之孝行義聲素有聞又居孝義里如曰孝義處士誰曰不宜銘曰吳氏受姓始三讓至德雲仍盛於唐而有位有則文簡尙儒雅而著聞於初元邱

尙名教而擇孝義里居嗚呼處士宅於是而躬孝踐義則厥聲世繼以是銘式昌其後裔〔金〕雍孝義夫人劉氏墓版文〔略〕夫人姓劉氏諱勝宋湖廣制置使伯戢九世孫也十世祖昱自東陽徙諸暨祖端父茂卿爲邑望族夫人自幼謹飭不妄笑語勤女紅不喜巧製善事父母年既笄選壻得里中吳處士康既歸宗族親黨以至媪御無不喜事舅姑以孝敬春秋烝嘗必躬爲治粢盛勤於訓子吳門族親衆歲之會雖一獻禮皆有條序處士歿獨事後姑姑年幾九十夫人之年亦高起居躬自扶持巾裙浣濯勞弗憚諸婦媵侍爭代之弗許乃曰調護老姑非若輩可其意每晨興至寢所問安起則奉盥櫛掖至堂上坐乃率諸幼揖娭膳罷方退夜則治寢裯能知溫凊之節是以吳氏親疏莫不曰自吾宗有夫人長幼咸知尊親而不廢禮義元末士大夫避亂依吳者多夫人屬銓等咸禮遇之故外內無不稱其賢有子三人銓鉞鉅女一秣陵巡檢黃鏞其壻也夫人壽七十洪武十七年十一月二十三日歿於寢將以某月日合葬先處士之兆其里人張辰稱之曰孝義夫人銘曰孝義其行實出名門女有懿德益昭子孫克孝而謹於義彌敦曰敬曰慈施於卑尊蘋蘩薦祭罔失乃職禮加親黨匪惟酒食母能待賓子必英特伊昔陶母髮不重惜陶母之賢越百世傳富而好禮母之教焉伯居有府仲亦宰縣季也志學祿必自天三子顯榮當膺錫命令善可旌上壽可慶淑哉夫人以有家政墓門礱石文無虛佞

又西合三垛灣水至茅店又有鵝子尖泉匯鳴諸小水入之又西流至金盤玉戔下有黃竹尖

水入之出石橋逕南流入流子溪

又西流南繞水湖莊村在溪南三台山五老峰之尾閭也溪上有義渡莊道光二十一年里人斯松益建光緒二十一年蔡宗炳重建舉人吴忠懷譔碑記南有上林溪北流來會之

朱家嶺在縣東八十里屬孝義鄉上林溪之源出焉水有二源一自嶺下北流合入石阬水又合錦邱山水至張家隖村在水北其鎮山曰三台山五老峰即五指山跨孝義開化二鄉内有五指菴爵溥五指菴碑記略蘭若始自釋迦儒者弗尚獨五指菴不爾吾老友斯道號自峰幼時讀書於此愛其徑曲雲深結廬而藏修焉既知山西平陽府事猶時時念及之挂冠後林泉無恙喟然歎曰乘鳳御龍不如養鶴驂猿惜無有解此樂者一日有僧飛錫而至與語三乘胸中洞然遂請曰師肯於此茲結孤獨園否僧唯唯於是整理舍宇即山取義顏之曰五指菴其僧亦即名五峰捨田三十畝零山十七畝零改曝書樓作藏經所以是菴爲始於釋可以是菴爲始於儒亦無不可百世下騷人逸客尋勝來遊者見長松細草聞鐘聲梵唄未必不歎佛教之有藉於儒也是爲記 又有清涼寺溪

乾祐二年建初名上林院一源發高湖出倒馬石院合流至漕門坊經上林古社前出石橋橋旁有古梅一株虬幹怒放數百年物也受下陳溪

戴溪嶺在縣東九十里屬孝義鄉嶺東屬嵊縣以戴逵隱居於此故名下陳溪之源出焉北流經王院又北流合上黄嶺水至下陳入上林溪

又北流受姆嶺溪

姆嶺爲諸嵊通道水自嶺下北流受青天岡嶺水合流經院口又北流至八石阪入上林溪

又北流受東白山華尖水合流經孫家院上斯水竹灣有宋閤門舍人黄克敏墓又北流經螽斯阪溪陰曰松嘯灣又北流經香爐峰下經崇由堂崇樸堂並在水北出小際橋宋於此立小

際里至申明亭下有筆架山水散流經譚家入之瀦爲深潭斯日福妻黃氏率子女及婢銀桂殉難處石上有摩厓字今已爲陸矣申明亭制詳建置志又北繞象山下經下宅村在水北經門前阪村在水南有東泉嶺鑪峰腋下諸小水入之又西北趨獅峰下經上泉又北流至鏡村步受黃檀溪

打鐵坪爲東白山支峰山上多砆石有五色在縣東九十里屬孝義鄉黃檀溪之源出爲北東流經解空寺前宋建隆二年建初名法訝院山中古木修竹碧蔭襲裾最爲勝境許宏綱撰碑記知縣熊希古遊解空寺詩寺靜濤光迴山迴石路斜烏聲度林木人語隔煙霞迷目渺雲樹安心悟雨花人生本幻化聊此息塵芽五里至嶺上黃有黃必先丙舍兩岸石壁嵯岈古藤老樹生石罅中蒼翠如滴霜雪不凋相傳爲晦翁朱子訪必先於此山流連旬月此樹乃其所手植者又北東流

經暨石有丁家山水出蒼鳴口合鉢盂山水入之又北東流經陳里村在水東又經塘鳴口至前王阪入上林溪又北流經兩指山下繞青山山有明山西平陽府知府斯道墓至南山江受殿口溪

瀑布嶺亦東白山支峰在縣東九十里屬孝義鄉旁列花尖殿口溪之源出焉兩山環抱懸厓壁立水出龍門直瀉百餘丈其地產茶最佳所謂瀑布嶺仙茗是也舊經云上有天池大旱不涸小白峰下有趙廣信丹井又有巨石猝然搖之即動再搖即不動亦一異也見嘉泰會稽志及剡錄其上又有石屋石姑殿內裝女像七土人禱雨最靈殿前有石池每年七月七日東陽嵊縣諸暨近山士女皆登山驗其池水西邊水乾則嵊旱北驗東陽東驗諸暨又有子午靈泉水沸石上

謂應潮信味甚甘洌伏流爲望錦涙亦名黄大涙又北東流經新屋基又北東流經廖宅又北東流經福田山下山勢峻拔雄踞一方上有十二跑岡連峰相接又北東流有揭臼灣小水入之又西受彡溪

三岔嶺亦東白山支峰彡溪亦作三岔溪之源出焉東流經藤梟樹地有賈孝子廟廟後有古木千年物也蒼藤梟樹大蔭畝村以是得名又東流經白露口又東流至蔣村村在水北入殿口溪

又北東流經嘉樹灣亦作戈樹灣又東流受鷺鷥阬溪

擂草坪岡跨孝義開化二鄉其東麓鷺鷥阬溪之源出焉西麓之水入開化溪東流合黄濟山迤東諸水又東流至柳仙殿口村在水北山下有俞柳仙廟嘉泰會稽志云孝

義鄉父老傳有俞姓者久寓村媼家病革謂媼曰死以兩大甕合以葬我杠折則窆鄉人如其說後復夢俞曰今爲天曹雨雪部判官會野火且至烈日中雨雪冢上遠近異之即其地立廟宋紹興初久旱迎神至大雄寺禱雨立應歲以大稔相傳神喜柳枝邑人致禱必持柳枝以獻因號柳仙云廟後其墓在焉按五都硃泥山亦有俞柳仙墓土人謂出孝義鄉舁柩至其地杠折始葬焉今山下居民俞姓祀之每年七月七日村人演戲賽神社散後必有雨日洗殿雨元宵則各鄉竹馬皆至謂之上殿入殿口

溪

又北東流合後隖水經月壠至南山江入上林溪

又北流出月壠義渡橋橋旁有亭蔡欽燿等捐建又北流經小斯隖口至水湖莊村在水東又雜受瀓阬吳耶灣諸水又繞黃

濟山陰至旗山下合流于溪始總名孝義溪合而西流瀦爲茅店匯潭走馬青石五老筆架兩指福田諸山脉下之水至此會集深澄可鑑今里人以潭爲放生池山上有柳鮑仙姑廟今稱大生廟嘉泰會稽志云廟負山帶溪景趣絶勝父老以溪聲高下卜雨暘甚驗又西流經買孝子墓前舊有華表年久傾圮今墓前石坊係道光間里人所建經陳蔡鎮村在水北以二姓居此得名今爲鄉間市鎮後船山有孝子陳巧官墓又經月山下山上巨石如闕高出雲表受黄濟山脉下諸水經義渡亭又西流北折趨下碧山古有下碧村經思孝菴前菴爲元至正二年蔡行松廬墓所建咸豐辛酉燬於燹光緒間其裔孫重建菴後仙人蹺足山有宋贈衛尉少卿黄振墓宋職宋贈衛尉少卿黄公墓誌略公姓黄諱振字仲驤自曾大父惠徙暨大父褒父勝家素封公生而警悟及長貫通經書尤重寒微之士時三衢劉仲章錢塘葉之奇同郡齊唐輩邂逅相遇如

素交且率之家居斷以日用始終無吝顏後皆爲聞人又輕財好施念貧民難於徧及特建高樓日登以眺村落不舉炊者遺之糧寒無衣者遺之衣其妻仁壽夫人劉亦出嫁資置義莊以歲入䘏濟族黨之不能婚葬者鄉族德之爰名其樓曰望煙莊曰仁壽康定元年陝右用兵詔天下有平戎策者上之長子宋卿獻十策闕下召試學士院累官至比部員外郎贈公衛尉少卿祀鄉賢夫人劉贈仁壽縣君次子舜卿正議大夫三子晉卿召試不就孫男十一人庚充育雍鉞永革齊庚序佩均有中進士第者曾孫二無慝日新元符三年庚辰同登進士甫曾孫之森森在目學業有成者未有艾也甯非公與夫人厚德有以致之歟公生於咸平三年庚子九月二十一日卒於熙甯十年丁巳五月六日享壽七十有八葬四十一都下碧山仙人跪足形夫人後公五年卒別葬金鵝山之原　又合犁頭嶺水嶺爲通婺大道上有菴旁有騎亭又北流經馮家大隖口合黃箭山水又北流經魯村緣蜒蚰山截水爲齬邱有宋黃勝墓又北流繞官員嶺下又合黃公堂嶺峽水出西山義渡橋北流至水口雍正丙午舉人周晉故里有概溪隖吳家隖諸水緣蛇山入之又有火燄山下諸小水入之又北流至上澧浦東受桂溪

俞家嶺在縣東六十里屬花亭鄉舊亦名范公鄉嶺陰黃竹山桂溪之源出焉西流逕施隖合長龍岡水又西流至迴龍廟合上周隖嶺水又西流至鼓樓坪又西流經白屠隖村在水南舊亦申屠氏故里有兼溪水東南來注之

椰樹嶺爲九峰山支峰在縣東五十五里屬花亭鄉大兼溪之源出焉嶺東之水爲右溪入櫟橋港嶺上有菴外有騎亭同治間流子里吳樹人重建西北流至大兼溪爲明義士周國琳故里舊有泉香書屋今廢山下有周孝子廬墓處水出村口有巨石阻流水從石罅中流出又合呼秀嶺水嶺東之水亦由右溪入櫟橋港上有孝子坊今圮又西北流至下屠舊亦申屠氏故里又西北流二里許入桂溪

又西流會象輅嶺溪

象轄嶺爲婺甌入越通衢嶺北之水經天馬山陽合右溪入櫟橋港水自嶺下南流至建興里元時增立比部塘頂有宋比部員外郎黃宋卿及妻仁和縣君墓【韓羽比部黃公墓誌略】公諱宋卿字公輔康定元年朝廷出征趙元昊詔知兵者得以邊計言公獻十策上嘉之召試舍人院擢第一以郊社齋郎調韶州翁源主簿既至會獠蠻唐和叛掠郡邑上方修德懷遠不忍毒民以兵乃命招懷之以公嘗言西事有氣略即委宣詔旨公毅然無少懼從十餘騎造其聚落慷慨反覆諭以天子德意賊數千皆悅服願屬於吏由是轉陞潭州觀察判官未幾儂智高攻邕管大兵南征潭實餉道太守方以不及爲憂公自請治益陽以贍其費大府欲表其能固辭乃止歲滿薦舉得著作郎知洪州奉新縣未上坐小累監淮陽酒稅移知鄂州蒲圻初蒲圻困於茶課適朝廷遣使者變其法而使者得以與議他令畏懾莫敢可否公獨力爭使者不能屈遂爲減歲輸數千緡邑人德公而生祠焉改太子左贊善知湖州安吉縣遷殿中丞賜五品服再遷國子博士今上即位遷虞部員外郎又遷比部員外郎遂告歸元豐元年戊午十月二十四日以疾卒於家享年七十有一曾祖袞祖勝俱隱德弗耀父振以公顯贈衛尉少卿母氏劉封仁壽縣君配同邑王氏先公十一年卒始封開喜縣君再遷仁和縣君繼楊氏子男三長庚敕贈大理寺評事次充宣議郎次育廣西提刑女三長適衛

尉丞魏淵次適進士張履三尚幼孫男二孫女二以元豐二年二月八日與王氏合葬於范公鄉象鞫口項氏之原下爲比部子黃庚墓又南受小兼溪

寺隝嶺之北小兼溪之源出焉北流經周家隝又合三塢灣陰諸小水經鐵山下高頭村至小兼溪宅前有紹溪書屋乾隆間周愛溪建入於桂溪

又西北流經廊下村在水北爲黃薪故里黃氏自北宋以來科甲蟬聯由孝義鄉遷居於此至新富甲一邑連甍接軫行人入里門皆由宇下無日曝雨濡之患故以廊下名其村相傳爲考亭朱子所卜至明季開遠伯吳凱江上兵潰由越入暨敗兵過其里鄉團思邀擊之爲所焚今惟鯉魚山內尚有黃氏居址餘皆犁爲田疇矣又西北流經金鵝山有仁壽縣君劉氏墓又西北流一里許受香巖隝溪

香巖隖溪發源吳家山水有二源東西合流出口其水色白而香村人繅絲多取汲焉每四月雨後黄尾魚逆流而上多至千萬頭相傳朱子於慶元季年訪黄必先於浣東道經街亭見開化孝義兩水合流於上流嘗水味謂有翰墨香故亦稱香溪兩面石峰嵯峨山轉路迴奇岫截水西流入桂溪

又迤北流合青山頭水經楓樹頭村在水西又北流合金波隖亦作金北隖水又北流受大巖寺溪

灃浦山一名寶掌山旁有壯禪師巖在縣東四十五里屬花亭鄉山之陽大巖寺溪之源出焉上有崇勝禪寺會昌中廢大中中重建咸平二年改華嚴般若院後改今額今稱大巖寺鑿厂架屋內有千歲和尚像巖上有樹名貝多

木云是千歲和尚遺杖植此成樹遠望巖巔宛似側柏歷久不枯亦不加大又有頻伽鳥云是遺鳥所化雌雄各一黑色如鴿長依巖下滴水沙石間見人不驚每年生雛雛長能飛則棄去雛復生雛至今不絕同治元年粵寇之亂寺燬於火此鳥遷巢於杜家山宗祠梁上光緒間重葺其寺飛還舊所亦異蹟也相傳寺中藏有貝葉經今亦無存

郭璋遊大巖寺詩匹練懸崖碎翦裁叢林日夕動春雷落霞繞嶂開丹篆晴雨飛空洗綠苔滿磬忽從巖畔出芒鞋正喜石邊來貝多一樹初相識何事頻伽鳥未回

水有二源自巖下流合於寺前從巨石中瀉下至濯浦鎮西北流入桂溪

又迤北流繞濯浦鎮鎮有市山貨集焉水西有生生堂道光間貢生王應銓縣學生杜夢白等募貲捐建貸穀拯嬰一鄉受惠又有浣東新捐翊志學堂并學校志經鎮廟前又南有

外莊水自柏江大塘之火燄山下北流入之又合上澧浦水北流入孝義溪至此始更名稱澧浦港

又北流經磨石山村在水西西北注磨石潭爲蔣奇瑞妻駱氏及兄子茂柏妻葛氏殉節處又北流注金家潭爲蔣琳妻楊氏殉節處所稱磨石山三烈是也今勒石於騎亭又北流經樓童

又迤西流經樓村村在水南有大黃山水入之又北流經廟口村在水東有小黃山水入之經陶姚其社廟銅槃爲明初鑄至

合水灣口有義渡春夏水漲則渡以船秋冬水涸則駕木彴又

北流至後岸即宋之後岸里受杜家山溪

澧浦山之陰杜家山溪源出焉東麓之水爲嵩山溪出長官橋西流經紅嘴巖巖如嘴其色紅故名又西流經金字玉屏玉屏巘削與金字對峙杜氏族居其間是爲裏杜又西流經

環山書屋道光七年杜益仁等倡建又西流經外杜二村並在水北又西流經金田經馬家王家繞蘆花坪下山產白石英有江山縣訓導蔡英墓出烏橋盧蔡英故里永安橋入澧浦港

又北流逕周村有義渡出上橋會開化溪二水合流亦稱東江北流經街亭鎮即宋之街亭里屬金興鄉爲三十四都市集東陽義烏及温處通衢有官渡二上渡在市南康熙中居民架木爲橋水漲則濟以舟樓麟錫捐田二十四畝零地二畝以備歲修下渡在市西乾隆甲申里人陳紹澄創議建渡春夏備船秋冬架木橋復置小屋三楹於西岸募人守之知縣沈椿齡撰有新建街亭市義渡記知縣朱扆街亭雨中詩鳥占主人山主人曾不爭雲對野老門野老曾不驚無心自來去機變何由生我行山之椒春雨落聲聲荷鋤鋤麥者對雨如有情東風偏天壤所喜田疇盈受浮塘溪

更名街亭港

岵屏山之脅浮塘溪之源出焉北流經嶺後經廟前竝在水西又西爲水家盧經浮塘名勝志云浮塘山在縣南二十五里山巓有塘雲覆其上故名亦名茅塘舊志云其巓有碁盤石平坦可容數十人又有金牛洞鬬牛石旁有菴呼金牛菴登臨遠眺煙雲變合亦勝境也又北流經腦頭村在水東折而西流至江山下入街亭港

又東北流經鎮廟前崧山下婁家塓燕窠在水東山麓又北流經陳村塓翁家塓即宋之蕙渚里明南京刑部尚書翁榮靖溥故里荷花塓竝在水東又北流經王源村在水西徐家隈張村塓竝在水東又迤東趨獅巖下亦名半盼山瀦爲深潭上有胡公廟石欄圍之爲曹大俊妻俞氏所築折而北流經石佛村前相傳獅巖潭

底有石鑿佛像焉，故以名村。道光間大旱，水涸，人曾有見之者。又北流經孫家横堰、大樟樹堰、大路堰、丁橋堰、廟前堰，並在水東。又北流經碑亭堰，堰上有古碑，近以江淤增堰，堰高碑沒，今則僅露碑首矣。半脇堰、天車籮，其泥宜窯缸罎之利甚溥，土人多以為業。又北流經毛村灘村，在水西。港流至此分而為二支，流西行，南迤遶出毛村灘後，經五里亭至麻車，入洪浦港。石佛村以下，沙泥淤塞兩岸，又狹，山水暴漲時，往往奪流入定蕩阪，故以水底俞名。其村正流北行，經毛村灘前迤西，流至朱王江口，入浦陽江。

諸暨縣志卷八

山水志四

長山爲縣治憑依自亭闊以下可二十里許通名長山酈滋德詠長山三十二韻長山如畫屏邐迤南趨北蒼然二十里惟德鎭華國徵朧折已屢一峯秀而特散作千峯嵸立爲一方福耿石劃天色盤禮㪍地力清引月東吐昏推日西匿神怪遁蜿蜒盜賊絶偪仄疑䢍靈蠢油油潤黍稷或云亞淚痕曠誕恣荒惑獄降始何年嶄巃勞追憶細使蔵仲秋村賽走巴樊萬人苦磔沓一步屢顛踣闐閬展殷勤傀儡陳魑魅習俗世更侈荒祀誰宜抑惟靈誕厥方亦懼滋奸慝安得徙遐區一洗謟謗媿其陽多澗谷直趨愁墜蟒惜崇怯險渺縱横互裂副圻塄帶瀠離陂陀交菘龍平嶺介修蹊西走不可迫吞來桃李青春大松林黑槩槩何代冢碑版久傾頽便房穴狐兔幽戶啟荊棘力盡賢愚泯萬古同休息感時慮已周懷古情更惻我家茲山鄰心與茲山得朝出在山遊暮還對山食冉泉鼓漱蠂綠樹行棲卽魂夢越嶙峋方寸隱崩劣自爾三十年鳥獸頗馴識察止時忘求處嘻日適默横江風雨時惟有白雲色日十里者第以縣治言之也南北支峯迴互卽江東一帶亦皆由分支以相環繞而浦陽江貫其中案近治以埂衞田兩岸溪澗不能直達於江必注各湖由閘而出北流而附隸徵引則較煩其有難例經緯者第卽先後序次之

經五湖閘有范蠡巖旁二溪穿入湖中彙上下散流至湖埂出閘來注之

長山最高之峯曰白陽尖酈滋德由翠微登白陽尖日暮得月還飲周午莊家同孟三及四舍弟詩山遊因興生不豫暮鐘計一峯即几席十里行始至青冥極窈窕歷尖乃窪巋笑言客何爲發雲本來意烈風恐不牢下覗良非易卻顧翠微徑松色遂深幽漸踏欲崩石千丈足先試蒼然暮靄墮纖月出荷芰目送及後忘心空得前記纔是出山人勞問山中事萬歷府志所云有峯特秀曰文筆峯者也上有龍湫見隆慶駱志案湫已湮惟窪中有條石長一短四相傳取象坎卦以鎮尖火　萬歷府志又云高五千餘丈其頂平博有石室可坐百人曾遵頂搜訪上下十里並無石室則傳會也丈字亦疑尺之訛迤南支峯曰范蠡巖巖有洞見嘉泰會稽志俗呼虎頭山腹背巖石嶄絕峯巒參差横衍四五里許水自尖峯右腋下至夏家山分爲二一東流一逕巖而下經三踏步有里社曰紅廟跨道而立廟下以趙家阪埂爲路屢被衝決光緒初年由路會築石橋長十丈溺出張塹橋

以前橋旁有張姓數家故名或謂卽義津橋案嘉泰志義津橋在縣南二百步唐天寶中縣令郭密之建樓志職官元同知李玉名下亦注建義津橋以區區跨澗平橋長不過仞何必一再重煩官司年代荒渺陵谷變遷雖縣南所在相符不敢據爲確實也緣廟山後山前有陶朱公廟嘉泰志作范相廟亦稱范蠡壇吳偉業謁范少伯祠詩艤棹滄江學釣魚五湖何必計然書山川禹穴思文種烽火蘇臺弔五胥浪擲紅顏終是恨拜辭烏喙待何如卻嗟愛子猶難免竊越平吳總是虛曹溶詩俎豆千年舊名因霸業留黃金曾鑄像烏喙久含羞家徙靈旗遠功成廢殿秋至今丹艦外猶繫五湖舟傅學沆詩霸越存遺廟空牆碧水春鑄金冠服舊薦酒歲時新古木交黃鳥靈風蕩白蘋千秋屬鏤怨因感五湖人横入五湖又一溪亦源於右腋自巖右支峯而下由陶朱公廟前緣山南流經上山頭又名毛家山有宋翰林學士山陰毛元章墓前有墓表案乾隆府志及山陰縣志俱載毛元章墓在城南四里臨大路名上山頭妻趙氏祔不言何邑而其志塋域所在皆與吾邑確符惟失注諸暨二字耳下穿大路遶羅山有郭婆墓婆姓陳氏相傳前明陋習婚嫁沿用樂戶凡嫁女必預說利市日起發男家出之否則婚夕不饜其慾輿不得行當時

陳郭素交好圖儉嵩娶之夕延至將曉又下雨男家絡繹催行而彼曹猜猜不可理喻父母俱無柰女知之潛下樓戴笠從後戶出步至夫家成婚樂戶始垂首去習遂破已而婆家大興子孫繁盛世世以翁帽太婆稱之至今傳爲佳話直入五湖湖方廣十里許有山與阜者九俗稱九龜落五湖羅山其一也又有村落鼎峙若大樟樹下若五紋嶺若丫江楊皆負山面湖各有散流縱橫注之會於埂下出閘入蒲陽江

附五紋嶺之右又起石嶂雙峯離立如鐘如釜與巖爭高下迤一支橫臥田隴兩旁皆石上爲行路土人呼曰鐵門檻蓋蠡巖脈絡盡處也其水於東江未合之前由滋橋湖經水渚廟緣湖埂出閘入蒲陽江（右以屬蠡巖末入五卷故補之）

五湖閘之下瀕江特起者曰苧蘿山亦白陽支峯也山不大而端

秀宛然東向即西施故里十道志云句踐索美女以獻吳王得之諸暨苧蘿山賣薪女曰西施

王思任遊苧蘿山記　天啟丁卯秋九月學諭范敬升以壺觴扁舟招予同蔡漢逸陳奕倩飲於浣江之上山雨初收風景澄適江清照底游魚可數其潭回綠蒨一片玉華胥也須臾至苧蘿山石壁數十丈題浣紗二字斗數大筆勢飛騫云是右軍筆子細察之大似褚河南固祖王者而傍右軍字未滅志云右軍墓在蘿山則此石乃其熟遊之地理或有之即非右軍亦必唐宋人書固自韻事胥吏阿承官長易之名而冒其鄴可恨也蔡漢逸曰不見浣紗人空餘浣紗石其言悲感而柔腸梟梟矣夫女戎發想文王已自先之禍水沼人誠是奇策不見李商隱詩乎莫將越客千絲網網得西施別贈人恐少伯高才不堪問此句也失身爲主亡國是忠而復載之五湖以去西施美而不美少伯高而不高矣敬升作色曰子毋然此吾家老子苦心事若使子得作王軒其爲佞諛有百千者浮之大白呼髯奴發吳歈以溷之予曰髯髯奴也

吳萊苧蘿山詩　巧笑回頭異態生明珠論斗比猶輕山圍故牒菁蘿色水湧寒灘白苧聲百萬甲兵終畏斂尋常花草豈傾城歸來徒作興亡鑒誰寫當年一寸誠

唐之淳詩　岩岩溪上山溪水淸見石草木耀人目花葉有五色中有浣紗人窈窕世鮮匹越人幸見求將我至吳國館娃爲我居長洲爲我域片言千乘輕一笑萬金直當時同浣者還顧鵬鶴隔越土日以闕吳步日以路君王徙甬東玉貌亦淪衰夏訓戒淫荒厲階詩所斥褒升宜日廢己進比干黜忠胥會有靈應爲茲山借

戴冠次韻唐之淳詩　侯上西子祠溪邊浣紗石山靈欲

亡吳生此佳治色地非塗莘里八豈褒妲匹誓雪吾君恥甘心事
仇國笑劍傾吳城女戎壓疆域衣畏零露屬鏤賜遺直歌舞樂
已酬忠諫路遥隔一朵宮花開一千木犀蹄吳越雨邱土木落山
寂寂霸業盡爲沼何用遠封斥大孟軻取善戰春秋黜世變山
依然徒令後人惜駱問禮苧蘿詩溪轉風迴小徑斜離城臨市
鎖雲霞共憐此地山如畫不見年貌似花戰敗力求傾國色功
成誰問賣薪家村中士女今非肯向江邊更浣紗袁宏道詩西
施山一片土不惜黃金城貯此花女越王跪進衣夫人親蹋土
買死傾城心教出迷天舞一舞閒崩再舞蘇臺折搥山作館娃
舞袖猶嫌窄舞到夫差愁破時兵潛渡越來溪陳子龍詩浣紗
溪對苧蘿山越女明妝倚翠鬟日綺羅嬌水上千秋花草滿人
閒春風宿麥荒村靜夜月嗁烏殿閒無限江江流東向去不勝哀
怨到吳關又曉發諸暨大霧不蘿詩長江既西迴浣江亦東
注淩晨理驂服出闉遵軌路初失清暉寒郊無榮樹瀰瀰塞虛
寥漫漫混蒼素平川蒸亂雲宿凝瀼露我思傾城人綺羅如可
還芳懷耿不明紅顏向烟霧綠號無津躡磴渺難度越客心悠
悠俯仰勞歲暮曾曉詩出郭尋草湖田近水濱居然浣紗石曾
共沼吳人苔上蛾眉月溪流舞春至今山下路猶帶綺羅塵施
閒章詩扁舟載去是耶非消息間恨不歸留得舞衣魂未散苧
蘿山下白雲飛何宏基詩苧蘿一塊土野萎寒半塢狐狸卧碑陰
松花黃日午美人夢華胥石上
自古羅縠不生塵藍玠沿厓雨山下有浣紗石相傳爲西施浣
紗處一日晾紗石輿地志云諸暨苧蘿山西施鄭旦所居其方石

乃瞧紗處是也

明知縣王章浣紗石記

嘗讀史至越世家載少伯入陶浮海諸執事彼直去將相如敝屣而何有於一尤物乃當句踐薪膽之日而少伯顧以險符權奇屬之賣薪女女固施氏居苧蘿山其下有浣紗石相傳是女浣紗谿上而少伯巡行睛之以象吳而因沼吳者也嗟乎羑里之釋夫非女謁乎哉而胡浣紗片石獨以施著則石不能重施而施特貽石以重也向使施第以朝歌碁絃雲鬢月貌流豔當年而不足雪行成之恥於萬一則紅拂綠綺已隨烟草腐而區區拳石安得與黃絹幼婦之碑竝垂不朽乎夫曹以純孝守經而抱石伸節施以隱忠用權而浣石浣仇生死不同其於君父不可磨滅一也余居恆盱衡山水竊有意乎其人而憑弔之不謂一行作吏輒授諸暨暨實選目之所不蕘者而余則甑然喜曰是固少伯所生聚教訓之區而余庶得以觀風儀法也意苧蘿之阿必且佳木繁陰亭樹層折負者歌塗行者休樹而驛八游宦相與題啄不絕庶千巖萬壑擅勝千古乎乃從巡陌經行之餘策蹇周覽則索所謂佳木亭樹與三家村舍大率皆寒烟荒皐耳而浣江環曲如帶潺潺汨汨橫浸一石石可數尺許岸芷汀蘭覆護其間而浣紗兩字千截如新嘻滄桑迭變爾不見蘭亭之鞠爲茂草鑑曲之障爲石田而是石也猶悠悠無恙將無生聚教訓之靈賴以收功而顧留如綫於蘄蘄者耶然則思少伯之風流而不見見斯石也其猶想見少伯之遺迹歟余吳人也則嘗豔娥江有烈女矣而西子尤委曲佐其君以霸者安得以五日京兆而不傳其馨哉是爲記

李白送祝八之江東賦得浣紗石詩

西施越溪女明豔光雲海未入吳王宮殿時浣紗古石今猶在桃李新開映古查菖蒲猶短出平沙昔時紅粉照流水今

日青苔覆落花君去西秦適東越碧山青江幾超忽若到天涯思
故人浣紗石上看明月又浣紗石詩西施越溪女出自苧蘿山秀
色掩今古荷花羞玉顏浣紗弄碧水自與清波閑皓齒信難開沈
吟碧雲間句踐徵絕豔揚娥入吳關提攜館娃宮杳渺不可攀一
破夫差國千秋竟不還胡幽貞西施石詩徘徊浣紗石想像浣紗
人碧水澄不流紅顏照之頻自惜絕世姿豈與衆女鄰一朝入紫
宮萬古遺芳塵至今溪邊花不敢驕青春樓頡詩西施昔日浣紗
津石上青苔思殺八一去姑蘇不復返岸旁桃李為誰春張世昌
浣紗石詩浣紗石上秋芙蓉洛妃湧出清波中雲佩空遺會稽浦
仙桂吹人吳王宮吳王共醉瓊瑤席玉山自倒運無力眉翠親添
兩點愁眼波浸破千年國城頭鼓角風淒淒一舸自逐鷗夷歸姑
蘇臺前鬼夜吳江中白浪如銀屋鄭天鷗詩朝浣紗暮浣紗朱顏
落水映紅霞一從身委吳宮日春雨蒼苔繡溪石成功雪恥酬越
王國破身零歸不得浣紗女浣紗女一去不得歸歸來此石羞見
汝徐消浣紗石上窺明月詩中秋皓魄垂石老冷西施紅雲大江
去明月此中窺團來思寶鏡缺處想蛾眉易墜銀河水天風且莫
吹李贊浣紗石詩此身於此特孤疑自笑逃禪魂易迷訪得浣紗
片石在借為臥欄亦云宜官寒有路通仙夢倖薄無錢買豔姿聞
說今宵江月碧急浮大白醉西施王思任詩有色酬知已無顏落
姓名如何一片石凝絕想江聲畢繼善詩西施石下水粼粼石上
飛花片片春借問當年浣紗伴宜輦宜笑東何八傳日桐詩浣紗
女不復還怪卷石立江灣陰風夜夜吹兒火子堤號去哀紅墮余
恂登浣紗石訪西子舊蹟詩放艇江城下沿流問浣紗只今無越
國何處有施家蟬響秋山靜漁歌夕照斜寂寥千古事片石斷殘

霞亦是尋芳客徘徊向水濱採薪猶有女解佩更何人歌舞銷黃土鉛華委白蘋最憐高絕處同泛五湖春

瀨江石厓鐫浣紗二字世傳為王右軍書詳見金石志稱浣江見文獻通考

胡學涉江篇苧蘿山頭雲氣流浣紗灘頭江色秋浣紗女兒膚玉潔碧波照映芙蓉愁館娃一去無消息月冷故鄉歸不得誰知一派涓涓流滔天竟沼夫差國幾年霸業功已成五湖浩渺扁舟輕獨有胥濤激餘怒橫逸欲與灘爭平　小青浣江詩一葉扁舟到若耶小溪落日石橋斜浣紗人去春風歇犬吠桃花隔水家

亦名浣渚見嘉泰會稽志又名浣浦又名浣溪見一統志萬歷府志

施肩吾浣溪懷古詩憶昔西施人未求浣紗曾向此溪頭一朝得侍君王側不見玉顏空水流黃溍步浣溪詩畫船不載美人還冷月無聲浣水潺底事黃金酬范蠡蹴吳全在鳳頭鑾余稽浣紗春曉詩丹嶂青溪碧樹明春風不向錦帆生亂流夾岸趨孤嶼簫管通天倚石屏蛺蝀偶從籬外過鷓鴣常向竹間鳴山家餉罷傭耕疾卧聽千峰瀉液聲

亦稱浣紗溪

宋之問浣紗篇越女顏如花越王聞浣紗國微不自寵獻作吳宮娃山藪半潛匿苧蘿更蒙遮一行霸句踐再顧傾夫差豔色奪人目效顰亦相誇一朝還舊都靚妝尋若耶鳥驚入松網魚畏沈荷花始覺冶容妄方悟羣心邪欽子秉幽意世人共咨嗟願言託君懷依類蓬生麻家住雷門曲高閣凌飛霞淋漓翠羽帳旖旎水雲車春風豔楚舞秋月纏胡笳自昔專嬌寵襲翫惟矜奢達本知空寂棄彼猶泥沙永割偏執信自長薰香芽攜妾下障道來止妾西家王昌齡浣紗女

詩錢唐江上是誰家江上女兒貌勝花吳王在時不得出今日公
然來浣紗于濆越溪女詩會稽山上雲化作越溪人枉破吳王國
徒爲西子身江邊浣紗伴黃金䟤雙腕倏忽不相期思傾趙飛燕
妾家基業薄空有如花面嫁盡綠窗人獨自盤金綫鮑溶越女詞
越女芙蓉妝浣紗清淺水忽驚春心晚不敢思君子君子縱我思
甯來浣溪裏魚元機浣紗女詩吳越相謀計策多浣紗神女去相
和一雙笑靨纔回首十萬精兵盡倒戈范蠡功成身隱遁伍胥諫
死國銷磨只今諸暨長江畔空有青山號苧蘿丁寶臣浣紗溪詩
過溪小雨晚風涼凝望西村尙夕陽出現洛神光豔動迴翔巫女
魄魂香魚腸刺客猶難避七首夫人豈易防爲憶吳王宮裏醉專
諸蚤已改新妝姚寬詩娉婷初出苧蘿春一笑當年國自傾絲網
珠璣迷去路鴟夷風月倍多情遙山尙擁雲鬢翠流水空聞玉佩
聲千古人傳浣紗地王軒何事得逢迎李攀龍浣紗女詩莫道西
施寵最深館娃宮女正如林何人不解矜顏色敢向君王更捧心
屠隆詩江中白石何磷磷月明如見浣紗人湖煙茫茫識國士片
言草草便捐身綦履珊瑚疑有淚冰絹霧穀清無塵紅顏甯爲黃
金死不用投金瀨水濱徐渭與楊子完步浣紗溪梁有懷西施詩
明月照江水截梁與子步當時如花人曾此照鉛素江流不改易
石亦無新故薄雲古林杪晴沙泛寒露借言伊八閨應在煙深處
祁彪佳浣紗溪懷古詩爲國驅車出館娃色更嬌鄉心横草樹歸
夢渡溪橋東越浮滄海西陵落暮潮莫愁難雪恥有女泛蘭橈陳
洪綬浣紗溪詩緒柳春隄不可攀獨將一縷弄潺湲心疼未釋君
王恨顰蹙只愁霸業艱去國一身輕似葉成功三載重于山歸來
只逐太湖水縹緲滄濛月一灣余縉春日憶浣紗溪詩白苧青蘿

綠水村頭汧㳌曳翠霞翻小窗夜靜無人語犬吠花陰月滿門來屐遊浣紗溪詩向有浣紗蹟人亡村亦荒我來尋斷碣傍水見漁郎鳥自歸蕭寺花如笑靚妝不知一片石磨遍幾殘陽又稱青弋江又稱瓢溪實一水而異名也舊有西施宅在巫里見太平寰宇記今巫里無訪又輿地志云西施鄭旦皆居苧蘿茅家步有茅家井居井左右者世出佳麗一人見王會新編所引今亦不驗矣互詳坊宅志山有西子祠明知縣王章西子祠詩楊柳溪邊路山園西子祠遊人頻謁像月上棹舟遲崇禎間知縣張夬修造張夬西子祠記余鄙艸時覽越絕春秋及漆園莊叟言便心醉沼吳霸里之姝洎廿年所幸叨一第謁選得諸暨令同籍知愛聚都下相與談夷光事津津芬齒牙余翩然若置身巫峰巔與雲裳霓佩爲侶蓋不禁弔古覽今之感及代匱以來投綸有暇拾奇挹勝涉足苧蘿第見荒冢星羅柔茵滿目求所謂麗句騷章杳乎不一二見蕭條寂寞不勝悲矣嘻有忠君報國之心而不表其爰居爰處之地亦從來守土者之咎也當施之浣紗而遇少伯少伯靚絕一色而訂盟非即知其能扶危定傾也乃數年離亂傷合吾之無期旦稍平歎徽綸之莫遏綸少伯郎有匡王定霸之懷西子或無孤忠自許之願將句踐亦無如西子何孰知飄然承命奮不顧身掩袖工顰太宰貨賄之儔可結則結之相國社稷之臣可殺則殺之太子宗祧之本可間則間之姑蘇之瓊臺告竣而東揚之蓬島頓忘矣通

胥之歌舞娛情而爾父之慘冤盡釋矣槐眉之遠岫一橫而萬笏之乾坤竟灰矣星眼之秋波一轉而陽山之影響遂造矣假無西子於夫差之側縱有范文之宏猷曾不足以當子胥之遠略此則臥薪彼且破竹此則嘗膽彼且茶毒此則折節下賢彼且操戈入室此則厚遇賓客此賑貧弔死與百姓同甘苦彼且興兵搆怨逐北追亡肝腦我土地十年之生聚教訓總成夢想吳之仇未必復而越已先沼矣西子員於越爲功之首哉說者乃日吳亡之後越沈西施於江令隨鴟夷以終蓋以子胥之屬鏤施寶與謀焉胥死盛以鴟夷沈之於江者報子胥之忠也不知子胥之忠忠於吳越何以報之誕矣然則揚抉入吳其沼吳之謀籌之已定藏機歌舞玩虎狼於股掌之上使江東百姓轉危爲安迨事成歸國一纏諒心回首霸圖都付之煙波滅沒祇夫立人本朝二三其德輒委君命於草莽鬚眉皆譏即有矯語功高戀戀而爭上賞者以較施不畜曹蜍李誌之望廉藺也施豈巾幗中人哉宜與少伯竝傑千古矣余景之墓之而愴然於其舊里之蕭蕭也爲之闕其蕪新其址戀之石臺一座麓之廬舍三楹使千載忠魂有所棲止且以使遊覽者之車塵馬跡得是而暫憩焉至於推而廣之在後嗣之同心者

後圮道光二十二年店口陳延魯捐貲重建并捐田以備修葺

知縣許瑤光西子祠詩有序余以丁巳暮春視事義安暇眺南郭得苧蘿舊蹟明璫翠帔照耀溪光蓋愛古者標其盛也已未之春余將瓜代緬維名媛生長未免躑躅勉成十絕刻石廟側有揚無抑庶不以唐突見誚敝紗石上春日黃浣紗溪畔春波香妾自殷勤供女職那知姓氏動君王山如點黛水如螺小廟誰修曲徑阿當

作門楣光故里徵車曾枉相臣過芙蓉初出擅風姿貴不殊人賤
亦奇記得鄰娃慕顏色效顰早已有東施笑攀桃李別春風去採
姑蘇蓮蕩紅曲唱女兒齊俯首一時越豔壓吳宮垂垂珠幌動明
璫倚醉嬌生白玉牀報越報吳何等事捧心未敢訴衷腸英雄烏
喙亦多猜而邑東留海畔城但使夫差似長樂朝雲應倚過殘生
芊緜香草覆如茵麋鹿長洲齧暮春知把黃金鑄良弼保全越社
究何人到浣江水葬謝鴟夷雲雨風濤古會稽應託徵波還故國至
今潮尚到楓溪嚦嚦東風叫鷓鴣越臺何處認平蕪如花春殿當
年滿曾記臥薪嘗膽無春生姿媚碧苔紋石上書題王右軍千古
苧蘿明月色美人名士各平分壽僑遊西子祠詩苧蘿山下蝴蝶
飛苧蘿女兒採蓮歸浣紗石畔留香處千載何人識素衣姑蘇麋
鹿事悤悤越國山河起大風惟有捧心人絕代含顰早報館娃宮
香車寶馬南城社水佩雲裳西子祠
巒翠向人猶嫵媚金雞啼怨暮春時　粤寇亂燬今里人架屋三楹
餘皆荒廢有浣紗亭亦燬舊有晉右軍將軍王羲之墓會稽記云
孫綽撰文王獻之書碑亡已久或云在嵊縣金庭山或云在會稽
雲門山智永傳云欲近祖墓便拜埽移居雲門寺側在雲門者近
是然雲門今無迹也永師爲右軍七代孫雲門或其別祖墓耳互
載金石志　王榮紘苧蘿山尋王右軍墓不獲詩豔地人爭羨清名我獨聞爲尋三尺土踏破一蹊雲退筆猶存塚籠鵝尚

有翠夕陽無限好何處照荒墳焉至王右軍墓詩右將軍墓蘿山
麓孔靈符記人人讀孫文獻文秋陽暴文字消磨斷碣昏後人移
墓入雲門入雲門
蘿山之麓今無存
又有宋翰林學士承旨周恪墓山下三踏步村
卽學士里居又有明初知州欒鳳墓今無訪江東有金雞山與苧
蘿山相對見名勝志案樓志引越絕書雞山豕山句踐以畜雞豕
俗訛雞山爲金雞豕山在民山西去縣六十
三里洹江以來屬越疑豕山在諸暨界考今本越絕以畜雞豕句
下有將伐吳以食士也一句無俗訛雞山爲金雞七字諸暨界亦
作餘暨界不
知所據何本
山頂有塔俗呼金雞山塔前志不載建始年月考陳
性學文明閣記乃萬歷十三年知縣謝與思與婁家蕩塔同時建
者下有先農壇今圮詳壇廟志又有演武場側有瑞曇菴康熙中
僧克愚建臨江有村名鸕鶿灣世以捕魚爲業皆鄭姓鄭旦故里
也對岸石庭山山甚小石皆紫色堪輿家謂山脈所來有法海寺
唐大中八年建初名寶壽廨院宋祥符元年改今額今廢江干又
有永壽寺梁大同二年建名延壽寺唐會昌中廢咸通十五年重

建名長壽〔王十朋長壽寺詩〕乘興忽來長壽寺寺前流水泛悠悠一林春色自啼鳥兩岸夕陽伴釣舟楊柳隄邊空悵望石巖花畔且遲留功名富貴終須在莫向尊前歎白頭後改今額見浙江通志嘉泰志謂梁大同中左僕射吳文龍捨宅建今寺無檀越光緒年間僧貨鷲田產殆盡并及殿石江東楊繼方止之收回契券驅僧出寺古刹幸存知縣周學基爲出示勒石右爲東嶽廟粵寇燬今重建

又北流經水神廟廟跨南門閘〔見經野規略〕以祀靜安公張夏俗呼老相公殿有陶山上下溪水并趙家陂水由道士湖出閘來注之

陶山即陶朱山萬歷府志云長山一名陶朱山在縣西一里蓋謂陶朱山爲縣西一里長山之別名非謂十里長山總名也〔張世昌陶朱山詩〕陶朱山頭楓葉殷山人一去何時還闔廬墳荒白虎逝歐冶劍古青蛇蟠鴟囊有智帷籌決烏喙多憂淚成血封存大禹拓遺疆力埽夫差殄餘孽功成自古抽身難五湖煙浪秋漫漫風吹故宅留井黑漆燈照夜篠盤寒〔胡學詩會稽霸業如飛煙陶朱山色秋依然層巖日落楓葉赤古井泉洌幽篁姸功成獨羨五湖往禍福之機指諸掌寶劍誰尋地下銜黃金空

鑄山中像憑高弔古臨西風安樂孰與憩雖同漢朝韓信亦人傑鳥盡始悟藏良弓山下有上省敦寺見隆慶駱志又有典史郝朝寶墓詳名宦志今俱無訪其支峯曰翠微自小白陽尖去白陽峯里許遞下左有隱若衙爲溪水所出經武陵徑俗呼桃花嶺或作林以多桃花故名每春花時士女遊觀甚盛知縣朱晟桃花嶺詩花鬢柳眼得春多冷水泉邊踏綠莎氣暖晴郊濃似酒煙深茅屋澹於波名山事業應難再前輩衣冠自不磨種竹千竿田十畝閉門埽蹟我如何徑通西竺庵明季諸生趙學賢建鼎革逃禪於此陳老蓮與之友常過訪之遺蹟猶存郭肇西竺庵訪老蓮遺蹟詩三摩初地迴曠代見遺文薏業青蓮子高名白練裙迴溪春瀉雨陰壑晝藏雲無限荒涼意臨風一弔君庵前小溪即夏家山分水之源東流一支由宣家來會合而北流遶山下楊東折緣鮎魚山串道士湖此上溪也陶朱山之巔曰胡公臺踞一城之勝振衣登眺則山川雲物環繞襟帶煙火萬家盡在目中酈滋德胡公臺登眺寄郭澹門詩一屋出人世直上逼太清入戶碧雲滿過枕高風鳴露浴日月色地轉雞犬聲稍窺星臺巔忽墮虛空

行下視一州盡始旦天未平久策探源理星霜隨逝更想君青松頂會移我玉笙相傳明初胡大將軍大海守暨駐營於此故名上有廟或謂省將軍像而俚俗歲以八月十三賽之則爲宋胡公則矣登降有嶺下有宋宗室奉儀郎趙師[illegible]葬墓誌詳金石志嶺右橫岡里許有澗三四合而成溪經巖掌山後一峯橫東若帶激而東流愈曲愈邃炎夏入之忘暑道咸閒詩人於此結社名曰幽人澗中有石井俗呼石腳桶其水甘洌城廟繅絲咸汲於此周龐和酈黃芝遊幽人澗詩絲絲春陰歇濮濮清溪爽夕陽照桃李回風灑林莽空翠模糊溼細泉高下響忘機入路深尋幽欣孤往萬目時影髣髴紆領牽俯仰沙黃礪數粟石黑壁懸盎地靈開竅奧天光隨篏蕩樵人越溪行鳴禽隔林吭蒼視出槽底倒窺落檐壞鑒覽西景匿明疑東月上憑闌著城堞歙澗臨茅廠顧此何爲居足爾謝塵坱抗顏託幽契撫衷結遐想既出山與嶺右一澗會於溪橋下合而循城東流經格寶山腳至南城與上溪合注於湖右有石礎頭村澗由趙家阪來會出南門閘入於江

又北流至縣城城在江西南門外有天后宮爲閩幫煙業所建今燬有地藏殿燬而重興城之中有山五最高曰紫山俗呼格寶山〔錢德洪登紫山詩〕雲峯不可躋邐迤淩空碧梯磴臨丹崖巉巖履危石絕棧株絲懸連飼鳥道窄俯蹈滄溟翻仰攀北斗側淩虛振羽翰飄颻豁襟臆我欲駕長虹披雲叩元極沉湘煙水迷蒼梧澗道隔化城不可居岐陽久寥寂茲意竟何如臨風倚奎壁望望登高岑芙蓉插空翠躡足淩雲梯峯頭振雙袂乘虛御八極嗒然遺下愧有客不能從匍匐攀蘿桂初登跬步慳臨高萬象會譬彼始學人窮探及高邃勿憚道路難行行志竟遂勉哉千里足爲爾正繮轡西城跨之舊有紫山書院廢於明季詳學校志今有土地祠紫山書院碑記尚陷祠壁祠右山麓有

國初酈鼎焆妻錢節婦墓墓左臨湖有節孝祠祠前有坊皆錢氏立也迤北有濟陰堂詳建置志左爲大雄寺萬歷府志吳赤烏三年建後改法藥寺嘉泰志云在縣西一里梁普通六年大智禪師建蓋謂距縣署一里非城外也唐會昌五年廢大中二年改報國後改今額〔汪藻大雄寺詩〕暑雨倦行役依投得禪關空堂納清風坐見香霏還積水共天遠高僧與雲閒傳聞扁舟人夙昔廬

茲山建立風千載諸峯尚雲鬟當時大功成只在談笑閒今豈無國士振興一何難憑高望行朝小雨猶斑斑（姚寬宿大雄寺詩）解帶無凝塵雲房愜幽素輕寒薄衣枕微涼散庭戶步破流水聲鉤簾看山雨時與靜者居爲擬湯休句（鄭天麟題壁詩）荒涼山寺裏拂壁漫留題野鳥摩空遠寒雲壓樹低燕塵愁去馬越谷喜聞雞獨有君親念銜杯坐日西 向爲萬壽拜牌之所故由横街進寺之道亦稱萬壽街初名道山坊以通乾明觀名萬歷府志云觀在長山之麓一統志謂在縣南二十里長山固介平南十字蓋衍文也寺中琉璃井琉璃軒先照樓諸勝俱久廢惟銅佛殿道咸閒尚在寺僧於寺後隙地建蓋平房多楹稱爲乾房蓋乾明觀遺址也有磔姓細民賃居之粵寇之亂並燬寺僧無孑遺細民或有藉賃私佔基地者轉輾變遷遂無遺蹟（光緒戊戌知縣沈寶青集）邑紳清丈大雄寺基存檻圍築牆垣以防侵佔

寺左更有翠峯寺（范仲淹贈翠峯幾公山主詩）陶朱山下雲霞深知音寂寞無弦琴如何一遇仙鄉客說盡無生了了心 唐天祐元年建初名淨觀院宋乾德三年改今額舊有唐皮日休書藏經之殿四字額殿後壁有宋劉

叔懷所畫墨竹旁有范蠡祠祠中有鴟夷井宋瑞詩漫漫吳沼波濤溢䑠䑠鴟夷井泉洌重關玉甃盛標題修禊銀瓶薦芬苾蛾眉烏喙竟如何有如枯井生風滸蛾眉宛轉葬清泠安樂思難難同科君王百戰威名著大夫飄然拂衣去一帆煙水五湖秋鴻飛冥冥弋何慕文種當時同功德徘徊欲歸歸未得鳥盡不悟良弓藏蓋世功名胥井黑轆轤聲散古梧寒苔蘚積深斷蘇蝕鳴呼舊井已無禽獨對寒泉心惻惻　范蠡僑宅也舊有范仲淹題詩石刻詩曰翠峯高與白雲閑吾祖曾居水石閒千載家風應未墜子孫還解愛青山今俱湮佚一曰姚舍山相傳宋太師姚舜明居此又名句亭山北城遶其後左有玉簪山小而狹長強半爲城跨故所見僅小阜也城隍廟當其下詳壇廟志左有關廟俗呼武廟邑令春秋奉行祭典於此前志失載莫詳所始廟前廛舍臨湖已當山麓盡處隔湖特起花園嶺相傳舊爲官園猶有遺石陷道左露頂尺餘俗呼龍角石實則紫陽山石也嶺東迤起而南嚮者爲毓秀山縣署倚之署東典史廨其右有福德祠祀明初知州樂鳳爲縣前土地西爲試院爲丞署爲善塾爲肄雅堂有霍

公祠爲毓秀書院爲學宮皆倚其下一曰小陶朱山由花園嶺左下迤而起爲縣署後障山上有八封亭今圮節孝祠在其麓詳壇廟志水有上中下三湖俗呼上曰三官殿前湖中曰酈祠前湖下曰火神廟前湖三湖通流跨以橋三曰桂橋以桂花坊名曰登仕橋以陸唐老名一名衆安橋曰釆芹橋以學湖名湖又名芹湖府志謂長山勢逼鑿三池當之蓋西北城垣貼在山麓山流多爲所阻故於城跟築營洞三俾水穿城入湖所謂當也一在大雄寺後胡公臺嶺左之水穿入上湖一在蟹眼橋裏文應廟下之水穿之出橋北流入下湖一在武廟之左胡公臺後縣脈右腋之水穿入下湖花園嶺下張祠之左東城遶之亦洞其城跟則出而非入矣今曰五湖者一爲學湖自前明築隄界之遂與三湖不通一則芹橋之下閘僅五丈俗所謂琵琶湖者也城中地阯以火神廟爲最低故築閘廟右以放水於城外曰縣湖閘明萬歷間建在茲閣於其上粵寇燬城內之水皆恃此爲尾閭惟學湖

縣前鋪前下大街有功德司廟祀宋劉忠顯公韐裏半隃街其水必匯三思橋下出閘由下水門溝道入江

又北流經城外上中下三水門門皆有埠埠各有主之者蓋始築者也江之東爲江東街居室鱗比廛舍駢闐與城內埒上有小街街之下爲上網廟詳壇廟志廟中有茶仙殿祀唐陸羽庭植奇石相傳陶家埂內前有陶家花園此其遺跡嘉慶年間埂被衝決石遂出因置此東有接待寺宋咸湻二年建今廢寺左有江東廟今呼靈惠王廟明初知縣吳亨縣丞淩顯撰建廟側靈雨亭遺阯無攷左邇有華嚴庵舊燬於匪今重建而拓之東行百武爲瀛塘左有石子嶺嶺右有明季封永豐伯張鵬翼兄弟三忠虛壟并其祖墓塘大五十畝許上自金雞山東面之水盡由上三分經陶家阪緣栗鄂山見郭鳳沼青梅詞邐迤鍾家下注塘中溢則循瀆轉注於下即所謂鋪司津也

北流出太平橋於越新編云舊爲浮梁浙江通志云唐天寶中建尋廢宋淳熙間修武郎壽康孫建石橋後圮元時卽舊址建浮梁鐵纜維之明正統間知縣張鉞耆民駱季清等復建石橋景泰間知縣單宇記其事單宇太平橋記略浣江在縣治之東又名瓢溪相傳爲西子浣紗之所其源發於浦江合義烏蘇溪與東陽嵊縣衆流輻輳以成是江然衆水雖會山溪無源水之消長靡定雨則漲晴則涸邑大民夥涉之者衆建橋以通往來宜也舊有橋廢久漫以鐵纜繫浮梁爲渡修葺無時正統間洛陽張公大器以名進士來宰斯邑政典畢舉去浮梁而置石橋橋成而公去未有紀其事者後四年余來代任於公爲同年民乃請記其事夫城郭道路橋梁賓館皆三代爲政之法有司之所當務也然舉事動衆非因時制宜存於中者有定則中輟而事不成公明識果斷又合人心而通宜故能臨事不惑成此不磨之功非善於爲政者能若是耶今公之去且數載民猶思之不忘亦以見公之惠及民者多也橋舊名通遠亦名浣江今名太平從地志也廣丈有六尺長三十六丈有奇從地勢也始於景泰庚午之冬成於辛未之臘紀歲月也與夫協力贊成之士尚義捐貲之民若袁貴誠鍾伯賢陳孟玉楊彥忠酈源陳士和等亦備書其姓名於碑陰後漸圮萬歷間知縣劉光復修之劉光復重修太平橋碑記略諸暨右撫長山左臨浣江江吞婺剡萬溪之水繞城北流消長靡時對城隔兩岸出戸而跬步稱艱正

統閒知縣洛陽張公易浮橋而置石梁名曰太平橋迄今百餘年民利涉之戊戌冬余從事是邦耆民扣輿曰橋石差欹請修之余曰歲方大祲吾下車未能佐百姓急奈何又重煩以勞民諸耆民曰不修懼圮圮而復建及未圮而修勞費孰多且我輩各任其事不以煩公家余聽其請弗拒越數月來報曰工竣矣請記之余往周覽傾者起罅者塞欹者立撫輿而思曰此橋舊名通遠張公胡以改號太平蓋既平其政而又欲民之咸平其心故命以茲名也橋以庚子年仲夏日修仲秋日竣工若干費若干當日起塹於淵飛跨綿亙工費當何若其焦勞可勝道哉吾又表而出之令暨民益知張公之德而告後之君子毋輕民力也張公諱鉞字大器正統閒進士耆民二十人各書名於左後又圮順治二年知縣劉士瑄重修袁世順董其事橋洞如舊者五加高可二尺許後又就圮道光十六年城紳葛景洪重修之

葉敬重修太平橋記

浦江義烏之水合趨於諸暨之西境北流五十里而嵊縣東陽之水自東南來中間雜受孝義開化超越下瀨諸溪而與之會以徑於治東包納既宏深而不可厲稽諸舊聞或併船為橋或壘石為梁更興迭廢莫可殫紀前明正統閒張侯大器始大興工築廣置磐石形製堅壯行旅賴之至今稱太平橋者張侯更舊名通遠而名之者也距橋之成百有餘載劉侯光復修之又若干載

國朝順治乙酉劉侯士瑄更新之而加崇焉今距更新之歲殆將二百濤驅浪齧礎石隤圮梁勢崩豁邑之人以為患將醵金修之矣葛君景洪謂醵金則曠日持久圮且益甚不假眾力身任其事吉日既卜斤鏟畚

經交施竝作自道光丙申十月迄丁酉五月緜歷冬夏風日清美寒無龜手瘃無滅頂以洎於成方工之始興咸謂衆流所匯患其斗注告功之日難以遂計度非累大萬不足以集事至是僅耗白金五千有奇而畢功謂非人事之與適當天心神實佑之乎敬以于役道出經里拾級而登坦平密緻如履諸砥會宿雨初霽平晛諸山蒼翠可接俯視則飛檣戟立出沒於亘虹偃月之下不惟行旅之利抑亦登覽之勝也橋之上列肆而居比而行者咸口葛君不置焉余既與葛君雅故心善是舉邑之耆碩復屬余記之以弗泯其傍橋側舊有神祠葛君并新之因識其歲月於祠庶後之覽者知所與焉　橋東舊有關帝廟

又經東門外至官船埠舊有劉公祠亦六十三所之一今圯有白水河水由北門外舊有秦始皇廟萬歷府志引會稽記云始皇崩邑人刻木爲像祀之配食夏禹後漢太守王朗棄其像江中像忽溯流而上人以爲異復立廟唐葉天師焚之開元十九年縣尉吳勵之再建宋慶歷五年縣令寇中舍（職官表及名宦志竝作寇仲溫）毀之改作迴車院後院側仍有小廟今竝廢繇城東流來注之

白水河水發源胡公臺後縣脈之左有澗遞下繞佛肚山北流

經北門外合七岡嶺左右散流并鶴鷹山（即鄣家山）舊有崇法教寺本唐白鶴觀基宋開寶四年建初名水陸院後改崇法今圮東面之水經養濟院至關廟前同流入河河右有營洞穿城通火神廟前湖城中之水由縣湖閘出營注河與河水合流入江又北流東折經迎福門（在江之東俗呼下方門）江干有節孝祠（詳壇廟志）後爲迎春館官佐迎春於此右有文昌祠今並燬又有文明閣跨道而立高五層（詳學校志）閣之右舊有天乙宮祀東郊社神今圮江之西有綠衣庵相傳有綠衣童子現形故建庵掘地得甘泉遂名綠衣井今庵廢井猶在右有文應廟（俗呼下松山廟今燬舊時三門懸鐘聲聞十里廟僧朝暮擊以警衆）迺北埂外高地爲武試跑馬場內即北莊阪阪左有擂鼓山（圓峯連屬故名）後當七岡嶺北面其水皆以阪爲壑中有婁家蕩地當縣治艮方明萬歷間與金雞山同時建塔名曰艮塔（俗呼婁家蕩塔）蓋用形家言以

白陽峰孤高建二浮屠與鼎峙藉以振起艮方之勢也塔迤西有
月山山下有智度寺唐景福二年建初名香積院宋改今額余縉智度寺壁和三老和尚遊五洩歸作詩遶郭青山半月痕翠微遙接苧蘿村閒拔潭影觀空色靜對峰雲徹曉昏飢鶴何時忘石磵賦鷗終日傍江門茅堂共集龍蛇字幽句還尋知者論飽看千山鬼斧痕歸來趺坐望江村一窗竹翠寒雲密數里溪烟暮雨昏瓢笠偶棲成佛境鼓鐘何地得天門我來方丈參禪語麈尾龜毛未可論又北流經西施灘舊有西施坊西施門與逕福互對今並圯又北流至茅渚步郭肇茅渚即景詩茅渚橋邊舊釣磯幾家臨水啟柴扉黃雞紫蟹酒初熟白袷青鞵人未歸秋浦雨來菱葉亂平沙烟暝鷺鶿飛季鷹風味知無限莫道幽情與俗違
有茅渚閘凡北莊阪之水皆由閘出水至此又分爲東西二江
東江自茅渚步折而東流南爲江東阪北爲大侶湖即隋書之大
農湖介東西二江之間經劉公祠前在大侶湖廟嵴埂上埂有記
載水利志祠祀明知縣劉公光復爲六十三所之一郭肇茅渚步劉侯祠記劉侯祠者祀明諸暨令青陽劉公光復暨人祠公凡六十三所而在縣東北五里曰茅渚步者特顯祠直浣江之衝歲以三月六日縣

大夫視釋奠焉己酉夏諸暨大水明年夏又水壞祠之外垣秋又水祠寢廢不治安陽劉公來視縣既告竭告振拯是災黎乃以辛亥春有事公祠見其廢出百金倡募修公祠其下聞命恐後黃髮鮐背之民奔走祠下閱數月而工告成僉請某爲文以記某再拜言於衆曰公生爲我父母能決淤塞濆變瘠爲腴能興利革弊實惠我暨人我暨人用永能定於厥土唯億萬人口載公德公去爲諫官直節炳史冊可無以文爲也獨是暨人祠公頌公暨人能言之也歿二百餘年暨人祀愈虔頌愈亟者暨人不能言之也暨之民力竭矣欲得賢父母如公者修隄防導壅滯寬逋負議賑貸奠我井疆徠我流亡則豈唯暨人是賴實唯我國家無疆之休則實於修公祠有賴安陽劉公者諱書田有德政將大展青陽公之舊焉未及竟以去得并記復爲之歌以迎享送神其辭曰陶之山兮雲油油浣之水兮清且瀏侯乘春兮出遊駕白黿兮驂赤虬靈肸蠁兮俾民以休平沙兮極浦竹樹森森兮如堵陵谷遷兮江路修阻陳雕俎兮酌雲罍拜祠下兮裵裒風雨飄搖兮湖隄將頹望侯不見兮莫知我哀又東流經花園埂埂有記載水利志至紅硃石磡折而北流東有嵩山溪由江東阪西流北折出永豐閘又出雙港橋西流來注之雙港郎沙港口以沙雙聲近而訛

齊星一作奇秀嶺在縣東三十里跨金興花亭二鄉其西麓嵩山溪之源出焉東麓之水入澧浦溪西流經毛家塘溪中有石側峙

如鯉魚俗呼鯉魚石出萬年橋至董村在溪東爲張氏聚落村後有嶺兩旁石筍聳峙如卓筆有小澗遶村注之西流出大橋頭又受毛家隖溪

毛家隖溪源出香嚴隖北麓石樵嶺射箭嶺二水合而成溪北流經毛家隖村至董村外里許入嵩山溪

又西流逕花廳至錢家塆下左納馬蚚隖小水右有石峴青嶺水合錢家隖溪來入之

石峴青嶺在縣東二十五里跨安俗金興二鄉西麓水出蔣鐵其東麓錢家隖溪源出焉隖右山高而仰巔有石坪大可數十畝其水另爲一溪出錢姓屋後至村前二水相合有道咸間詩人酈滋德墓南流出隖至錢家塆村右入嵩山溪

又西流出寺橋橋側有土地祠逕普潤寺前路外有寺隖溪合千歲巖

水自右來入之

千歲巖在縣東二十五里屬金興鄉即寶掌山以千歲禪師所居改今名相傳唐貞觀十五年禪師開巖於此眞儀在半巖去地四十九尺有石室可容百人洞口石版數片如削寺隖溪源出紋草嶺東麓經寺隖出普潤寺右寺建於晉天福間即禪師所居初名醴泉院嗣改今額後倚文殊巖玲瓏類龕有文殊普賢像故名經千歲巖下合巖水南流由寺前穿大路北折入嵩山溪

又西北流二里逕蓼阪溪口石壁聳峙高可百尺前明湖廣興國州學正張德侍晚年遊釣於此鐫願天常生好人願人常行善事二語於壁德侍董村人二里逕楊家隖口五里逕胡村自此以下改名胡村溪又五里至張莊隖口隖右崇山矗立最大

曰盤毋山上有人家三五甃砌爲田蓄潣以溉頗有結構俗呼宕阬山頂以下有石宕故名北折出東安橋乾隆二十六年屆造亦名保甯橋曲西流至水氽墥有胡公廟俗呼朝洪相受白馬墩溪

白馬墩溪源出龍華塢有趙王山爲宋宗室襲封安定郡王趙子濤樓志誤子淸墓前有龍華庵元至正六年建元發宋六陵并魏獻靖王等塚趙氏子姓自平其墓建庵以障之明初仍營馬鬣而立碣焉又有明初知縣吳亨墓碣題淸廉縣令吳公之墓事詳名宦志經白馬墩阪至下袁入胡村溪

又西北流半里許水分爲二一水出櫸樹橋遶東流經錫婆庵後北折出吳郎閘閘之右有趙侯廟相傳侯爲南宋時縣佐有功江東阪水利祀爲社神元宵燈賽歲入城市凡張家塢官莊東山之水俱入焉西折出狗爬橋至王家塢前凡李家衕次屋房朱家山之水俱入焉一水遶西流有蕙渚之水由毛家畈翁

家埂俱村名出善橋經張村上鄘來合北流逕趙村郭莊西阪至烏樹廟納應家山小溯出烏樹橋直落下馬山受鄭家阪原阯港水東折而二水合一至楊梅山又有雞山後水由水閣漊下逕田公廟土階泥牆其制隘陋蓋農佃所立以祀古田畯者今圮前至逕福門入浦司津出雙版橋案嘉泰會稽志有放生池在縣東二里隄周四里唐天寶中縣令郭密之築溉田二十餘頃池心有小山狀如龜少東有放生橋今遺阯無攷詳繹之似當在此由五里亭來合於是而衆水悉匯北折出落馬橋亦名長官橋宋湻祐閒縣令家坤翁建明成化閒知縣王瓚修之更名曁陽橋碑載金石志歲久傾圮　國朝咸豐閒里人募捐重建改舊制爲圓洞三高闊逾前登降有級兩旁護以石闌畢工又建曹娥廟於百歲亭右未成遽丁匪亂遂止故碑亦未立家公又於橋側築隄植柳其上人稱家公萬柳隄今其制不可攷胡學家公萬柳隄詩院東城外家公隄春風冥冥花滿谿青山浮黛淨於洗白波縈練清

無泥村墟入煙微不種桑麻雨露深如織百年耕種樂民居始信家公普奇績道旁碣石樹旁崇題名欲與長官同輕塵一騎雨初歇勸農太守行花驄

迴北鯉魚山有曹大將軍墓相傳明初將軍陣亡於此橋畔舊有勸農亭橋東北有明季總兵壽允昌墓又北流出永豐閘嘉慶二十三年造江東畈水俱由此出西折緣王金湖埂然後出雙港橋入於東江

合而北流經天帶齊村在江東經黄家墩湖湖在江東又北流經清水潭村在江西後倚薑隴山即宋之薑隴里白魚潭村在江東有杯渡菴又北流經潺頭湖湖在江東至羅港口東有烏石溪由趙馬嶺西北流入高湖會新店灣白茅隝西麓諸水西流出高湖斗門又北受香櫞嶺諸水出陳趙隝西流來注之

趙馬嶺在縣東三十五里嘉泰會稽志作縣北四十八里誤跨安俗長甯二鄉其西麓烏石溪嘉泰會稽志謂溪多烏石故名之源出焉東麓

之水合象軺嶺溪入櫟橋港西流逕章村東受紫園嶺溪

紫園嶺溪在趙馬嶺北出紫園嶺西麓東麓之水合櫟溪入

櫟橋港西南流入趙馬嶺溪

又西流經蔣鐵村在溪南舊名烏石村郎宋之烏石里呂祖謙

入越錄出縣東門五里放生橋三里雙橋阪二里烏石始名烏

石溪又西流逕貨饒吴至上黄村受絞車嶺溪

絞車嶺溪在趙馬嶺迤南出絞車嶺西麓西流經徐家隖又

西北流出黄婆橋入烏石溪

又西流至長橋廟出長橋至霞楊村亦名霞溪有胡卜鴟小水

入之折而北流經蘆蒲山山多石無草木同治元年鄉人拒賊

屯營於此今山麓有義勇駐師處碣又西折至石礎頭溪邊有

樂善亭光緒二十三年楊宗傳等建又西北流出樂善橋又北

流逕盧家溪亦稱蘆花溪又北流逕雙橋村更名雙橋溪嘉泰會稽志云雙橋溪在縣東北十四里源出烏石溪入高湖出雙橋水道提綱謂北有泌湖水自東來會誤又迤西爲廿里牌北流繞出琅璫山西麓山南爲同治戊辰進士湯銘新故里迤西有天香梵院爲余毓渟與半憨和尚談禪處入高湖本名高公湖以高氏所浚故名嘉泰會稽志謂高湖在縣北八十里誤湖四面皆山多洲渚舊有山遐浦在高湖上湯之間舊經云山遐斷高公湖爲浦取魚所集千艘後人思之號山遐浦今問諸里老莫有能確指其處者余縉撰有古山遐浦記辨見雜志北受白茅隖溪

白茅山在縣東二十五里跨泰南長甯二鄉東麓之水合樸頭山溪入櫟橋港水自白茅隖南流繞出上章又南流經泰南村即宋之鄭墅里東會新店灣溪

新店灣溪出新店灣西麓東麓之水入櫟溪西流至上章會古栗溪

古栗溪一名古李嘉泰會稽志作苦李在縣東二十五里出趙塢山西北流經王家塢又西北流出古栗橋至牐口菴合白茅塢新店灣溪入於高湖

高湖水西流至下章光緒癸卯進士刑部主事章鈺故里今遷居蘇州北受大溪塢溪

大溪塢溪出大溪塢南麓南流逕胡家至下章入高湖

又西流經高湖涯村在水北明崇禎癸未進士余綸 國朝順治壬辰進士余縉兄弟故里又西流經上湯村在水北有余氏祖阡名鮮鰕會雙橋水北流經東阮村村在水西有小山名落水鴛鴦山有河南道監察御史余縉墓黄宗羲余公浣公墓志銘公諱縉字浣公世爲忠襄後裔自龍游縣遷居暨之高湖考諱元文號仰泉生二子長爲癸未進士綸次即公也幼即能文時傳奄人魏忠賢竊政

公擬爲彈章霜威風厲見者已識有埋輪之志矣登順治壬辰進士第知封邱縣縣當兵火之後公私埽地赤立方塞決河賦役連滯公盡捐煩文碎教與之休息是時民間最苦者無如包荒一事先是流賊蔓延人戶逃亡棄地彌望　朝議募民開墾設與屯道與屯廳以墾之民初無不樂從及其徵租反過於現在之熟田遠民始願耕者復荒郡縣旣以此爲考成競張虛數無所歸著於是荒地之糧攤於熟地民皆失業公惕然憂之會制臺繩武李公行部至封邱公導李公至壙野日覩其裸跣毛食李公惻然爲之疏閒始豁虛張之數而興屯之廳道皆裁公能以一邑躂數千里之瘠不特封也封與延津接壤郵置錯互於百里之外裹飯受役民甚苦之公陳情撫軍但使之協濟而已中州治行推公爲第一入爲山西道御史條對多見施行以終養告歸旋丁內外艱服闋補河南道御史所上章奏多持大體不尚苛細而其關於　國家之大事者請撤三藩家口議復撫臣兵權諸疏格於部議而止馳驁覆車之轍採揚敗事之後而後知公爲金石之策也越帥橫暴稅民受貨奴客跳梁觸情放懸越民蘊憤無所發洩公嚴文件數其罪惡越帥中廢梟藻之音載謠人口朱方旦妄言禍福朝士多信其附會有以爲公言者公曰此妖人耳於法當糾甯可助彼狂瀾乎方旦終以猖狂坐死夫三藩之反人所不敢言故梟錯殞身於七國越帥之汰人所不肯言故劉勝寒蟬於閭里方旦之詭人所不能言唯子產先幾於愼竄公乃不諱利害不避嫌疑振響於鐘鼓無聲之日卽其所未言者亦且破其魍魅使無遁形豈非　盛世之霜隼數已而卜葬封公復請告歸公少無宦情不得已而出自

此悠悠林下至於歿世然甲寅之亂山寇攻圍越城公出其私財以佐城守寇睥睨而去是公用世之智退而不忘也生於萬歷丁巳正月初十日卒於康熙己巳十一月二十六日年七十有三配鄭氏贈安人簉李氏封孺人子六長毓澄壬戌戊辰進士次毓泳州同知次毓瀚廪膳生次毓渟河間府通判次毓浩荆州府同知次毓湘貢監生女五吳高飛張顯明方象隆壽處寬何嘉翊皆諸生其壻也孫男三十八懋樟懋楨懋楷懋標懋權懋楝懋檉懋桂懋梅懋栻懋椿懋模懋樸懋樞懋梅懋樋懋櫆懋梓懋梧懋榈懋榕懋棫懋棠懋杞懋楠懋柱懋棟懋機懋檀懋粲孫女十九人曾孫十二人曾孫女九人將以康熙二十九年十二月初四日庚申合葬於本邑之東原山其孤介美定菴屬銘其幽室余昔嘗見公知其爲鄉邦之典型也故不辭而銘之銘曰公之出吏當彼危疆哀此黎民以熟包荒人庶流迸家戶且亡公能除之惠此一方豈惟一方數省畢康公入臺中振夫紀綱厝火積薪尾大末強路人皆知不敢聲揚公獨奮筆出匣干將焦頭爛額公言始彰誰來毒鼓憔悴鄉邦萬人所指無病不傴簡落狐狸賴公彈章途歌巷舞沒世不忘妖人讖緯首鼠陰陽布霧十里朝士趨蹌公獨曰否抉其帷牆膏肓泉石末盡其長侁侁後人嗣其耿光折而西流繞龜山北會後隝溪

後隝溪出後隝南麓隝東玉泉山有慈氏寺晉天福七年建初名玉泉院宋祥符元年改今額南流經安山有岳池縣知

縣湯軒墓迤西繞出湯家店村有市入高湖又西流出新湖橋至鶴山北受蔣家隖溪

蔣家隖在湯家店山後有方大年墓

戴良方大年墓誌銘某年月日暨陽方君大年卒於金華之寓館既卒館人輿而致諸家閱五日始克大小斂成喪明年十二月乙卯葬於其鄉之高湖前事之月其子文燧含杖哭拜使者以書來告曰先人不幸以死累夫子今將以日月告葬敢以墓銘之詞重爲夫子累不肖方居次不得跣以請余受書哭曰嗚呼吾尙忍銘吾友也耶又數日大年之弟禎來速銘且曰不得銘無以葬乃敘其族世名字及事始終而銘之大年諱禧字大年其先睦人也後遷越之暨陽大父鐵贈奉訓大夫同知紹興路事父洵沆州路蒙古學正大年之宗素盛且好禮自其從祖嘗大開義塾聘名師儒以淑其家之子弟及四方之學徒於是吾邑淵穎先生吳公實爲義塾師大年時未弱冠已能執經考義嶄然出諸生右諸生方業應舉書規利祿大年獨鄙而不習曰大丈夫不能爲相於廟堂佐天子致太平則當將三軍之士立功業於邊陲苟皆不得甯退而隱處抱吾才以沒世誰能抑首促促習此俳優語以僥倖於萬一耶故其爲人慷慨有大志善謀議有膽略儼然戰國諸君子之遺風時東南稱兵連數歲不解大年每偃卧一室計其勝負成敗百不失一二然所守以正不欲爲苟出聘幣繼於門不顧也大年遇姻黨以恩接賓客

以禮九族之親或愚待之不以愚而慢士大夫之賢雖失勢待之不以失勢疏一時人士聞大年之風者無不與之游大年輒對羊貫酒詠調醉呼以爲樂雖經時歷歲未嘗有所厚薄勤怠也於是遠近諸郡邑日入於亂大年心懷憂鬱得唾血病者八之一日出游金華舍余之近館余方與之登八詠樓誦沈約之詩俯仰溪山追逐風月以舒其志解其憂未幾病作吐血數升翼日又大作唾出數斗許遂卒大年兄弟四八長大年季曰鋌曰楨曰槃皆以和協稱其妹適福建行中書省平章闊僧曰配曰石氏生子男二文炳早死次郎請銘者有父風孫男一曰堅孫女一俱幼生於延祐四年丁巳歲七月十七日距卒時得年四十六嗚呼余與大年俱淵穎門八有同門之好辱交既篤且久有同志之樂術業同而出處同至於生之年又同則交友如大年者指不再屈矣禍患餘生方資大年以爲助而大年乃託我以死銘以誄之固有所不忍者焉銘曰筐不可以持屋驊騮不可以服車橇不可以履川守正之士不可使從邪此大年之墓後百十載八將過之而咨嗟

水自隝底南流至楊家山北會三塘隝溪合流至鶴山入高湖

又西流經斗門頭又西流出高湖閘閘有二洞明萬歷間重建詳水利志是爲羅港北有香櫞嶺溪南流來注之

香櫞嶺在縣北東三十里跨泰北長甯二鄉嶺上有碧雲菴水自南麓西流北麓之水入櫟橋港出虞家至阮村折而南流經張家又南東流經陳谿又南流經王村出王婆橋又南流經詹家村在溪東溪西有白鶴廟又南流經徐家隝至仙駕阪東受齊半天嶺溪

齊半天嶺溪自嶺下西流入香櫞嶺溪

又合而南流西受福慶嶺溪

福慶嶺溪在香櫞嶺迤西自嶺下南東流有錫山嶺小水入之山有銀阬洞明時曾開壙於此康熙二十年奉部檄採辦歲輸銅斤後停止合流東折經殷家又東流至柴縛橋入香櫞嶺溪

又南流出柴縛橋經俞家阪花園又南流經下午阪水底陳

又南流受寺隝嶺溪

寺隝嶺溪出嶺之東麓東流經石井寺寺即下普潤院嘉泰會稽志云在縣北東二十五里宋太平興國元年於古靈瑞院基上建號石井院章志云殿內一柱鏤空若朽木彈之鏗然相傳魯班以木屑結成者又東流入香櫞嶺溪

又合而西南流受烏院嶺溪

烏院嶺溪出嶺之南麓嶺北即聖姑殿水由橫塘步入江南東流經李村視村入香櫞嶺溪

又西南流經拗窨步又西流繞牛山出牛頭橋古名迴龍橋入於羅港

羅港西流經落星湖湖在港北中有石相傳漢時隕星所化故名明永樂壬辰探花王鈺墓在湖內金鵞山隆慶縣志謂金鵞山山北去縣五十里

誤康熙癸巳進士壽致浦墓在湖內鼠山入於東江

又北流經龜山山在江東至五浦頭出五浦橋浦舊有官渡後廢嘉慶二十年里人改建木橋并捐田以備修葺粤寇亂後橋圮光緒間重建西有大侶湖水出五浦閘閘有記載水利志東流來注之又北流至漁鱅山山在江西連七湖中一統志所謂特峙兩江之中爲縣後鎮是也舟楫回環四望如一宋於此立漁鱅里東麓有石子橫埂乾隆六年築爲大侶湖與連七湖分界處經竹月湖湖在江東分上中下三湖卽宋之竹熱里受石壁山桃風嶺今名竹月嶺諸水有閘注於江又北流至橫塘步東有梓里隖水西流來注之

九江山在縣北二十五里屬泰北鄉梓里隖溪源出焉山有石室甚幽邃四壁刻石爲女像號靈女臺張世昌靈女臺詩靈女臺前草深尺靈女幽姿

化爲石石室深藏羽蓋青玉衣半染苔痕碧巖頭雨氣秋紛紛夢魂不作陽臺雲飛行宇宙星霧經甹殿造化風雷奔丈夫意氣負自許女子英靈亦千古更須爲刻邯鄲辭不獨中郎善幼婦駱學九江山靈女臺詩九江山色織無痕紫鸞元鶴時往來巖前巨石積鐵立一室劃開靈女臺女媧摶土亦戲劇刻畫何年著神迹麈幢羽蓋烟霧蒙玉質冰肌土花蝕可憐嵒嵒遺一徒桂酒椒漿來舞巫猶有山川出雲雨歲歲與民蘇旱枯臺下有仙姑廟亦名仙姑山今稱聖姑殿殿不詳所始馮至允都名教錄云宋祥符二年旱甚眞宗親禱弗應敕寇準焚天下神祠至杭州將焚昭慶寺夢神女告曰諸暨梓里隖石室有神女焉往祈當得雨寇驚覺渡江直抵石室果有三女危坐不爲起寇下拜三女忽不見驚訝再拜而返登舟大雨如注抵杭奏賜藍玉袈裟封爲聖姑考其姓鍾姑孫姑栁姑也明嘉靖甲午知縣張志選記之碑載金石志廣治中孫克明記之康熙中廣德州主簿洪鼐記之水有二源左右夾廟北東流長限多奇石如玉削如筍立玲瓏皺瘦青巧萬

狀採得之無大小殊有佳趣置之水則浮蓋水上浮漚積成故亦稱浮石至廟前合而爲一 注於潭潭深無底淸寒凛冽號龍潭禱雨者神焉又北東流出攀鑾橋至洞橋頭東受大嶺岡溪

大嶺岡溪出大嶺岡西麓東麓之水由江藻步入江西北流經上隝底至洞橋頭入梓里隝溪

合而北流出洞橋又北流經中央段溪南有廟古名祈雨壇歲旱鄉人迎聖姑於此禱焉詳風俗志又北流逕麻車閘村有市折而西流經墨城湖湖在溪北後負廟山嶺跨泰北西安二鄉上有靈雨臺對九江山聖姑殿禱雨有驗又有小廟呼夢神殿

冬至祈夢亦有應出太平橋至横塘步步有渡入於東江

又北流經墨城湖湖在江東受摘佳尖官山諸水有牐注於江官山山半有洞口狹小中寬敞可容數十人上有罅微露星光同治

元年里人多避兵於此山下爲壘城村康熙丙戌進士壽致潤癸巳進士壽致蒲兄弟故里村後蔣家山有明太平府通判壽成學墓

駱問禮兩江壽公墓誌銘

故直隸太平府通判壽公諱成學字子行兩江其別字也父春峰諱集母王氏繼母陳氏裔出宋駙馬太尉國者隨駕南渡居今紹興府諸暨縣之同山自南嶽提典諱士澤者始遷今木陳迨十世而有春峰公讀書好禮教子表俗一邑咸稱長者而公克繼其志補儒學弟子員入國子監發應天府壬子科解舉進士連不得志就選得前職不二年以忤當道改山西布政使理問三年陞大甯都司經歷奮然曰是足行吾志耶謝之歸後十六年而卒爲萬歷丁亥十二月二日距其生正德乙亥十月二十六日年七十有三夫人朱氏後公三月卒爲戊子三月十九日生與公同歲蓋某月某日年七十有四云諸子以甲午之十二月十八日始合葬於蔣家山公所自擇也方公之捐館也不佞走哭且弔諸子郎以誌請後慶申前言久未克應及將葬伸子秉彝復以狀來促鳴呼公之誌非余而誰哉壽氏英俊日起而破荒濬源實由於公平生直易忠實積學而才而卒不獲竟其志曾懷與公過彭城登歌風之臺徜徉留城而返弔范增之墓也忽沈鬱感慨曰丈夫不能佐帝王成大業如張孺子甯至悻悻作枉死鬼耶舉酒酬曰奉爾巨觥使北面四皓余愕然曰若薄前傑耶曰非薄其人薄其不能擇主耳及挽舟入聞河掩於師莊仲袞而登醉白之樓也復舉手曰丈夫遊於鄒魯舊邦不能上採前修而徒以揮灑自雄卒至淪落樓何爲者余復愕然曰若薄仙才耶曰

弄蕭其才薄其不檢耳余於是恍然自失公平生言不出口對之平平而論議忽如此豈偶然而已者及他日放舟南下過呂梁之洪登莊生古廟時日將落風塵蒼莽緬懷丈人路水之說若有若無余固慨然而公亦俛首若有所思余日將有所刺平公怡然曰此幻世也彼幻談吾幻遊之何所美亦何所刺耶此壯年語以今觀之果能酬其言而遂其志否也方公之就選也余亦釋禱公勉之曰丈夫得志何不可為我漫就耳行且從赤松子遊甯能祿祿使人觀為末品耶余不然之後余過甯國而公適布政於其地杯酒相勞余曰甯記曩時醉中語耶公曰弗復言為張孺子不成為李論仙不成幻世幻遊渾在夢中徒使得意者鄙我公弗哂行看浣江谿浦有幻容公能朝夕訪我耶粲然而別後竟踐其言而余亦蹭蹬謝事寫握手未嘗不勤勤懇懇道故說今慨愴終日而今不能矣嗟乎公官不稱其才用不盡其志卽舉其治行之一二誰與顧其胸中之磊磊而未洩者余雖言之恐親知者未必以為然也然則舍余誰能誌公而余亦安能拾夫塵瑣之末節以道公之盛哉因發其隱而大者如此而繫之銘時葬公之月朔也公子六長秉仁次卽秉彝國子生次秉德早世秉正秉公秉秀儒學生孫十有七人曾孫十有一人銘曰士之遊世詎不在遇哉當其遇也以不龜手之藥而可以封侯當其不遇則抱荊璞而不免於見尤公荊璞耶不龜手藥耶而終於洴澼絖抱玉而藏人且不諸其言之光而孰知其志之臧嗚呼後人毋以余言為狂

又北流經吳墅湖湖在江東受吳墅山水出陏往於江宋於此立吳墅里又北流經梅龍潭潭在江西京

塘湖內深無底相傳下有梅龍見則興雲雨致水灾鄉人每請官致祭焉又北流經吳山山在江東一名魚山上有石能發光其明如鏡故亦名明鏡山大比之年石如發光必利科名里人錢氏占之屢驗詳坊宅志又北流至江藻步東有白狐嶺溪合度月鴟黃碧鴟諸水西流來注之

白狐嶺在縣北四十里屬西安鄉水自嶺下西南流東麓之水入楓橋江經新宅村南受度月鴟溪

大嶺岡在白狐嶺迤南其東麓度月鴟溪源出焉西麓之水由橫塘步入東江東流經度月鴟繞羅漢殿北折流經半路菴又北流至下陳村有餘嶺水散流入之又北流經下陳廟西安鄉社廟緣金剛菴前又北流經龜山麓入白狐嶺溪合而西流出永福橋繞峭帶山逕江藻村村為錢氏族居科名

鼎盛爲縣北冠村之前有雁宿池廣袤可二百畝清漣淪漪明媚可愛村人養魚獲厚利焉池中有小阜俗呼墩頭山林木陰翳亦頗幽雅池西有小竇泄水入黃碧隖溪經進士第前明萬歷丁未進士錢時宅又西流繞來園錢時致仕後所築別業左側南受黃碧隖溪

黃碧隖在縣北四十里江藻村西南隖南爲陳趙隖水出羅港四山環繞溪澗紛歧明山東布政使左參議錢時墓在隖內巖瀧合而成溪北流至泥沙步經大石頭廟又北流經雁宿池隄外受池水至明鏡古剎入白狐嶺溪

合而西流出鎮西橋至江藻步入於東江

又北流至錢治村在江西叢魚湖中折而東流經山後湖湖在江南倚江藻龍山後麓故名至孤山又折而北流經草湖湖在江東

隆慶路志謂湖受墨城山水誤繞出小顧家又北流至大顧家東有楓橋江水西流來會之

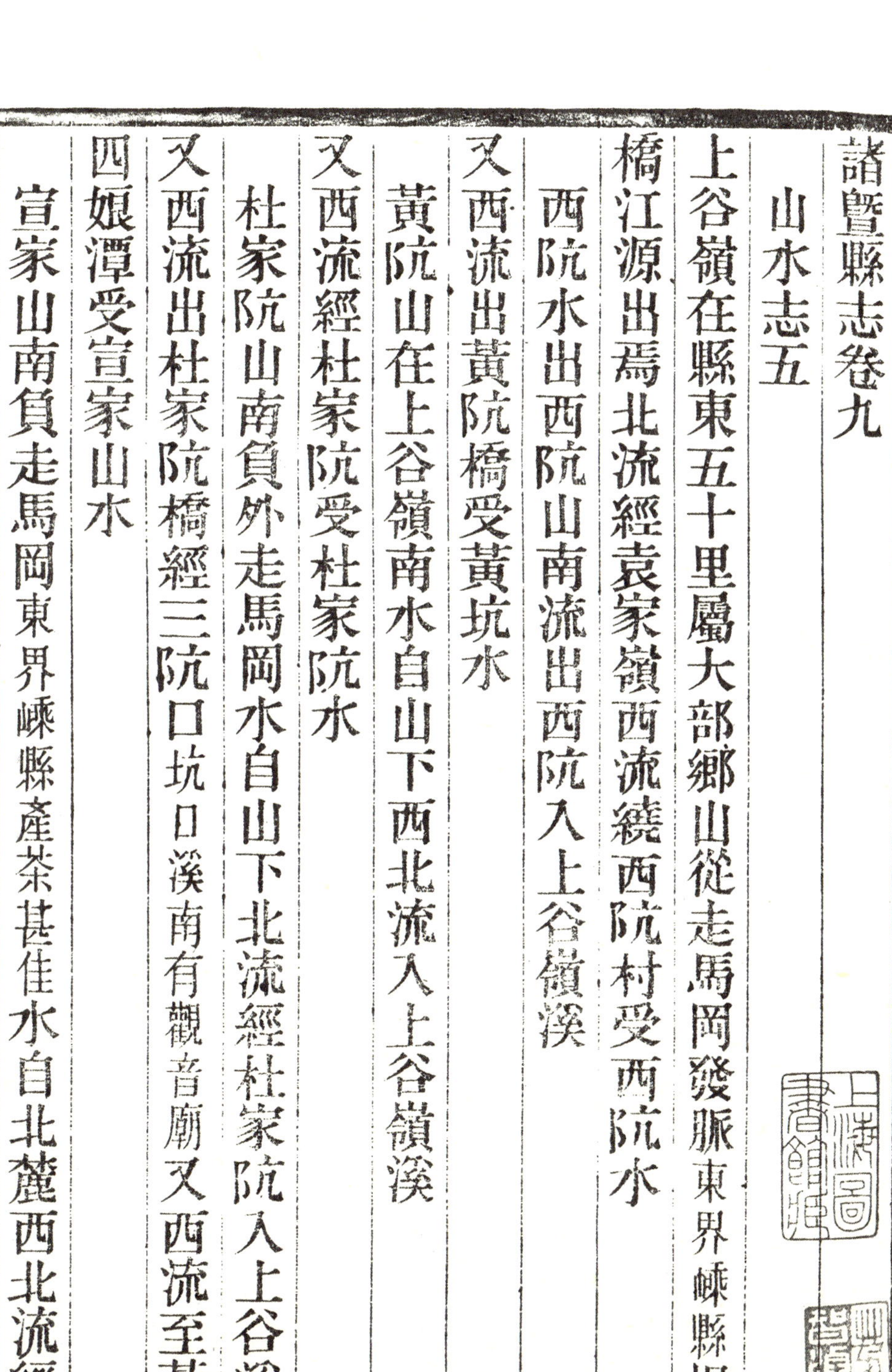

諸暨縣志卷九

山水志五

上谷嶺在縣東五十里屬大部鄉山從走馬岡發脈東界嵊縣楓橋江源出焉北流經袁家嶺西流繞西阬村受西阬水

西阬水出西阬山南流出西阬入上谷嶺溪

又西流出黃阬橋受黃坑水

黃阬山在上谷嶺南水自山下西北流入上谷嶺溪

又西流經杜家阬受杜家阬水

杜家阬山南負外走馬岡水自山下北流經杜家阬入上谷溪

又西流出杜家阬橋經三阬口坑口溪南有觀音廟又西流至黃四娘潭受宣家山水

宣家山南負走馬岡東界嵊縣産茶甚佳水自北麓西北流經

裏宣村又西北流經外宣村又北流至黃四娘潭入上谷溪

又西流出太平橋橋北有太平菴繞階級山一名戒梯山山岡有雲濟菴亦名戒梯菴明嘉靖十八年建有梯雲巖駱問禮十詠曳履穿雲上千尋石作梯躋攀朝日近懸掛晚虹齊皇序階難躡天門路不迷更登霄有既已覽陋塗泥

瀑布泉

分得廬山勝銀河落九天迢迢穿鷩嶺脈脈吐龍涎裊玉清聲越驚虹素質鮮徐凝才思薄洗句喜多緣

經霜石

偃仰臥荊榛離奇琢未成中堅絕纖坱外固勝重扃玉笥傳來遠金滕棄置輕不看簞與斗千古擅佳名

蓮花池

本植汗泥中澄波直幹通心空絲不斷葉郁藥猶濃豔治呈朝露清芬浥晚風高倚堪結社杖履每過從

翫月坡

四山皆得月此地更澄清竹徑搖風影松梢滴露聲蚓蹤緣磴曲蛩語隔牆輕經罷瀟然坐渾忘到五更

伏龍潭

神物原無迹深山借一瓢寒炎清澈底盤縮暗通潮元氣從中盎祥光分外饒雯時雲霧起靄靄出重霄

降魔石

老禪魔已斷誰待石為降落落形難合磷磷性自剛雨滿苔轉色草翳月生光山鬼憑多技眞空萬劫忘

息心亭

禪定隨方得優游復此亭八窗朝日螢一榻午風清面壁藤纏膝依松石匣經此時眞出世何物可將迴

放生臺

已謂無生滅胡為復放生堯仁原自闊湯網欲誰矜首習風雲護欣欣草木榮登臺與遠思戒殺亦人情

錢王井

鑿井人何在相傳須有名地偏泉脈正贇古蘚痕清松覆枝懸綆蘭叢馥入瓶詩脾正消渴旋汲不須烹十

景又西流受丁家隖水

丁家隖水出丁家隖山北流入上谷溪

又西北流繞張家隖村有張錦三相公祠又北流至了溪口出渡

楓橋乾隆年間韓氏建光緒十八年山口村人何志水志棠重修

會鍾家嶺溪

鍾家嶺在上谷嶺北東界嵊縣水自西麓西流受上洋溪又西

流受成家山溪

上洋嶺在鍾家嶺東北水源出會稽山西流經上洋村又西

南流入鍾家嶺溪

成家山在上洋嶺西南水自山下南流入鍾家嶺溪

又西南流至應家峙受桃嶺遼坑水

桃嶺在上洋嶺西水自嶺下西南流至應家峙入鍾家嶺溪

遼坑在桃嶺南水自遼坑灣底西流經應家峙合應家峙山水南流入鍾家嶺溪

又西流經皁莢樹下又西流至了溪口入上谷溪

又西北流過山口村又西流經前阪村在溪南有全相公廟俗傳神爲宋全太后族人元初避地前阪有功鄉里歿後村人爲建廟

經檀嶼受丁家隝水出檀嶼橋道光年間何含文建同治十三年山口人何國明重修一名檀溪橋始名黃檀溪

丁家隝水源出丁家隝山北麓西北流繞箱子石又北流至前阪南流注黃檀溪

又北流受五岫山水經花紋前村

五岫山峰巒秀出如蓮花者五故名東連會稽雲門山頂有龍湫水自西麓西流入黃檀溪

又西北流出朝陽橋亦名檀溪橋蘭臺里人趙曰信建又西流環蘭臺里居民皆趙姓人文秀出甲於縣東分上下趙聚族數百家村口有蘭臺古社邑舉人馮至撰碑記會駐日嶺溪西出萬安橋一名廬墓橋

駐日嶺在縣東六十里屬長阜鄉東界會稽水自會稽發源西南流經駐日嶺村安徽壽春鎮總兵陳安邦內閣中書陳瀚居里繞薦福寺宋開寶四年建初名報恩院大中祥符元年改賜今額山麓又西流經上金村孝子胡會法故里村出陳基衙有明嘉靖壬辰進士刑部主事駱驥墓又西流經下湖村出下湖橋嘉慶間蘭臺里人趙曰智建又西南流受五爬嶺水入黃檀溪

五爬嶺水出嶺南南流過後金村又南受後金嶺水又南流

後金嶺水源出嶺東東流注五爬嶺溪

注駐日嶺溪

又西流經象鼻山山南爲鷲凸峰有古西嶽寺寺南爲登雲菴菴後有登雲井廣僅二三尺出白沙泉芳洌不涸井旁爲湯貞女祠山麓即蘭臺里里南有潤餘禪院院北有節孝祠趙伯龍母壽氏建祠前爲節孝坊坊後鑿池狀如半月亘以石橋引水入祠池上疊石爲山山花澗柳錯雜掩映頗饒勝趣又西流過獅子尾把村又西流至大竹園三間廟婁隖橋溪自西南來匯爲楓橋江

雲蓋山一名鋸山即外走馬岡在縣東六十里屬大部鄉婁隖橋溪源出焉亦名鳳水西流出石頭坑又西北流出保生橋經岡下村有王寶祖師廟北出萬壽橋受梅園嶺水

梅園嶺水出嶺東北流經胡家洞又北注婁隖橋溪

西北流經潘村繞紫巖山一名子安山有明孝子陳于朝墓來宗道陳于朝墓誌銘諸暨陳君爲方伯公季子弱冠博覽先秦兩漢書能爲古文詩歌輒驚其行輩旁及地理祿命諸家言稍習之郎能通曉或讀罷鳴琴擊劍品竹吹竽嘯詠酣暢後乃棄去不復作方伯公宦遊常侍從書記一以委之間有商議事機委中要領丁酉補邑弟子庚子食廩雖都試數奇矜拔每以冠軍屬之而君稍厭薄進取信佛氏說斷葷酒多爲放生飯僧之事一日晝臥夢行至河邊洪流如血有二羽人持幢幡相迎居無何得疾遂不起君既負拔俗姿喜交遊名士山陰徐渭詩文奇傑書法尤道君丱時爲忘年友用筆幾盡其妙後究心貝典學於四明屠隆最後見雲間陳繼儒文好之介紹慇慇會疾作不得往而邑令劉光復督學伍袁萃洪啟睿得其試牘輒寶之所著有芭蘿山稿自得齋稿君諱于朝字孝立號凡四更曰翥溟長離了因飲冰或嘲之曰子仍故吾何名之數化君笑且應曰若無名者是一之不立若有名者是十百猶可子安見一之是而四之非也先世由閩鄉數遷諸暨之楓橋爲邑望族曾祖袞廩貢生贈左布政使祖鶴鳴揚州經歷封左布政使余猶及見之父性學仕至左布政使母駱氏君生於隆慶六年壬申十二月四日卒於萬歷三十四年丙午五月十八日既歿二孤俱幼配王氏能撫而成之綜理家政中外嶄然後君十年乙卯仲春十三日卒里中散官王希忠女也子洪緒娶玉田知縣胡大臣女洪綬邑諸生娶予兄工部主事斯行女繼娶杭州衛指揮同知韓君女女胥宛字子子咨諏孫世楨聘邑諸生駱方璽女洪緒

出孫女未字洪綬出四十一年癸丑十二月十三日先葬君於子安山之陰塚北向是歲四月二十一日奉王氏合窆焉乞銘於予銘曰吁嗟陳君人不可無年爾才翩翩爾名闐闐布葉挺幹蓊鬱參天驟薄風雷中斷杪巔玉樹土中孰使之然十載未亡歸徠姍姍爾木殆拱誰作九泉

又西北流經宣店村在溪北毛家園宣甸水自西來注之白楓金村水自東來注之

毛家園水村有霧淞巷康熙年間楊斗樞建東流注婁隝橋溪

宣甸水出宣甸山有明中書科中書駱中行　國朝義士陳德龍墓東北流注婁隝橋溪

白楓水北有沙田村西流注婁隝橋溪

金村水出金村山西流注婁隝橋溪

又西北流經楊家埒受黃大阪水

黃大阪水出阪東山北流東折經青口東流受柳家隝水又

東流經白水村北受白水山有知州陳殿榮墓水安山水自南來注之

柳家鳴水出柳家鳴北流入黃大阪水

白水山水出白水山南流入黃大阪水

安山水北流入黃大阪水

又北流經柳仙廟孝義鄉爲神尸解之地建有柳仙廟此其分祠也每歲七月有廟會東又北流沿楊覺山山有楊覺寺故名又北注婁鳴橋溪

又西北流出婁鳴橋又西北流出蔡村橋村在橋東又西北流經青山頭即烏笪支麓一名靈峰山有靈峰寺周顯德四年建屬至靈峰寺詩隱隱聞天語去天特丈許通宵坐月華不信人間雨後改額明覺今廢西北麓有唐孝子張孝祥及妻賈氏墓東麓有墓表靈峰寺前山舊名獨

山有宋諸生張汝楫及妻宣氏墓子知幾知剛撰有壙記後爲洪水沖決壙記出土張氏移置三十三都董村家祠詳見金石志又北流至大竹園匯黄檀溪爲楓橋江

又北流東折受孝感山水

孝感山在縣東五十里屬大部鄉山下爲孝感里一名廬墓郎唐孝子張萬和廬墓處南爲花園嶺下有唐鳳翔府尹張欽若孝子張萬和墓里有孝子祠祠側爲天祐菴唐天祐間建萬和後裔宋進士張鎮張雷發張翼明草廬先生張辰世居此里又山下有會魁第爲明永樂甲辰進士胡攉故宅今廢址猶存隔路爲獅子巖山山下有芝泉上覆以亭萬和十二世孫佺建張辰撰碑記後泐三十一世孫張之權之焘重建葉敬撰銘葉敬芝之泉亭銘唐諸暨張孝子萬和於大部鄉廬居父墓凡二十年比卒子曰孝祥守墓之歲如其父芝草生醴泉出縣令上諸朝旌其

兩世宋理宗時孝子十二世孫朝請大夫佺因墓廬遺址爲亭佺之子嘉興通判淇與浙江觀察使趙與倘游其地與倘扁亭曰芝泉元延祐元年淇孫亮更而新之淇與亮咸勒石紀事今文存石則泐矣　國朝嘉慶中孝子三十世孫供以亭久圯欲重建之未果疾革以命其二子之權之杰二子謹如命道光元年十月亭成屬銘於敬不敢辭銘曰懿與斯人匿光潛耀以孝烝烝孝乎惟孝孝子之後復有孝子嘉禾之種間或根芽伊芝之榮伊泉之瑩孰主宰是彼蒼者天惟天降祥惟地呈瑞藉告後人永錫爾類**水出孝感山西北流沿獅子巖又西北受朱塘水繞柴爬嶺荷花心**山名有東溪先生駱衛城墓〔余坤駱東溪墓表〕吾鄉士大夫居京師久者歲時相聚必太息言東溪或戲摹其容狀語言而少年新至都者瞠然也蓋君久客死都中其初習君者尚皆在三四年間或散而之四方或歸老死更數年恐能舉其名者少矣嗚呼此予所以愴然不能無述也君名衛城東溪其字也世爲諸暨人明時有爲給諫曰問禮者師事海剛峰敢言有聲君之十一世族祖也曾祖某祖某父某諸生皆不仕所居近市君習與少年遊習拳勇醉酗市人稍長悔之乃治具召飲羣少年徧拜之曰今與君等絶矣後相遇有見呼者吾必衆辱君勿怪也由是力學知名入邑庠補廩膳生君爲人吃姿貌英毅而質野無威儀讀書警敏有神悟慨然有譔述之志而撓於他故未暇專也既壯遊京師五應順天試不售其爲文悍鷙幽險務以自快不屑屑合有司程度既屢黜而平生所奴視者多速化以去則寖憤

恆面訾人文廣坐中遇不可意者一言齟齬裂眥起皆顛沛走匿以是得狂怪名顧獨暱余每談竟日不可厭人咸詫之蓋邑子在都者多怖君謂予獨用何術能馴之而予視君一言動皆不可愛彼此更相怪不相解也嘗飢困有故人某太守者入都不詰君而遺以金君大怒呼使者傳語罵之而鄭其金戶外大抵君爲人性行徑遂遇俗流喜怒翕霍如疾風迅雷不可測而與深友居則高致泊然亦能爲清曠奧遠之談多險詐懸解雖名通儁者無以過也其於世漠然若無情而拯人急難事已暫濟必歸籌其人身家所須久遠之計顛倒若劇欲一夕畢其事塵棄法度士而獨能折節事長者不措意於詞賦詩歌而有示之者一言中利病以故鄉人名德老成及予所交四方知名之士兼識君者每相見必問東溪何爲而流俗謗君者生平至不可勝數然皆無足論也獨吾所恃以伸於没世後者其權固愛惱者所不得與而其事宜吾可以自主者也乃或以生世憂患之故逡巡不暇以爲爲之而未究其才與力之所能至而遽死遂更爲見謗者所快是乃可悲耳其知而惜之者爲之深悲累惜思永其名亦第虛狀其奇偶之概而終無由實其言於後世尤可痛也予始識君亦於京師怪君嘗嚶喈室中或方食抵桅于地久之乃知其逃家難入都也某歲難稍紓遂歸歸爾載復至都貌悴甚嘗過予家人設寒具君一食盡二器食畢登榻臥嗒然若無鼻息久之忽謂予曰吾歸生子能呼父矣適憶之不能記其名頃之又曰吾近自念卽卒死自吾母外無可念者余爲不怡者累日是歲九月以痼疾卒於予寓殁之前夕與予論檀弓予所遺忘皆應口誦無脫誤論小不合輒齗斷然爭既而歎

日此後誰與之爭者又曰子在吾神王去則頹然吾魂魄豈屬君乎至曾子易簀篤益高誦聲徹鄰屋其神明如此既卒之明年同郡陶槎仙舍人歸其喪葬之先塋予未及銘乃追表於其墓曰東溪遭奇變非深知者必謂無是事吾諱之不欲傷其心也然君又不遇遂以憤死豈所養亦有未全者耶獨惜君於衆中心折予誠進以義命之樂使心夷而氣馴或可以保其天年而大有所就立乃方以羈宦不稱意亦習爲高言詭行以堅其僻而同其蔽則予實負君也嗚呼其可愧也哉其可憾也哉

北繞仙人坪郎豬肚山有明湖廣副使駱問禮及其父驂子先行墓［陳性學萬一樓居士墓志］公諱問禮字子本纘亭其別字也先世以溪圍公好學敦義受敕褒旌殁祀於鄉家聲始振再傳而尙賢公黼永樂間援賢科三傳而自有公璡以明經爲博士五傳至兩英公充邑弟子員業儒不售公幼警敏豐神英挺遊泮宮卓有魁抱爲司教鄭龍津所知下幃發憤不輟寒暑嘉靖乙卯以禮經魁浙闈踰十年乙丑上春官對大廷筮仕行人三持旄節簡留都刑垣給諫抗疏直言不避權貴風節翕然江陵輔政勸上大閱邊兵公力諍之忤輔臣指結權璫摘疏中語激穆廟怒貶滇南楚雄府知事時議方重公主爵者有松江之擬輒爲所格迨萬歷改元奉詔起言官始遷維揚司理纔遷南司空郎三年而報政乃參滇藩議先後經計典江陵之黨承風旨物色公詘於輿議而止旋聞太安人訃含恤歸迨癸未大計而劉中丞董直指議疏至廷論愕然余方承乏西臺與吏垣都諫陳君與郊河南道侍御賀君一桂昌言排前議得免則

二君與有力焉比釋褐參閩藩數月分憲荆楚屬中有曾司李者陰附董指搆於楚撫李中丞不聽會丙戌計吏拾遺及之賴廟堂公論奉特旨留用公幡然曰椿庭垂白景冉冉迫桑榆矣何戀爲遂引退予告歸斑衣承歡膝下萬一樓圯而復新公燕居容與其中吾浙當事者薦公於朝壬辰起粤東副憲上黜陟推名前此所未有自是雖屢薦而銓曹不復擬起公迴翔仕路二十餘年疏歸侍養韜光林壑者又二十餘年其生平大致如論政當在朝廷人曰得體論學尊朱左陸人曰得宗論文主平正通達人曰不能於程公性敏慧博極羣書而於濂閩之學獨有深詣爲文典實沖淡尤工於詩居恆題詠甚富居鄉不事干謁而人亦莫有干之謁之者雖問字之屨常滿戶外監司郡伯欲一識面無由也而人不以爲矯公方正嫉惡太嚴不能容人之過一言相忤輒勃然義形於色而衷實坦夷温粹不設城府町畦而人不以爲倨居家冠婚喪祭酌古而行儈道陰陽堪輿諸家屏絶不用而所用者一準於文公之禮寧儉無奢寧質毋靡故雖兩襄大事而人終不以爲簡與人交披肝膽吐衷愫俗尚澆漓有以不平就質者必爲剖分曲直兩情輸伏乃已郎村民蠢愚觸其所忌未嘗以炎涼愛憎偏可否而人終不以爲眊道德勳猷作而未竟故兩胄監克昌家聲孫枝馥郁繞膝前行將紹箕組以光大門閭丹穴靈雛渥注神駒寧無種乎易曰積善之家必有餘慶詩曰君子有穀貽厥子孫其是之謂歟公卒於萬歷戊申仲冬晦日明年己酉窆於仙人屏祖塋與樓安人同壙

注於楓橋江

又東北流經永昌堰又東流至迴龍菴受菩提山水

菩提山在縣東五十里長阜鄉山峰名柯公尖南有正覺教寺晉開運元年建初名菩提院後改今額土人仍稱爲菩提寺陳平章菩提寺詩六月泉聲戛玉寒周圍環繞畫圖間一橋鎖斷無窮景不放浮雲過別山寺側有樓烈婦墓烈婦姓何氏楓橋樓文聰妻同治壬戌爲賊脅死藁葬寺側寺周圍皆山惟前一徑屈曲通山麓水從峽中出跨峽有小橋橋畔有一指石一指點之卽動以手力推則屹立鄭天鵬一指石詩巋然一丈人獨立殊耿耿把酒與訂交忘言徵首肯峽內有喝開石俗傳山舊有菩提樹生子必一百八顆故名菩提山山北面卽鐵匣山右麓爲疊石山有明懷遠縣知縣駱驗樓孝子長美墓水自山下西北流受蟠龍水

蟠龍水出蟠龍山西南麓山下爲蟠龍莊明徵士駱觀光溪

圃先生駱象賢故里俗名蟠龍窠其東北麓水與梅花隖水竝入東溪莊有楊家井盛暑結凍飲之愈疾井側爲溪圃先生墓

柴蘭溪圃先生壽藏銘

學贍而才優行不克修道何以由溪圃貞夫嘉遯之爻旌書尙義皇命寵褒君子樂只福祿是遒大化悠悠是惟先生樂哉此邱

墓旁爲江西副使蘊良先生駱瓏墓

趙寬江西副使駱蘊良先生墓誌銘

君諱瓏蘊良字也先世自義烏徙居諸暨楓橋里曾大父則民有文行與魏文靖公驥爲布衣交嘗輸粟二千斛賑饑敕旌義民大父公達父章國子生釋褐宜春縣丞致仕傅學工古歌詩母丁氏繼母楊氏君少秀發警悟讀書日記數百千言里稱奇童年二十餘始習舉子業遊學虎林姚江歸補邑庠弟子員遂以三禮領成化庚子浙江鄉薦明年登進士第授湖廣安陸州知州州有河泊歲久淤塞而稅課故在君白鐲之地接襄陽藩邸之租負武當之香火內使貴人往來絡繹供億千計君待之以禮繩之以法費省十之六七被薦陞後軍都督府經歷太史保國朱公深器重其才雖在幕屬相待若賓友恆稱先生甫半載遭內艱還而所居南溪書屋毀於火君曰何以奉吾父也入山求木鳩工營造貲用不給繼以借貸既落成扁曰榮養奉封君及繼母楊居之鄉人稱其孝服除改左軍襄理機務通達有識當道稱之宏治丙辰擢知廣東潮州府潮去京師萬里離布政司亦二千里民夷雜居上司罕迹其地始下車訟

牒紛然集於郡庭君悉爲曲直之衆咸悅服由是來者日益衆聽斷每至夜僚佐或勸少弛君曰耽逸其身而民不得伸其情君子不爲也爲之益厲常懇懇爲諸父老言所以守身持物安於分宜之道又刻忍經及諭俗詩遍告諸邑久之民稍向化獄訟日簡附郭海陽縣學諭莆田郭紀有學行未嘗受諸生貲餽歿於官甚貧君親爲經紀其喪且率郡邑厚爲賻贈莆士大夫高其義相與賦詩憲使見素林公爲之記歲己未當入覲廣中諸郡荒遠多盜先是守長多以事不行或謂君以濱海禦寇爲辭可免行君毅然曰遠方之臣舍是無以致其情吾郡幸無事可自安以欺吾君耶卽挈其子世榮以行中途子死舟經錢塘距家僅三舍不入而去旣畢覲始歸疾作數日而卒四月十三日也距生景泰庚午十月初一日享年五十娶陳氏子男二長卽世榮次世茂業儒孫男一以是年十二月十二日葬君於先塋之次銘曰惟駱之先代有德人至於義民厥德益振著書滿家如金如玉宜春小試尋返初服謂有賢子將觀厥成若彼威鳳揚於青冥和音噦噦羽儀豐備朝野俱瞻爲世之瑞嗚呼謂何俄蹶而顚天於德門豈曰宜然無乃抑其赫赫而引之緜緜倀倀白頭云胡憯焉遺愛兩邦淸風萬年況有懿孫瑱瑱娟娟我著銘辭以慰以宣西流至迴龍菴鵝頭石入

楓橋江

又北流沿紫薇山山產白石英陽濱楓溪陰爲駱氏義塚迤東爲

東化城寺梁大同二年建唐會昌間廢宋開寶四年重建名紫巖院後改今額康熙年間詩僧元璟挂錫於此寺後山巔有東化成寺塔宋元祐壬申建名元祐塔下有滴水巖北麓爲金搏陽有元處士駱壽芝墓俗稱金星挂角明萬歷年間環墓築石牆今圮又有明旌義士駱科墓周圍築石椰以鐵絙懸棺於椰俗稱挂墳山墓前建石畫山水人物甚古拙題曰粹英（夏誠有竹亭處士粹英壽藏記）北隅有見大亭鑿石爲基後厓頗高厓下有小池亭左有方池池上一小砰如碁局庭階皆鑿石爲之庭中砌花臺四臺前陡級雜木成林池砰下闢爲石室石室前一池亭右有小庭方丈砌石三級環植秋花曰小芙蓉城城上一大砰爲亭中最高處夷爲臺曰白雲臺路當其下兩旁雜樹花木曰芳樹徑徑陡處疊石爲梯梯盡處兩松夾道樹多合裒明兩英處士駱驂別墅也驂子給諫駱問禮重

建著有見大亭記咸豐辛酉燬於兵里人陳烈新重建沿廊悉栽梧桐樹大數圍朱欄迴裒開窗四望紫薇山塔卓立於南烏帶山環裒自南轉西襆頭白茅諸峰林立北控泌湖汪洋無際石礁九里山障如襟帶牛頭鵝子遮山阮家山亙相拱揖驛路縱横若卦畫高樓峻宇紅樹青林平原短陌市廛橋亭掩映錯峙爲楓橋最勝處周濂溪曰見大心泰不其然乎山麓有給諫祠祀續亭先生額曰忠純堂今廢北流經文昌閣明萬歷時里人駱問禮建問禮以文昌事涉荒誕移紫陽精舍朱文公主於此鑿石建祠奉爲文昌以配武帝祠南有關侯廟廟西北隅臨厓建閣俯瞰楓溪遥挹瑛山廟旁有石洞沿厓徧樹桃李春暖花發滿山如錦又北流經新婦石下三石聳叠陡立無根俗名三疊石頭今一石沉江底楊維楨石新婦操峩峩孤竹岡上有石魯魯山夫折山華歲歲山頭歌石婦行人幾時歸東海山頭有時聚行人歸嘑石柱石婦岑岑化

黄土又石新婦詩亭亭獨立旁溪濱四旁無人水作鄰苔髮不梳千古髻翠眉空鎖萬年春霜爲鉛粉憑風傅霞作胭脂倩日匀莫道巖前無寶鏡一輪明月色常新駱問禮石新婦行石新婦夫何在兀立巖前閲千載閲千載名猶新夫不回步不改補天曾謝女媧時肯爲秦皇輕到海遣人歸唱聲柔　石作形骸鐵作心溪邊凝望歲時深烟波洛浦輕塵斷雲雨巫山幻夢沈草色萋迷聯絕壑鶯聲嘹嚦度芳林行人縱返終無語碧海青天太古琴又北流經東溪橋其分支北入橋爲東溪過鐵石堰又北流出採仙橋道光年間駱名高建又北流穿楓橋市西市跨大部長阜二鄉南市名大部街北市名新街中市爲大街有楊相公廟咸豐辛酉燬於兵里人募貲重建楊神名儼居冷水里生時司水曹有鄉人歲除覊杭神語以登舟卽至果風雨馳驟倏忽抵楓橋明時倭寇猖獗空中見一白袍神金鼓驅逐之知爲楊相公靈佑敕封護國保民紫薇侯至今楓橋人奉爲社神每歲九月賽會三日名爲臺閣廟奉潘紫楊三神而楊相公名最著駱志謂三神皆楊姓非也廟側有孝義巷以孝子丁祥一義

士王汝錫得名廟後有拯嬰局咸豐年間里人陳殿榮捐建山陰刑部主事何維俊撰碑局後爲康熙壬戌進士龍陽縣知縣余㴑澄故宅又北流出五顯橋明嘉靖年間里人陳元璧樓濬駱珖建初名三義橋知縣朱廷立記諸暨之楓橋有溪名楓川發源萬山中深不可涉遇驟雨水漲勢洶湧亦不可舟舊有橋尋廢兩匡子過而歎曰是可以無橋也與哉乃有耆民曰駱珖者樓濬者陳元璧者至則以橋事屬之三子唯唯退而各捐貲殫力官府給之役或曰溪流失古道而斜衝橋之西岸後若有憂者兩匡子爲役役之比橋之成也乃題其額曰三義夫三義也者爲三子言也爲三子言也者不沒其美以示勸也兩匡子記後圯萬歷癸酉重建改名五顯橋駱問禮記諸暨楓橋鎮離縣治五十里舊有五顯橋與楓橋竝稱雄要蓋溪流來萬山中大雨暴漲往往奔湧泛溢漫不可測至鎮分爲二派穿市東爲楓溪橋因以名穿市西爲五顯橋溪流分處入楓橋山曲勢後入五顯橋道直水勢更雄修而圯圯而復造百餘年中每至四五萬歷癸酉適圯方艱於造里之人駱世卿陳國賢等欣然任其事有梗之者未能奏功適華亭陳公見雲以名進士來涖縣政謂橋當孔道政不可後由是輸財者至效力者專乙亥冬日橋遂落成凡三洞長七丈四尺高二丈七尺闊一丈六尺工料諸費約四百金任事諸君瘁勞斥貲無少顧惜而石工李二不求羨直尤人所難佐籌者生員駱軒輸貲者王元粹等共若干人別

列名同治年間圯光緒九年里人陳烈新捐修橋右爲楓橋西市長半里許俗稱橋上街街西有海覺禪寺明里人陳伊倩建今廢爲圃又北流經大圓又北流至鄭家明澧州知州鄭欽穎州州判鄭天驗弋陽縣知縣鄭天鵬故里會馬浦橋溪受烏笪山水

馬浦橋溪出青嶺東受石馬山東水東西二山俱名石馬有明諸生駱意及其子順治丙戌舉人永春縣知縣駱起明墓余縉念菴先生墓誌銘癸丑秋日道經楓溪聞念菴先生病亟往探焉先生聞僕至甚喜延人臥內攝衣起坐縱談時事者久之忽愴然曰僕病殆不能起恐不復晤公矣願公一言以殉九京噫是言已十有一載矣而先生之孫今夏始以行狀見示盡先生卒於癸丑九月而蒐裒迄今始成也按狀先生姓駱諱起明字子旭念菴其號也生而穎敏屬文高其儕輩族兄纘亭給諫明穆廟直臣也垂老一見輒器重之日是將來大振吾宗者弱冠爲弟子員慕蕺山劉忠端公講學攝屩從遊深悟致知之要丁父正菴暨母陳太孺人艱哀毀幾於滅性居喪盡禮動合古制配郭孺人中歲早卒不再娶日與及門下帷攻苦暇則以琴罇自娛而已學使者奇其文屢拔之餼庠者有年然文益工遇益左丙戌始登賢書年已五十矣四上公車終艱一第先生自測數

奇就慶元學諭以宋蘇湖學課士督學使者舉之陞直隸雞澤縣知縣以詿誤謫靜甯州州判釋冤獄十有七人徙貴定縣知縣以抵任逾限改補得閩永春縣知縣邑故僻澆前此寇氛兵燹徵求彈竭陋例相沿小民如處沸釜先生至條議十苦盡除積弊與民更始尤勤於作士季課月試所識拔聯捷者八人凡政有裨於民者知無不爲當途倚重甚殷而先生以倦遊乞歸宦橐蕭然仍寒士風也先生賦性剛正遇事有擔荷作文擬韓柳書法顏米二家論斷古今確有根據不詭隨好惡故常落落與俗牴牾耿介之操始終一節人咸以是推之然方嚴嫉惡頗戾時宜浮薄之士亦多畏而遠之里居友善者不過四五人餘欲一親杖履不可得也生平所學經史而外陰陽星律醫藥卜筮諸書無不通曉尤精於青烏氏凡所指決罔不奇驗自號楓林釣叟所著詩文有自怡集甘露亭八景詩開迷歸正集行世銘曰楓溪之陽鐘山之麓駱爲著姓誰冠其族公生而剛弗諧流俗鴻文陸離困彼眯目晚而始遇奚展驥足三試巖疆所至霖雨拂袖來歸蕭然林屋石馬之阡佳哉兆域片石千載瞻茲芳躅又北經烏帶山麓烏笪廟前【夏侯曾先地志】梁武帝遣烏笪採石英終於此山後人立廟祀之俗誤笪爲帶因聲近而譌也一名採仙菴俗傳爲楊相公鍊真脫塵之處土人稱爲祖廟又西流繞無量菴一名小溪菴明萬歷年間洄村人周仲玉建又

北流經永興菴山麓舊有永興菴今廢又北出箭篠衖經五龜山俗傳山麓阪中土阜爲南齊阮佃夫祖墓受石馬山北水北流出馬浦橋又北流經冷水驛路旁有楊相公廟世傳冷水爲楊相公故里廟東阪中有土堆俗稱爲楊相公祖墳又北流繞孔村康熙壬戌進士孔豸故里又東北流至鄭家後入楓橋江

烏帶山在縣東四十五里楓橋鎮西南一名採仙山郭毓烏帶山詩廣野萬烏飛接翼如點黛先後影參差繚繞圜長帶茲山石色形狀乃相類嘉名所由起留傳典午代卓哉謝慶緒肥遯聊寄牀下紫石英璀璨勝瓊貝寶藏啟洞穴冥契神所賚少微星一則沈高隱蹤斯在我來尋故蹊山輝水亦媚外若百雉城中聳一峰羣其下千頃雲想見誅茅地迤邐拾級登巖岫羅衆異絕頂一天池瀲灩清泉沸聞有蛟龍潛興雨旱常沛靈氣久閟藏神物有顯晦名山豈在遠此中可避世山產紫石英狀如棗核而八稜紫光瑩澈如琢藏石中石外圓中涵水石英在水中一頭微著石採取必於露未乾時孔靈符會稽記烏帶山其上多紫石世人莫知之居

士謝敷少時經始諸山往往遷易功費千計生業將盡後遊此境夜夢山神語之曰當以五十萬相助覺甚怪之旦見主人牀下有異色甚明試取拭視乃紫石因問所從來云出此山遂往掘果得利不貲明嘉靖中知縣黎秀命父老凡來采者皆引至他所使無所得因曰合浦之珠以吏貪而徙暨產石英自本縣到任數采無得此不職之效也采者始已以俗傳每采石英則有火災故設計止之後久不取遂迷其處山麓有丈夫石與紫薇山新婦石東西對峙駱問禮丈夫石詩有序紫薇山之陽有石以新婦名客曰有婦石詎無郎石耶予訝其說遍檢邑志無所得意古詞多有望夫石茲石豈似之不日望夫而日新婦者從俗談爾一日與樓用學族祖子化從弟孟傳同遊楊神廟遂登鳥帶山巔問產紫石英處從其陽下涉百步階所謂百步階者鑿山石爲級無慮百步樵人謂國初進士胡澄舊宅在此隖中故有此階或言楊神舊廟阯此其行道也日將暮不及窮其處下山轉一隖見一石挺立予指之曰此非郎石耶新婦石雖兀立而頗窈窕茲石則挺然方正略無傾側良似丈夫計其方向正與新婦石對第其地僻巖深人無

識之者嗟夫婦無美惡陰道也男子無美惡陽道也陽爲君子陰爲小人小人好露而常據要地人多仰之君子深藏雖日闇然日章而拙於自售非遇盛世明君賢相督察微之君子孰能識之觀兹石可見矣因名其石曰丈夫而作詩一章庶使後之賞新婦石者復知有兹石云烏帶山陽丈夫石兀立亭亭高百尺彩霞作𢃄鮮作裳虹氣爲神鐵爲色崢嶸欲與五嶽齊正直堪爲萬形式林深陽僻樵牧稀月白風清市朝隔千年不見米生袍百里難通謝公屐四山花木徒爭妍萬古猿狐憑很迹卜鄰當日有胡公河陰自去無消息石丈於今解認人胡公何處還尋宅埋没千秋詎足驚遭逢一旦良非適君不見窈窕臨溪媒衒身翻因得豔名稱籍又不見山頭怪魄圓如拳紫英含水清光碧顧此嶙峋異藝林豈無聲價同亞棘慶雲入苑千夫勞灩澦當江萬舟惕爾如澗谷絶猜疑稚似冠裳無媚側清宵時或起龍光平世分明見鼇極海東不許秦王驅鍊補終宜女媧石

水自山下北流有丹桂房鄧村山下小水入之又北流經湖頭阪繞嶠園光緒丙戌進士翰林院編修陳遹聲別業又北流入楓橋江

又西北流環西阪墺至錢家山麓北出大虹橋舊有木橋名石灰步橋光緒戊寅楓橋人陳芳寶募捐易木以石橋長十丈闊二丈

高倍之石級層互闌干迴繞橫跨若垂虹知縣劉引之題曰大虹橋并爲撰記又北流受上宣水

上宣水出東大山北流西折受五十一都上宣村水沿大眠牛山受石馬山西水又北經小眠牛山又北流受下宣水

下宣水北流出下宣村東土地廟前經黃羅山山麓半山灣有詩人郭毓墓【蔡敬春林郭君墓表】吾郡臥龍山麓有室祀鄉先生賀知章秦系以下六人曰詩巢六君子其餘以能詩稱代可指數而郭君春林與焉嗚呼君早負所學奔走道途屯蹶困窶訖於暮齒是可悲矣然既沒而俎豆名山又何榮也君其可以不憾矣君諱毓字又春一字春林自號紫石山人祖父皆力農君無所師承自知向學二十許即以詩見稱於王徵君霖商知府盤是時劉鳴玉陳芝圖童鈺已先君有名皆與君交君爲詩定其詩而合梓之於是越中三子之名徹海內沈徵君清玉曰三子者誠善若益一非郭誰耶爲諸生數年貧而客遊若楚若閩若粵若豫所至傾動當途君或去或留進退不苟時與魁儒碩秀相劇切詩益清雄遒宕而尤邃於史學能得其要領誦司馬班范之書歲必一過故爲文亦健勁有氣君秉性剛決遇俗人少所容貸然聞一善如出於己敦尚氣節果於任事抗人單焰有才

名以無妄被收禍且不測君與諸名士醵金橐饘卒免於難與諸生曹試例得食餼矣而以讓其友著有帶山堂詩文集十二卷山居稿二卷續稿二卷浙水詩故三十七卷謂沈文愨公疏於考證別裁集小箋多有乖誤爲別裁集訂譌一卷十七史璽佩未就惟山居二稿已刊行浙水詩故起晉蘭亭修禊終宋月泉吟社極爲詳核手稿存余故人子葛錫周家帶山堂集則宗知府聖垣攜赴廣東未及付梓而知府沒其書遂不可復問矣道光八年君弟子張之杰寄書京師告余曰先師沒且二十二年矣今其孫以表墓之文請之杰衰老無能爲役謹以丐於吾子予謂君固與賀泰諸君不朽矣著述雖未大顯於世然歐陽氏不云乎斯文金石也棄擲糞土不能銷鑠其見遺於一時必有收而寶之於後世者

入

上亶水

又北過郭店東隅出郭店橋又北過洄村茶山岡麓又北經江口東隅蟹眼橋橋倚山上下二泉皆自石中出象蟹眼故名又北沿錢家山又北出狗爬橋經下菴遶志塘又北流繞大墳山注楓橋江

又東北流環牛頭山一名塔山上有乾元塔亦名永楓塔下有永

楓菴

陳洪綬遊永楓菴記：丁卯十一月八日，蓮子至永楓菴訪大先和尚叔既生辰銘與俱溪漲無舟楫道人負而濟大先遠出其徒寰和尚煮茶栗餉之飲酒塔下面之叔從東山來蘐二叔日何不夙期使我亟亟於事而步履甚勞言訖後痛飲辰銘叔日當作詩遣了辭以菴中遊詩亦多無記不可以無記叔即安紙蓮子舉筆慨然有感正月終妄想進取讀書東廊山色朝暮竹聲樹色鳥語夜聲梵唄鐘鼓意之所會耳目之所得神情之所暢適不能盡傾略步林下不過數百步便還與諸僧語不過數十語便止早聞鐘鼓輒起讀賦聞之則罷飲清況雖甚多而留連飛舞之致十不存一凡五月便以訪社中入城遂留試六月乃歸歸便渡江九月歸歸便以俗事不得便來今日之遊有酒有紙筆可爲文字飲風日清淡心無係戀山水竹木禽聲梵音覺愈於正月時豈愈於正月時哉功名之念係之也夫天授人以功名富貴則客人遊盤之樂得全者不多得蓮子雖不能進取遊覽之興未嘗以疾病親友无妄之禍鄙陋之心輒止與至則來閑即去天之厚蓮子多矣

俗名塔山菴，俱明萬歷年間里人陳性學建。山麓有無窮師塔。

陳洪綬永楓菴山主無窮師墖銘：無窮師者姓駱氏諸暨人其俗好鬪師獨出家楊侯廟結茅虎豹之羣日則塞戶禮蓮花經夜則出經行峻嶺間獸迹錯履魅嘯呼名不爲止弟子諫之則正色曰必使此等衆生聞佛名號業消皈依收爲眷屬弟子又諫曰佛法雖大師力甚微脫弄爪牙或攝精氣師笑曰彼如禍我定業使然不爲止明日有樵薪者爲虎食之且成羣繞其菴側魅又白晝仆人師爲結壇誦咒偃復聚哭四山又設瑜伽餤口道場於嶺上虎徙

而鬼息人皆神之師先不識一字禮經後見諸經論如舊記者聲隆諸剎會王父方伯公與先君子謀建埨牛頭山請師主其事有以爲俗謀之言止之者師曰佛法必藉國王大臣宰官長者而興埨建則其地永不絕富貴佛目永不墮吾何借方便入俗作佛事乃抱腰而來王父率先君子諸伯叔父拜而迎之師曰埨下當爲貧道結菴貧道將終焉此塊土王父即捐俸爲結菴焉師乃履霜犯雪以募金錢濡雨炙日以先衆力唱佛一聲衆和山震一啜藜半鉢滿堂腹果期年而落成也師即去菴數十武作草團瓢一椽日夜頌佛號有僧問之曰和尚定生西方師曰予以我修蓮宗耶法無分別故我無揀擇子之西方當去極樂世界我之西方只在劍樹刀山世間豈有爲僧者手輪百八便證無上等覺之理予謂理會莫討老僧趁出也不下山者三十年將化之前二日無疾而臥謂弟子曰期至矣請其遺教笑而無言固請之第曰我見如來白毫光冉冉來矣即脫然逝其弟子名如鴻者受其師眞實了義而持律作務老而忘倦廣闢土地崇建殿堂殆過其師師有子矣即本山起塔請洪綬作銘銘曰心外無獸眷屬有鬼檀越頗多佛法有幾西方東方如是如是撒手無言棒喝在耳頭枕青山腳踏綠水子有慈父父有肖子必我作銘蓮子居士又北流經下洞地復與東溪合

東溪即楓橋江分支從鐵石堰上北入東溪橋詩人駱衛城故里又北流經八字橋折而東流有蟠龍山東北麓小水入之又

東流受梅花隖溪

梅花隖一名梅家隖爲明孝子駱嗣宗廬墓處環隖徧植梅花孝子母惠孺人墓在隖側墓旁有梅軒爲孝子所築即廬墓時居室也軒側爲孝子墓駱炎梅花隖先塋禁碑記梅花隖當鐵庄之陰先梅軒處士廬墓處也處士母惠孺人葬隖之側掌平岫西抱淺水東迤植梅臨澗清芬滿路山由是名旁墓十數武別作梅軒三楹環墓山凡若干畝地半之田又半之並係處士長嗣光祿府君前後續置以奉惠孺人春秋墓祭之需而處士光祿兩公窀穸亦並卜吉於茲迄今族人世居其地者實出自光祿第四子明經府君後人訛爲梅家隖者音誤也自光祿府君始營壽域即手定規制立石莊右距今紅羊再劫燹火餘燼遺訓蕩然炎誠不敢令祖宗棲託之鄉積爲子孫陵競之地用敢糾集同宗嚴申舊約古人云君子有百世之養邱墓是也然則樵採之禁彼仁孝之用心豈顧得已哉願我族人世世守之

水自隖底西流環義安山有明雲棲居士駱稌稌妻聞秀王永貞墓經半路廟又西北流繞鐘山駱問禮鐘山賦并序鐘山舊名唐家山意往時必爲唐姓者所有故名今唐姓絕響有之者皆吾族人而敞廬正當其下朝夕玩視怪其形儼然鐘也因更其名而

爲之賦曰嗟此山之賦形兮儼然如鐘何魏魏乎千萬年兮嘉名未崇豈山靈亦有擇乎知己兮爲不易逢必神降而傑興兮聲實始宏羌衆山之蜿蜒而扶輿兮同以崑崙爲宗自中條而南海兮復折而東會稽聳鎮而宛委聚精兮禹跡乃通句乘險固而苧蘿生春兮越業以隆鐵厓振色鳥帶孕英兮神靈所鍾顧此鬱律之紛飛而特峙兮肅重圓穹豈其以乾坤爲爐範兮點土石以成百鍊之銅爰神鎔而鬼瀉兮岐伯無所措其巧而倕鳧無所施其工誰謂無聲有不待椅谷傳猿鶴濤捲松風維嘯有虎維吟有龍以間以合或徵或宮未嘗諧之而益協兮未始斁之而益洪瞻之者肅然而起敬兮聽之者恰然而轉沖況無遠而無近兮取材則同紛抑大而抑小兮有應必衷我欲貨汝於萬家之市兮則萬牛有所不能曳而亦無可載之橐我欲獻汝於九重之尊兮則公卿徒爲之瞠目有司或有所不能舉廟堂亦有所不能容而要亦非汝之職兮何汝之訌大造固置汝於濤瀆之野兮旣不笱而不虞我亦欲對汝以清曠之懷兮將何棄而何庸或盤汝麓或登汝峰樵兮有條牧兮有茸歌兮汝應飲兮汝從醉兮汝礪醒兮汝嵩洪兮濛兮固不知汝之爲鐘兮亦不知汝之非鐘

有明靈壽縣教諭駱鳳岐墓山麓爲明湖廣副使駱問禮故宅其藏書處曰萬一樓今圮又西流繞前山明曲周縣知縣駱先覺太僕寺少卿駱方璽　國朝惠州府知府余毓

浩山海關通判陳日登故居百丈牆街沿駱氏崇本堂家祠

西注於東溪

又北流逕楓橋市東出楓橋橋建於唐後圯宋淳祐年間重建明時又圯萬歷年間復建橋上舊有亭今廢駱問禮楓橋碑記舊有橋頗雄麗歲久漸圯事當鼎建而縣大夫謝公適至乃召里之冠帶義民王元梓暨其子瀋司從事希忠任厥事不踰歲而告成制悉如舊謝公名與思號方壺番禺人施滄濤楓橋晚望詩楓橋西望近黃昏靈氣紆迴散彩痕漫訝羣山清麗絕沼吳人在苎蘿村余懋棟中秋夜楓橋泛月有懷錢王釦秋空無纖翳萬里同一碧雨過桂吐香霜催楓欲赤索居窮巷中誰與娛佳夕阿兄攜壺觴羣季盛遊展招余楓水濱聯筏安几席水月相淪漣冰壺濯浩魄列坐悠悠笑談持螯浮大白緩棹窮回汀疏鐘應疊石溯洄憺忘歸清光沁肺腑惓惓言素心友獨坐荒山客夙抱凌雲姿棲栖遲勁翮疇昔屢周旋從不存形迹對月共揮毫酒酣每岸幘今宵阻勝遊妒殺髯如戟橋左爲楓橋東市去橋數丈許爲鋪前街路北爲宋義安縣舊治內有喜雨堂旁有紫陽精舍即朱子與楊文修談名理處後廢爲急遞鋪今改建景紫學堂堂東數十武有闕

侯廟廟東爲育嬰堂光緒十二年里人陳垠建內閣中書陳瀚譔記青田縣教諭駱元邃書前爲鐘山山東爲鋪前鳳山有元稽山書院山長陳鎰貴州都督同知陳元勳墓路北爲陝西左布政使陳性學墓道東有紫陽宮宋慶元中建俗傳朱子與楊文修談名理處蓋誤以紫陽精舍爲紫陽宮也又東半里餘爲一葦菴俗稱三里店舊楓橋市自海覺寺至此長三里故名今則鋪前以東無市廛矣又西流經馬園有馬園菴菴後有元孝子丁祥一墓出馬園橋又北流沿丁家塽宋咸淳進士丁午奎元孝子丁祥一明處士丁仲銘故里過丁家堰又東北流繞楊蔬園宋孝子楊文修故宅又北流西折出廿板橋道光年間里人陳邦何捐修橋南即邦何子光緒乙未進士介休縣知縣陳模居室橋西北有紫薇潭經旱不涸又北流繞高階沿又北經

阮家水門南齊阮佃夫故里又北流至長道地明陝西左布政使陳性學老蓮先生陳洪綬　國朝孝子陳昇故里左東明堂爲翰林院編修陳適聲故居前埂西折出樓家木橋又北流出下楊村康熙丁卯舉人贛縣知縣樓淮故里橋又北流經宅埠宋特奏名進士翰林經諭陳壽明宣德進士翰林院庶吉士陳璣故里繞溪匯圓有陳壽墓又西流沿梯山一名阮家山有明陝西左布政使陳性學墓又西流出西埂津龍橋溪西有蜻蜓形俗傳爲賴布衣所點穴而未葬者今爲村人住宅又北流經峙堂山西隴俗稱右單提有明南雄府同知陳翰英墓黄巘故南雄同知陳君墓誌略公陳姓諱翰英字廷獻松齋其別號也其先由汴之閶鄉隨宋南徙於浙東諸暨宅埠里曾祖玭祖爾國初以賢良徵俱勿起父南齋先生明經勿仕母楊氏鄉賢楊立本先生孫女也公生岐嶷讀書强記不忘叔祖太史璣器之授以三禮復師進士胡驥日夕淬礪弱冠補邑諸生景泰癸酉舉經魁成化壬辰選授廣東南雄府同知癸巳流賊江大師等統衆攻

二邑勢甚熾僚衞縮首不前公奮勇設策躬率民兵斬首百餘生擒數百人餘黨悉平復作城浚壕械集以守都憲韓雍以金幣旌勞功第一甲午擢郡章剖決如流有訴役不均者則詳驗平之治當庾嶺衝要繁劇使客紛然民以此累公減省什一致往來有訕謗者公則主以恤民終不爲其所惑時學校廢弛科第幾絕公勸勉備至得解元李昕輩六人品文後先鎔銖不爽闢荒田歸徙民陳文安等數千家始俗傳興盤阬有紗帽石爲祟見者必死公以烈火碎其石怪遂息酉涯李文正爲作政績記巡戎缺員繡衣劉公心賢之薦公於朝以疾辭歸著有禮經心印四書主見公餘稿南還稿湖莊詩草記遺集行世正德十年乙亥二月十一日卒娶駱氏諱懿簡旌士溪圃先生孫女也嘉靖四年乙酉七月合葬於峙堂山西隴之陽子四元魁舉人直隸鳳陽府五河縣知縣元用醫學訓科元謨俱先公卒元功德藩典膳女二源清適駱纘流清適樓襄孫十四賞典膳賞進士兵部武庫清吏司郎中堂表袞俱國子監生尙恩典膳天裕紹科皆庠生紹賢紹祖紹宗業儒天倖天聘天辰早世孫女七曾孫十八某爲庠生女十元孫二

東隴俗稱左單提有翰英父南齋居士陳齋墓

陳鑑南齋陳君墓誌銘

先生諱齋字仲肅號南齋其先陝州閿鄉人宋嘉祐中有諱熾者仕寶章閣待制孫鐩爲寶善堂翊善翊善之子壽仕應奉翰林文字贅諸暨子孫家焉是先生九世祖也曾祖策元稽山書院山長祖毗父翁母虞氏先生少而穎悟讀書過目成誦從父璣視先生年差少同遊學於泉溪陳彥平而才藝相高時稱二陳修撰王鈺堅亶當世不輕許可

獨稱二陳爲不可及璣魁南宮讀書中祕先生名與之齊從事養親絕意仕進嘗闢一室顏之曰步南書屋日偃息其中校書著易間出則窮涉山谷樂以忘返性坦夷無矯僞凝重寡言遇物己則娓娓若懸河然皆有根據有議論有折衷其學於經史子集皆博究而約通尤喜讀史傳又精於岐黃之術以瘉人輒得奇效其詩詞雅淡有餘味不事刻削所著有南齋集天順庚辰八月十有三日卒年六十四明年壬午葬於峙堂山之原配楊氏後先生三年卒子五鋼英岳英翰英琏英瓛英女九貞適駱鎡孫十六孫女二曾孫女一夫不仕無義然世不我用時不我遇而或中阻則又不能以仕故考槃遯世之士未必肯其志也若先生者才可以仕而順於親卒之康甯壽考子孫詵詵而翰英又能决科取仕驂騑嚮用則亦可以無憾矣是宜銘銘曰玉在璞珠在蠙韜其光天乃全茀履爾蕃瓜瓞斯緜緜史鏤其銘吁嗟乎允傳　又有翰英子陳元功墓

又西北流至下澗地復注於楓橋江

又東北流出過水步橋嘉慶間駱名高建又東流經遮山山有兀樓明嘉靖時陳元璧建今圯至元武廟孝泉港自東來注之

古博嶺在縣東七十里屬東安鄉東界山陰至府三十五里宋嘉定七年建有海塘興賢二莊永嘉葉適爲之記後莊廢碑移

置於紹興府學明倫堂嶺上有茶亭邑孝義鄉吳氏建明時立有碑今佚孝泉港之源出焉姚寬古博嶺詩北風獵獵駕寒雲低壓平川路欲昏人馬忽驚俱辟易一聲乳虎下前村余縉春日登古博嶺口占峰卷雲深路漸稀悄聞竹露滴清溪野人家在鹿田外水碓年年響聲微西流受師古屏水

師古屏水源出山陰西北流注古博嶺溪又西北流出嶺下橋又西流經新茶亭康熙間屠家隖人屠振玖建又西南流受上宜隖水

虎頭岡上宜隖水出焉西北流經上宜隖一名尚義隖又北流繞新茶亭後又西北流合於古博嶺溪

又西流經楊隖又西流經干山隖又西流經黃斑廟宋建炎初有任京城防禦使陳謨者扈駕南遷卜居縣城歿葬龜山元末張士誠兵屯古博嶺忽大霧四塞空中有馬嘶聲張兵驚退明

師追至彷彿見有神佑詢之里人以陳墓對遂敕建廟龜山前山上爲陳謨葬處又西流過老茶亭又西受東隝水

石宕山在裏東隝東隝水出焉西流經吳家隝又西流經外東隝又西北流經毛塘隝又北出小于溪橋又北注古博嶺溪

又西北流經旺妙村出尹家橋會大于溪

梓隝山在縣東七十里屬長阜鄉一名芝菰山高千仞山頂平曠居民成村落有承濟寺明嘉靖二十九年僧明楷建　國朝康熙六年僧性林距舊址數武搆茅屋數間四十七年僧求賢及其徒知通廓其址建今寺乾隆三十七年知縣沈椿齡撰碑記寺後有響洞巖巖洞數十風送成韻故名響洞俗傳山村有何姓者采樵巖下聞絲竹聲攀藤而上寂無人迹遺有管弦飲

器書畫數軸懷之而下明日有老人登門索還何不允怒去鎖物室中無故火發諸物盡亡惟畫一軸經產婦手得留後村中有喪懸畫於壁以代佛事寺左有獅林菴同治二年僧松月建右爲迴龍橋道光十八年僧學祖建響洞巖下有天化菴道光二十七年僧妙蓮建右有石筍高二十餘丈上架一石半闊石頂半向外由平地矗起如脚向天望之若皁韡然俗稱爲皁韡脚其巔曰鵝鶻尖迤東爲石碑山一名刻石山亦名鵝鼻山屹立於諸暨會稽兩縣之界萬歷府志刻石山在府城西南五十里自諸暨入會稽此山最高以秦始皇刻石其山故名姚寬西溪叢語始皇二十七年來遊會稽以正月甲戌到越舍都亭取錢塘浙江岑石長丈四尺南北面廣一尺東西面廣一尺六寸刻文於大越東山上其道九曲去越二十里水經云始登會稽山

刻石紀功尚在山側張守節云會稽山刻李斯所書字四寸畫如小指圓鐫今文整頓是小篆字予嘗上會稽東山自秦望山之巔並黃茅無樹木其山側有三石筍中有水一泓別無他石復自小徑至鵝鼻山或曰越王宮娥避兵於此故又名娥避山山頂有石如屋大中間插一碑於其中爲風雨所剝隱約就碑可見欵畫如禹廟設字碑之類不知此石果岑石歟此山絕險罕有至者非僞碑也或大篆或小篆則不可考矣明蔣平階會稽山跡舊志云會稽山諸山之總稱刻石望秦皆可以會稽名之宋陸參法華碑曰夏后巡狩越山方名會稽後世分而爲會稽釐而爲雲門法華其實一也泊宅編曰會稽東南巨鎮周圍六十里今覆黼未及里許何云六十里其以覆黼稱會稽以南鎮禹廟在也三才圖會會稽考府城南七十里有刻石山一名鵝

鼻山上有秦始皇刻石云李斯書山頂有巨石如屋中間插一碑其中皆爲風雨所剥隱約可見若今所謂會稽山竝無石刻也案今鵝鼻山頂碑石尚存其地爲諸暨界俗猶稱會稽大山山路不可以里計西溪叢語云去越二十里三才圖考云城南七十里萬歷府志云西南五十里皆約略言之也大干溪之源出焉西流經梓隝嶺下又西南經單家店受饅頭山水

饅頭山水出饅頭山西南流經裏湯村又西經大溪村出大雄橋又西南經西溪村又南流經單家店又南至大竹村注

梓隝溪

又西流受石峽水

石峽水源出會稽山西北會石峽裏村水北流沿石鴨頂盤石數十大者十圍小者七八圍入兩溪漲水石拍擊望之如

羣鴨浮水昂頭欲下由東山曲折而上卽梓鴨山也又西流經石峽口又西流沿石峽口村南山出餘慶橋咸豐六年石峽口人金朝品建至大竹村注梓鴨溪又西北流經倪家又西北流經毛家溪又西北流經石嶺頭出石嶺橋又西北流經太平岡沿十里梅園徐緒德干溪梅花詩行過楓川到鐵匡干溪十里尋梅花先賢漫許山陰道爭似寒香竹屋家又北流經鳳山西麓俗名干溪鳳山山之北麓有鎭國寺宋咸淳間建又北流出大干溪吳方士干吉居此故名俗誤爲乾溪橋魏驥記干溪橋去縣六十里春夏之交淫潦泛溢萬山之水皆匯於溪故橋常爲所壞郡之貳守黃侯道經其地乃召其邑之義民駱某等告之適郡守洪侯來涖曰此吾事也首出己俸爲倡駱某等亦皆以貲力爲助肇工於成化五年畢工於成化七年洪侯名楷閩之莆田人黃侯名璧江右浮梁人陸游過干溪橋詩劍外歸來席未温南行浩蕩信乾坤峰回內史曾遊地竹暗仙人舊隱村白髮孤翁鋤麥壠青裙雞婦闔籬門行行莫動鄉關念身似浮萍豈有根橋東有村名干溪街明時村人許姓山行遇二仙女

令其送松花至香鑪峰見二人踞石圍棊他日又見二女令其送往秦望山與以二桃二符曰子父母肯令子來則啖以桃而來否則燒符許歸置桃香廚上不問父母輒焚符後視桃不見

徐渭詩求仙徇自隔蓬萊仙子一雙何事來解佩人間託流水吹簫去路向瑶臺望中海島茫茫斷別後松花歲歲開世事如斯渾不解青山落日坐莓苔

名大干溪

又北流至尹家橋入古博嶺溪又北流會大岡溪

大岡山在縣東七十里屬東安鄉當古博嶺迤南跨山陰諸暨二縣地山巔有西天竺歲二月大士誕辰二縣士女頂香禮拜絡繹如織岡有二池方圓各一大旱不涸岡後有石筍高二丈許俗名青龍角山產異草奇葩又有吐綬鳥水自岡西西北流經海螺山北又西流經柳鳴鳴北有雁鵝山昂頭張翼如飛雁又西北流經水閣洞橋又西南流經上馬石石

在溪東出德星橋又南流受冬松嶺水

冬松嶺在古博嶺迤東嶺上有張神殿屠倬詩積雨散空翠嵐容斂餘霽古廟寂無人松門暫流憩水自嶺下屠天瑞聘妻李貞女故里西流經

海螺山南又西流入大岡溪

又西流經澤泉屠倬詩各自成村落東泉與西泉中隔獅子峰相去不里許又西南流繞

獅子山屠倬詩巨石作獅蹲長松作獅乳瀰漫雲氣多不覺秋山瘦受屠家隖水

屠家隖水出屠家隖古名東湾里南齊屠孝女故里屠倬屠家隖詩山居不厭深耕讀交自勉日夕飯牛歸浩歌下長阪北流經鶴叫坪屠倬詩時復攜五絃來就知音彈一聲孤鶴淚清夜路漫漫繞獅子山迤西爲朱隖嶺屠倬詩炊煙隔山起雞聲唱雲表絕頂一茅茨下視行人小入大岡山溪

西北流經象山屠倬詩溪流抱柴門正對象山麓只合便移居歸雲盪虛谷又西南流經

柴墓俗傳爲楓橋楊神廟柴相公墓又北流受高家水

高菖嶺高家水出焉西流經高家受地嶺水又西流經几隖嶺下胡公廟又西南流注大岡溪

地嶺水出地嶺西南流合於高家水注大岡溪

又西流經天鐙盞又西南流經下傳又西流經下曆村在溪北王家溪村在溪南乾隆壬午貴州籍舉人王本玉丁未進士南甯府知府王國元戊戌進士長樂縣知縣王霈霖故里出村口竹橋有二橋東西相距數丈又西北流受宣家隖水

干嶺東麓宣家隖水出焉西南流經宣家隖受何家隖水又西南流注大岡溪

何家隖水出覷瞻山麓西南流經何家隖村有四果寺晉天福三年吳越文穆王建初名保安羅漢院宋大中祥符元年改賜今額今廢合宣家隖水注於大岡溪

又西流受馬嶺水出水口橋

馬嶺水出馬嶺南西南流注大岡溪

又西流經水口廟西北過陽村北流西南折出石海橋又西北流復南折繞狐狸尖南流經宜家沿又西南流受小馬嶺水又南流注大干溪

小馬嶺水出小馬嶺南嶺下山灣爲法雲山一名畔地陽有龍安禪寺（亦作隆安）晉開運二年建初名法雲院後改今額俗稱爲法雲菴菴後有明曲周縣知縣駱先覺墓南流注於大岡溪

又西流至銀杏樹下有街市受布機山水

布機山水出布機山西北流繞馬鞍山又西北過葛村葛孝子炳天故里村北大路有葛貞女坊又北流經湯墓雲南迴

撫湯聘祖墓堪輿家稱爲落地梅花西流過銀杏樹下有市市北白衣大士閣閣下有銀杏樹大數圍又西北流注大干

溪

又西北流沿上張村明同安縣知縣張伋故里至五宜潭康熙丙戌進士蒲河縣知縣毛鈺故里入青龍堰一名石壁堰明初楓橋人陳彝築康熙二十三年陳曰登重建會稽魯德升譔碑記名青龍堰溪又西流至永平橋全堂溪自南來注之

桐岡山一名桐院山在縣東五十里屬長阜鄉宋元時爲楊氏塋阡有元楊維楨父楊宏墓

楊維楨先考山陰君實錄公諱宏字國器自號瀆圃老民

蒙推恩封承務郎紹興路山陰縣尹其先自晉陽侯以邑氏在漢爲太尉震十有八傳於唐而分四院第二院太師虞卿生堪堪生承承生休休生巖五季仕吳越至丞相巖孫都司馬使洋徙瀏河之東又分其譜爲瀏左院洋子第五戚耕牧會稽諸暨之陽卒葬鄭里是爲公七世祖曾王父文震字宗起王父文修字中里有鄉行號楊佛子父敬字主一善治生

而好施會王父家亦在鄭里王父徙從家廬子孫遂居鄭里公生宋咸淳己丑五月癸未今至元己卯七月戊辰卒年七十有五是年九月壬午葬鄭里東一里所大桐岡之原公兄弟三人兄寳弟賀賀自孩提繼外氏父嘗問公志公對曰大兄有驅世材既以馬文淵爲志而某則願學少游稱鄉里善人耳父善其對邑大夫薦以仕則曰衣人之衣必懷人之憂食人之食必死人之事此仕道也某才疏不能憂人之憂親在不能死人以事又幸衣食自足無願仕也事親以篤謹聞母寡二十年特傍臥室於母以便護其眠食母鍾愛者季弟賀在外氏不樂念不已公分業以返賀賀返調美之尤厚兄寳任會稽三界巡檢俸弗周君續廪食又時營生出物以資其所交結賢豪兄仕歸公引身自取新田廬祖田畜盡上兄公平生未嘗有二言其度竟坦與物未嘗有競鄰有侵圖地公不爭又益與地山有材木嘗市於商初計若干章數立券已而剩出倍初數他商爭市勸返券公曰業已諾訖與之故里中善人之稱日益大娶同里李氏後山先生女賢而通文史子四人長維植次維魯維禎維柢各遣從師授經學公必躬課其成不成者易藝維植授易不成俾轉蒙古學維魯授書不成俾長事維楨授春秋維柢在幼亦習春秋嘗謂人曰成吾志者維楨歟俾終業至弱冠不爲娶維楨遊學四明公嚮馬奇貲而維楨以貲得新書曰黃氏日抄及黃氏紀聞凡若干卷以歸公喜動顏色曰所獲不多於馬乎親自斷正裝褫不少勞後貢舉法行里將推上其子維楨公救子經不明不得舉人以爲有張知譽家法方建書樓閉置維楨研精春

秋經傳博收其說凡百十家維楨遂以春秋學泰定四年舉進士中第會稽人以此翕然稱書樓楊初里有大家淪敗八爭有其珠綺珍玩公不有一物獨市其上馬一扁石從置門下人共非笑其癡明年其子擢第歸迨應所需人始服其先符之幾維楨之官天台訓之曰國家幾年涵養祖父幾年積累師友幾年講習汝以一日長遽擢上第一命自里宰例自汝始汝愼諸維楨在官民有持官府者八鵰頫用杜後文彈治之公聞不樂函持示官箴曰鳳居百鳥百鳥望而愛鷃居百鳥百鳥望而畏其服羣則一而德威不同也吾願汝爲鳳不願汝爲鷃也維楨書諸座右同僚友爭傳爲格訓維楨轉官錢淸令時方以鹺逋爲急而錢淸鹺戶消耗且十六七務於辦上必病下務於恩下必不獲上公又書范文正公言以誨曰作官公罪不可無私罪不可有繇是維楨在職爲民受罪斷斷以蠲逋課愬省府不從至投印去訖獲減引額三千皆公教督之力也人之評公者謂有三反與人言曾不能出口而笑聲聞於一里援筆極敏捷累簡頃刻盡而未嘗一字作草狀姁姁仁謹人咸稱長者而論治獄出入以爲陰德則極口非之曰出殺人罪以爲陰德被殺者不亦寃恩乎君子以爲春秋之法而意亦未嘗不仁君年七十餘不肯預理棺楖邱隴事家人請之則曰世豈有子仕宦而無棺墓藏其父者乎垂終但命曰吾家以庸謹起田畝予賴前人之休幸免負擔又幸教子成叨封六品秩甚愧墓不必銘縱銘不必樹石冢所爲開發標趨甒軑李維楨惟唐李翱葬皇父甫貝州君未及假辭於執事者輒自作實錄維楨亦倣翱義錄先君

卒葬歲月附其平生行已持論者如此後日獲銘及維楨從
大手筆倘或有考於斯云孤子維楨泣血謹録
父女弟楊玉㜨雪抱玉員珠拏十三善璐琴不作濮上音十
五弄彤管不作花帽情可嗤嫁與伴必嫁公卿與英馬上
郎貂帽繡衣裳來交處女幣願作處女郎貯以黄金屋薦以
白玉牀大珠連理帶七寶合歡牀大珠五十萬七寶百萬鏹
黄羊尾如扇文雞若鳳凰置酒結高宴長跪起行觴處女誓
慈母有死不下堂嗟嗟楊處女處女節獨苦事母終母喪母
墳成負土白髮五十秋五十終處女誓作處女墳南山華表
柱荒城兵火交三月不開户生作獨月娥肯作城中三嫁婦

楊宜墓又有楊氏媵何馨墓

楊維楨處女冢詩：楊處女白雪㜨慈母惜白

楊維楨何馨墓志：楊氏家主婦曰理其媵曰何氏馨也馨善女紅服室勞靡有厭倦頗嫺於容主婦過猜至於嫉詈積而至於笞榜苦楚不能勝然而服勤主婦益不怨父母家欲奪其志者數矣而馨誓死不忍去遂終老主婦家年六十而卒嗚呼予讀詩至江沱之媵不獲於嫡愈勤而愈不敢怨若將終身焉者實得於先王之澤之深也吾不謂去之千餘年而親見其人於馨乎嗚呼孟子於君臣有犬馬寇讎之論此有激之說也予必待父慈而後孝臣必待君仁而後忠則其爲忠孝也薄矣觀馨之事者可以得忠孝之道矣嗚呼馨可以少乎哉

山西麓有桐阬菴全堂溪之源出焉自會稽山至太陽灣盤旋而下至桐岡分爲二派

南支自桐岡南流西折繞道隱經永齊菴後又西流經楊家圍又西流至全堂出吉祥橋同治十年建注於北溪北支自桐岡北流出杜家阬又西北流經普邑樊村村有靈衞廟禱病輒應又西流經湯村乾隆丙辰進士雲南巡撫湯聘故里過裕後橋又西流至全堂吉祥橋下會南溪西南流環全堂村村有白衣頂聖廟會稽縣志云神姓徐宋咸淳三年敕封白衣頂聖廟旁有義民塚咸豐辛酉村人楊裕田等三十六人殉難於長官橋賊平具衣冠招魂合葬於此出金溪橋道光年間村人楊玉田建又西流至東山村奉紙繪徐神神即白衣頂聖俗傳村人渡錢塘江見畫一軸順流而下命榜人取歸神像也奉祀村廟禱祝多應受鐵匡山水山左峰爲齊鯉尖右爲鵝突尖前爲柯公尖上有龍湫南即菩提山也匡

石黑如鐵故名鐵厓從柯公尖蜿蜒而下約二里至全堂村口有小山圓頂若滿月山麓小岡有萬卷樓遺址爲元楊維楨讀書處維楨父楊宏所築也下爲鐵厓故宅宅之旁有方塘清漣澈底可鑑鬚眉楊氏世居其地故村名泉塘後改稱全堂曹佺名勝志謂鐵厓山厓石如鐵高百丈上有龍湫山之陰一小山泉出其下者是也後人疑山過峻且多猛獸不應有書樓遂以小山當鐵厓不知小山本爲鐵厓支麓别無專名書樓之築不必在大山巔也況貝瓊詩云厓之起兮四萬八千丈又云虎豹厓上蹲蛟龍厓下眠則鐵厓非專指小山可知愚謂小山儘可稱鐵厓鐵厓不必專屬小山無須好爲異說也至曹佺誤以鐵厓爲烏帶山顧俠君元詩選注又以楊廉夫嘗居吳山鐵冶嶺故號鐵厓則更謬誤矣貝瓊鐵厓泉塘

歌白泉生匡巔白煙生匡邊中有一人長眉鶴髮兀然卻立如鐵堅朝餐匡上雲暮飲匡下泉虎豹匡上蹲蛟龍匡下眠匡之起兮四萬八千丈匡之伏兮四萬八千年上有金銀重疊非木非石五層之仙樓下有玻璃浩蕩不水不旱萬頃之瓊田鑿開太極混沌竅胎出元氣鴻濛前有時鐵爲笛有時鐵爲船一聲逆落仙鬼膽一帆直遡象帝先象帝之先豈人世但有羲皇盤古相與爲周旋金烏玉兔東西晝夜互出沒天雞海牛左右水火蟠蜿蜒琪花瑤草含蒼翠方蓬弱水相縈連武陵漁子泛花去小舟問路難攀緣島中徐福采靈藥樓船逐浪不得窮根源鐵匡中人傳列仙黃庭紫府山海煙出陰入陽履坤載乾手持麟經五百紙王綱一提統三千年鳳凰池頭淑色早明光入奏長楊前上林走馬一日徧綠楊紅杏春如烟一歸來屣棄利名迹徑入鐵匡忘俗牽一飲五斗不得醉再飲一石猶醒然樵童稚子識名姓大官巨卿呼不前興來吹盡黃鐘大呂曠古之上調酒酣歌出康衢擊壤三百一十之全篇左手招崆峒右手指彭籛蟠桃著花幾度實桑田滄海幻化皆塵涓猿猱書席山木裂我歸鐵匡閱遺編鐵匡之堅堅莫言鐵匡之深深且淵畫圖彷彿見形似山水日月爲敷宣東吳之水爲硯滴金華之山爲筆椽何當赤腳就踏鐵匡上爲公作賦聲摩天

匯爲東山灘又西流出全堂橋一名太平橋道光二十五年里人楊廷桂建橋左有永平菴橋下有廟前堰又西流環毛家村村有定心

菴康熙年間比邱普宏比邱尼密修捨宅建又北流出黃沙橋明嘉靖年間毛廷璋建又西北流經俞家廟又北流至丞平橋道光丙午全堂人楊文海建注於青龍堰溪

又西北流經陳家隖有翰林院編修陳遹聲祖墓又西北流繞石敢山山上有龍湫見駱志經前陳村拔貢生陳偉故里西流出孝泉橋爲孝泉港

又西流經鵝子山混水港自南來注之

混水港爲青龍堰分支西流經俞家廟出金村阪一名青龍阪又西流沿黃老灣南有明翰林院庶吉士陳璣墓又西流經柴隖有明徵士陳齋墓名柴隖墳又西流經陳氏萃渙堂家祠前受毛家阪水

毛家阪水出鐵匡西麓西北流過毛家阪出泥橋頭北流

繞陶家山過金村阪又西北流過東阪陳洪綬東阪詩我世承祖德業儒不業耕饘粥粗不乏少而成虛名無以報祖德中夜傷我情田父備酒脯邀我觀秋成對此不爲恥飽餐捫腹行行坐木草際漸愧秋蟲聲阪西爲東明堂堂西爲長道地北流合青龍堰

水出化龍橋

西流出化龍橋北折出會龍橋又北流至七房明晉府左長史陳廷俊故里始名混水港又北流繞鵝子山東北麓山南岡有魁星閣今圮山下有石山菴注於孝泉港

又西流至遮山元武廟注於楓橋江

又北流出了义溪木橋分爲二支一支東流經樂嘉橋前湖咸豐王子進士刑部員外郎駱文蔚故里橋受九里山馬嶺水北流至下烏程出烏程橋爲東泌湖港詳見下卷一支北流經了义步楓橋江泊船積貨之所步西有亭又北流出樂嘉橋廟前橋橋西有

社廟又北流經泌湖徐潘塘又北流至杜黃港口櫟橋港自西南來注之

諸暨縣志卷十

山水志六

暨龍山在縣東五十里屬孝義鄉山自走馬岡發脈櫟橋港之源出焉初名右溪在左溪西故名右溪至八字橋名八字橋溪過大林名步溪一名龍溪至丫溪橋合左溪始名櫟溪出長甯鄉櫟橋曰櫟橋港由渡頭西北流經杜阮又西北經上店受九峰山琴弦岡水出八字橋明萬歷間建道光間周維垣重修

琴弦岡水出岡北岡南水出澧浦入縣江東北流至八字橋注於右溪

九峰水出九峰山北流至八字橋入右溪

西流受呼秀嶺水

呼秀嶺水出嶺東舊有菴今廢嶺西水爲兼溪入孝義東北

流經梨樹隖東流至八字橋下注右溪

北流受杜家隖水

杜家隖水出杜家塢西流注右溪

又北流經大林明新會縣丞周于德故里即古龍泉里有華藏菴菴有鐘明萬曆壬午春黃南塘鑄又有梅子菴僧眉山建明天啟七年章憲章撰碑里左爲五鳳嶺右爲磨箭坪又北流會步溪一名龍溪出闘橋爲元月泉書院山長申屠性徵士申屠澂故里今尙有子姓居闘橋滅雙姓爲屠氏

上隖岡步溪之源出焉西流經蕉坪其陰有雲谷菴明嘉靖中建一名蕉坪菴西北流經上步溪又西北經中步溪又西北經下步溪又西北過峽山一名匣山在溪北又西北經花園廟俗傳廟址爲李將軍花園明嘉靖間闢荒址爲廟廟下

有潭名落馬潭潭右有落馬石廟右爲李家灣灣右有李將軍太平臺注於右溪

又北流經吳陸阪受小阬水出濟世橋

小阬水出小阬山北流至吳陸阪注右溪

又北流至牯牛堰繞九龜山九巒平列如龜故名北麓山有元

淮東宣慰副使王艮墓黃溍故淮東道宣慰副使王止善墓誌銘公諱艮字止善姓王氏越之諸暨人

曾大父諱天祐大父諱一榮俱弗仕父諱理用公貴累贈朝列大夫秘書少監騎都尉追封太原郡伯母祝氏方氏竝追封太原郡君生母厲氏贈宜人公少受業郡庠篤行勵學克自植立每慨然以康濟爲志故祕書少監張時中爲江北淮東道肅政廉訪司知事雅知公辟爲書吏督辦富安場歲課場距海遠潮不時至鹽丁負水取滷力疲而賦不充乃爲相其地形鑿渠以通海潮公私咸便考滿調將仕佐郎廬州錄事司判官淮東道宣慰使司辟爲令史掌織染之事所藉官府久廢不治乃日臨視之爲修作坊募工匠至於攻金治絲設色具爲區處迄今守爲成法兩淮鹽綱病於運河淺澀事聞詔遣都水監官疏治之公從分閫至淮安之鹽城有司部役夫三千束手以俟都水之來公言不宜坐靡日食促令興工仍立法每十夫一治爨九操

畚臿日所穿廣四丈修一丈深五尺比都水至河可通舟者已四十五里遂自新興五萠兩揚屬於高郵次第訖功而他州役議猶未定乃俾悉用公法行之調將仕郎峽州路總管府知州事入江浙行中書省爲掾史會朝廷遣使復立諸市舶司公從之至泉州建言若買舊有之船以付舶商則費省而工易集且可絕官吏侵欺掊克之弊中書報如公言凡爲船六艘省官錢五十餘萬緡升承事郎建德路建德縣尹以方郡君憂不赴服闋擢兩浙都轉運鹽使司經歷越守王克敬以郡民苦於計口食鹽言於行省未報而王公爲轉運使乃俾與新守于九思集議咸謂宜稍損其額以紓民力沮之者率以爲有成籍不可改公毅然曰民實寡而强賦多民之錢今死徙已衆顧亟改成籍而輕棄民命乎且浙右之郡商旅輻輳未嘗以口計也移其所賦散於商旅之所聚何不可乎於是議歲減越鹽五千六百餘引俄有旨改畀王公以湖南憲節後運使復拼前議公以去就與之爭丞相脫歡答刺罕聞之亟遣留公而議遂定被本司之檄治浙東力除私販誣指之害按劾貪吏奏差尤無良者黜所分徵贓爲錢萬六千餘緡懼而以贓自首者爲錢萬三千七百餘緡丁少監公憂服闋擢海道漕運都萬戶府經歷越之官糧入海運者十萬石城距海十八里歲令有司拘民船以備短送舟人爲之失業不足則勒陸居之民厚直轉僦以給之程期峻急吏胥得並緣以虐民及至海次主運事者又以卽受而有折閲之患公抗言曰運戶既有官賦之直何復爲是紛紛也衆莫能奪乃責運戶自送運艘爲風所敗者例當覈實而除其所陷之糧文移往還連數歲不絕公取吏牘躬自披閲實除其糧二十五

萬二千八百餘石鈔二百五十二萬二千五百餘緡布囊一萬九千有奇而運戶免於破家遷承務郎揚州路總管府推官以厲宜人憂不赴服闋除江浙行中書省檢校官有詣中書訴松江富民瞿氏包隱田土爲糧一百七十餘萬石沙蕩爲鈔五百餘萬緡者乞立行大司農司勸農營田水利總管府以糾察追收之中書移行省議擬遣官四員踏視其地而松江地當什之公至松江七日而歸援古證今條陳曲折以明其妄且言其意不過欲多樁田蕩鈔以誅朝廷之聽而報宿怨請創設牙門爲徼名爵之計耳萬一民心動搖患生不測豈爲國家培養根本久安長治之策哉同列聞公言皆相顧失色公處之泰然他所遣官聞公歸亦皆還行省以公言上于中書事遂寢遷廣州市舶提舉輙俸資造庫屋舶商欣然出私錢爲助不踰月而告成先是吏胥恣爲姦利凡舶貨擇其善者出而售之不善者積久不售公始爲設法均配立號募商人製籤取物庫藏爲之清居數月除江西行中書省左右司員外郎吉之安福州有小吏誣其民欺隱詭寄田租九千餘石者初止八家前後四十年株連至千餘家行省數遣官按問吏已伏其虛誑而司屬之喜功生事者復勒其民具報實有合徵之糧六百餘石憲司累投詔條革撥莫能止也公到官首言是州之糧比元經理已增一千一百餘石豈復有所謂欺隱詭寄者乎准憲司所擬可也行省用公言悉蠲之州人相率爲生祠以報撫之金谿有陸氏三先生祠堂豪民據其屋而奪其田陸氏子孫訴京師不得直公按其籍使悉歸之公所至興除利害多此類其詳見於省臺薦牘及安陽韓先生國子監丞陳君旅諸公所爲善政記惠政歌者不

可碑畢也公在江西歲餘年甫六十有六拂衣徑歸遂以中憲大夫淮東道宣慰副使致仕家食者五年扁所居室日止止齋仍自號鷗游子以見其志云公與浦城楊君載鄜州劉君汝友善論作詩宜取法古人之雄渾而脫去近世萎薾之習間挾其所爲文登諸大老之門最爲隆山牟先生永康二胡先生趙文敏公鄧文肅公所賞識卒於至正八年正月癸亥以其年七月丙申葬於州東長甯鄉之龍鳴娶劉氏子三人長仲揚用公廕爲揚州路如皋縣主簿次仲廬福建道宣慰使司都元帥府令史次仲淮大甯路儒學正前卒女三人適方泗陳嘉績虞尚忠孫男十一人女七人銘曰惟士先志惟官先事志不可奪事乃有濟表表王公時之偉器抱負千里出僅一二竭蹶而趨劬躬盡瘁拾級而升不懈於位好是正直周而不比表裏洞達初終一致古今殊時學與政異公起文儒敏於吏治詢其職業匪專撫字士飫其德民酣其惠所去見思如古循吏沒世不忘仁言之利修涂九軌方駕而稅用雖未竟志則已遂薦斯銘詩貢於封隧有之似之在爾來裔東北流受邵家塢水出嚴阪橋

丁家嶺邵家塢水出焉北流經邵家塢又西北注右溪

又北流會象軺嶺溪

象軺嶺溪出象軺嶺北流受梅店水

俞家嶺梅店水出焉嶺南水入縣江北流經小趙馬嶺下

注象軺嶺溪

又北流受大趙馬嶺水

大趙馬嶺在縣東三十五里水自東麓流出西麓之水入高湖東北經章隖村又東流繞小趙馬嶺南麓又東北流

注象軺嶺溪

又北流受吳家山下諸小水

山下有大菴小菴諸水東北流注象軺嶺溪

又北流受章隖水

章隖水出天馬山陰東流經小趙馬嶺北麓又東流注象軺嶺溪

又北流至碑亭受碑亭水

碑亭水出塔塘山間北流西折至碑亭注象軺嶺溪

又北流至虎沙下橋注於右溪

又北流出虎沙下橋西經鴨底受天馬山水

天馬山水出天馬山有大天馬小天馬二山產白葛花其中隴日大飛龍山麓有宋徽猷閣待制姚舜明墓郭肇姚待制墓詩寒煙老樹掩荒村寂寞繁華更不聞日暮牛羊下邱隴行人猶道太師墳右爲舜明子參知政事姚憲墓山下爲蘆花坪東北流受虎沙山水又東流至鴨底注於右溪

虎沙山水出虎沙山東北流合於天馬山水

又北流經姚家塢居民皆姚氏藏有宋姚舜民像下列宏寬憲寓四子岳武穆贊村側前丁山有宋樞密院編修姚寛墓郭肇姚令威墓詩秋山落葉雁飛初臥碣荒涼入故墟一死竟虛宣室問九原空上茂陵書西溪喬木寒波外南渡荒宮夕照餘我亦臨

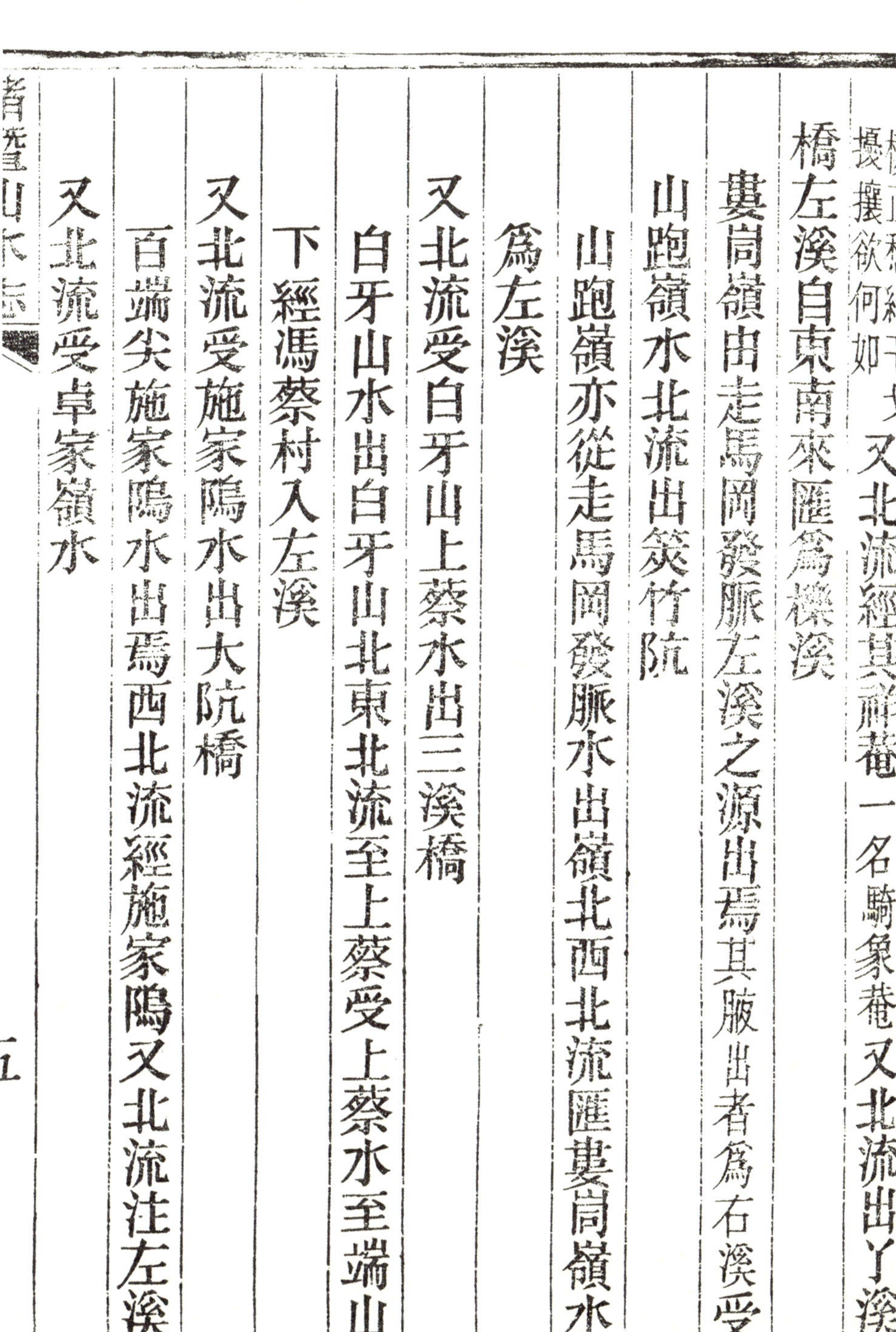

棲正愁絕干戈擾擾欲何如又北流經其祥菴一名騎象菴又北流出丫溪

橋左溪自東南來匯爲櫟溪

婁嵩嶺由走馬岡發脈左溪之源出焉其腋出者爲右溪受

山跑嶺水北流出筴竹阬

山跑嶺亦從走馬岡發脈水出嶺北西北流匯婁嵩嶺水

爲左溪

又北流受白牙山上蔡水出三溪橋

白牙山水出白牙山北東北流至上蔡受上蔡水至端山

下經馮蔡村入左溪

又北流受施家隝水出大阬橋

百端尖施家隝水出焉西北流經施家隝又北流注左溪

又北流受阜家嶺水

卓家嶺水出嶺西西北流經卓家村又西流注左溪

西北出雙溪橋繞王村北流經嶺下受婁峋水又西北流出格溪橋

將官嶺婁峋水出焉西北流經裏外婁峋又西流至格溪橋注左溪

又北流至溪頭村受梅園嶺水又東北流出雙石橋

梅園嶺水出嶺西西北流經溪頭村又北流注左溪

又北流受梅隖嶴朱家隖王家隖菩提隖諸水

梅隖嶴水出梅隖嶴北北流受朱家隖水又北受王家隖水西流受菩提隖水又西經石倉廟又西注左溪

朱家隖水出白嶺西流合梅隖嶴水入左溪

王家隖水出黄大阪山西西流經王家隖合梅隖嶴水入

左溪

菩提隖水出菩提隖西南流合梅隖嚳水入左溪

西流出鷺山橋過王家宅村在溪南珠村村在溪北村口山有洞口纔通人行十餘步豁然開朗石齒如織深幽無底又西北流出虧木橋又北流出左溪橋過左溪嶺下西流經俞家村後有袁昂千墓繞卓家尖壁立千仞巖石如削木瓜嶺水自西北來注之

木瓜嶺水出嶺東有龍安寺始建於晉後燬陳思立重建西南流至卓家尖注左溪

又西流出太平橋又西至丫溪橋匯右溪爲櫟溪

西流繞袁昂千墓道北受天馬山陰之水至泗洲堂下有泗洲潭深不可側山麓奇石槎枒水入其竅澄蓄不洩受紫閬嶺水

注於櫟溪

紫閬嶺水出嶺東嶺西之水入高湖北流至泗洲堂入左溪

又北流受陳旺水

陳旺水出陳旺山經陳旺村注櫟溪

又北流至顧家隝繞將軍山山在溪東四圍山石壁立後有二石筍高三丈餘大十餘圍上有仙人坪俗傳明崑山顧鼎臣祖塋在此山經將軍堰受顧家隝水

顧家隝水出顧家隝山山頂有龍潭經顧家隝村注櫟溪

又東北流至石硧明廣東參政周文煥墓在村之石宕山村西有石硧嶺嶺西南龜山有康熙丙戌進士蒲江縣知縣毛鈺義士陳開先墓鐵鑪山俗傳宋進士劉延昌與二子鐵四鐵五爲金兵所追至鐵鑪山遇害村人爲建廟於山麓名劉神廟木瓜

嶺水自東南來注之

木瓜嶺水出嶺西北流西折注櫟溪溪底有溪東村與石碑相望

又北流受大圓柵裏隖水治美女織機山山東麓有封資政大夫鎮海縣學教諭陳烈新墓【俞樾陳君墓誌銘】君諱烈新字尊齋浙江諸暨縣人陳故鉅族元末有名訛者始建日新樓以藏書其子斎又建樓曰寶書齋之六世孫曰性學曰心學七世孫曰于朝曰于京代有增益于朝之子洪綬裒其先世所藏書建七樟菴以庋之七樟菴陳氏藏書遂爲越中冠及君之生稍稍散佚矣然七樟菴故物猶有存者君弱冠入縣學歲科試高等補增廣生咸豐元年以教諭注選籍同治二年奉省符署嘉興縣學訓導俗多停喪不葬久則火之名曰火葬君白太守嚴禁又請於學使者修復曝書樓取竹垞先生裔孫一人爲諸生其時粵寇初平故家零落倦圃曝書亭所藏書流散人間君暇日遊書肆偶得一二輒以重價購之六年署長興縣學訓導君以湖州爲安定先生舊治分齋課士悉依安定遺規十年遷鎮海縣學教諭課諸生亦如之有貧民以操舟爲業貧莫能娶所聘妻守貞不他適君曰是可風也予以資使之娶十二年子適聲舉於鄉君郎引疾歸所居曰楓橋鎮故有見大亭明給諫駱纘亭先生講學處也咸豐辛酉燬於

兵君藤資興築使邑之後進過其廬而想見其爲人君歷任餘俸悉以購書宋元槧本往往存焉於宅西建授經堂藏所得書後適聲成進士官翰林每至廠肆遇有精槧舊鈔必購以奉君君手爲讐校詳告以版本之良楛諸家之源流以是爲頤老之娛於是陳氏藏書又富雖不能復七檯菴之舊然已逾三萬卷矣楓橋鎮爲婺越通衢倡修五顯橋以便行旅又以兵燹後白骨偏野聚而瘞之鳳山之陽光緒二十四年適聲知松江府事君一往視之見治尚綜覈歎曰汝欲爲鄭子産如無位何雖然汝志則尚矣居數月而歸二十五年十月壬寅以疾卒於家年八十有三以子貴封資政大夫娶樓氏有懿行能成君之賢長子舜發死寇難次即適聲也三子沆四子適成皆國學生女子子四同邑庠生樓慶釗福建平潭廳同知駱騰衢會稽庠生陶濡同里趙慶堂其壻也孫七存者國學生錚適成出誦庠生詵光緒庚子優貢　朝考一等以知縣分發江蘇閒壬寅　恩科補行庚子正科舉人俱適聲出寶善適成出光緒丁未八月初一日適聲將葬君織機山之原書來匄銘余與適聲交知其賢且才今乃知其來有自也於禮宜銘銘曰於鑠陳君積德在躬名利雖濟圖史則豐築室授經津逮無窮衍茲遺澤景彼高風方之古人其陳仲弓必有興者由鄉而公

西麓有康熙癸巳舉人金華縣教諭壽奕文王晟進士光化縣知縣壽奕磐墓又西流沿海螺山又西流經茅草隝北出太平橋俗名新橋

大圖水源出太平頭北流經大圖山班廟後入柵裏隖溪

柵裏隖溪源出青嶺西西流經柵裏隖合村水又西流合大圖水注於櫟溪

又西北流沿朗網山麓有上木沈廟至錢家山下一名前瓜山北流經楊村東流沿下木沈廟俗傳有木客兄弟販木過此木沈於木痛哭自溺里人爲建廟於溪北名木沈廟至今所沈之木猶在水底經下西湖慈光寺水自西來注之徐郎橋水自東來注之

慈光寺一名小溪寺在小溪嶺俗傳爲梁靈智禪師結菴之地唐咸通五年於嶺南建通化寺後廢宋潼川太守王文炳王氏家譜作台州知州遵母命捨嶺北住宅復建故敕題慈光文炳六世孫千六捨鐵萬餘斤鑄大小鐘二以藤縣之歷數百年不

絕後藤爲人竊去鐘傾於地易大鐵索再繫再絕亦異事也寺前有方塘產螺無尾寺後有宋統制王琳潼川太守王文炳墓水出小溪嶺北東北流受小溪嶺水又北流經橫山麓洞家橋注於櫟溪

小溪嶺水出嶺東東北流經小溪隖小竈山後入慈光寺溪

徐郎橋水出丁家塍東漏塘岡南西流南折經石門檻又西流出徐郎橋經朝陽書院繞楊村過白鶴廟受化中菴康熙年間建貢生余振撰記水又北流注於櫟溪

西流過甘霖堰康熙五十五年建經櫸樹下櫸樹山有明潁州州判鄭天駿墓【駱問禮故潁州別駕鄭君墓誌略】公諱天駿字德良號嘗軒其先隨宋南渡世家暨之泰南鄉曾祖同知諱宏字仲徵初判饒州府陞懷慶有惠政祖諱琮字叔瑞授八品散官始徙居今大部鄉爲楓橋鎮人有後遷者故

稱舊鄭云考諱和字半閒投義官母駱氏公師事山陰陶天佑同邑陳洙年十六補邑附學生循例入爲太學生嘉靖壬午選授直隷鳳陽府潁州判官治行無缺以不能諂事長官落職始叔端公之來徙也於市西半閒公徙市中公日是嚚且隘非以善吾後也復徙今宅當烏帶山之陰卒嘉靖辛亥正月十四日生成化辛卯二月二十日年八十有一娶陳氏次錢塘縣姚氏皆先公卒子一元一貫一本皆姚出女適陳袞陳夫人出也孫逵早卒選逢一貫出遷迪早卒一本出一元無嗣選繼曾孫之輔之華之士之遺之玉之閔之圭

受新店灣嘯陽嶺水

新店灣水源出新店灣有元黄溍跋陳景傳題壁詩石刻黄溍跋景傳新店灣詩新店灣在諸暨東北三十里景傳十八年間凡三題詩頃予忝佐州以故事謁郡府道過其處覽最後所題蔵月蓋余以督運吏居鄞時景傳攜其子克讓來爲子壻嘗寓宿於此也追計之已六年而景傳與子永訣者亦四年因次其韻以志存歿之感今相距又五年矣偶閲書稿不勝愴然輒録爲二通一以授克讓藏於家一以寄新店主人俾附後題之末今蝕東東流至樸頭山下注櫟溪

嘯陽嶺水出白茅山南樸頭山後南流東折經關帝廟入

新店灣水

又東流經胡公廟沿幞頭山白茅山支峰形如幞頭故名山麓有明澧州知州鄭欽墓［王華鄭欽墓誌略］公姓鄭諱欽字敬之號思軒其先汴人南宋時扈蹕渡江遂家於諸暨泰南鄉曾祖諱徽號七松處士祖諱宏南安府同知父諱瑄號慎菴配王氏弋陽令王公尚璃女生於宣德乙卯二月十五日氣質𤋮臞少從舅氏司教先生宦學於無錫年十九補邑庠生成化癸巳應貢禮部不就職乞卒業南雍庚子太師李文正公時以翰林侍講主應天考試得公文拔第三舉進士丁未循例授湖廣澧州知州州壤接苗峒號稱難治公至剸繁理劇刃迎縷解藩府旗校有倚勢侵奪民利者公悉置於理民患苗劫公嚴治以法苗人私相戒飭曰毋生事以犯鄭知州甯河泊漁利甚夥當道有欲奪其利私親故者强公公曰此民業也卒不爲其所奪朔望輒考課諸生次第其優劣明年擢鄉試者四人今大理評事周偉監察御史李如圭皆公品題者也歷官九載未嘗有一私罪當道有索金於公者遂棄官歸去舊居二里許闢成趣園作室數楹題曰鳳山草堂鑿池種魚徑蒔花木日與親朋遊詠其中非公事未嘗一躋公府平生讀書手不釋卷爲文若詩刻意苦思吳越中名山水遊覽殆遍所至皆有題詠有平居稿西遊稿觀光稿宦遊稿歸田稿今摘其粹類爲思軒集文稿若干卷藏於家配駱氏子天麒天麟天鳳天鵬正德癸酉舉人天瑞女二孫邦俊縣學廩生邦傑邦臣邦賢秋陽邦弼孫女五曾孫五正德庚辰二月廿八日卒葬於幞頭山祖塋之右

又經白茅山山跨泰南長

甯二鄉山峰秀峙層巒如削縣亘二十餘里有明弋陽縣知縣

鄭天鵬墓

駱問禮故弋陽縣知縣鄭君墓誌銘余齠時出遇肅衣冠端舉止善談論峩然於傳人之中者驚問曰誰耶或謂曰鄭南溟公也曰彼仙者耶或者哂且叱之余亦俯而笑既稍識字每至親族禮義之家顧壁宇几席多公翰墨又驚曰是峩然於衆人之中者耶或曰然曰若翁者吾鄉里幾多默不語有長老漫謂曰公翰墨珍重海內獨吾鄉與余未之信自後稍知學問與其仲子友始識公之貢而公亦謬器不以後生見薄每於衆中語余亦忘其尊且長也曰此與吾兒並驅中原者既而公子不祿余沈滯十餘年始獲寸進公喜見於色且愀然曰豚兒在不使吾子獨步余亦悵然至京師每遇先達長者必問曰某公無恙郎繼曰文翰猶昔否其會過吾邑者不待余對輒曰此老強健若壯惜其以哭子喪聰矣或曰何曰其仲子足繼公而早世咸相與惜之然後始信公名之在世也公捐館余與屬纊顧其家圖籍滿架曰是無傳望在季子以累吾子可乎暨今無慮十年愧無以答而令子克念公命交義若舊偕其伯氏謂余曰先人葬幾年矣墓未有銘且先人知故凋落已盡非子孰能圖之余不能辭也按公姓鄭諱天鵬字子沖南溟其別號世居紹興府諸暨縣之泰南鄉自公考知州公始遷居吾里爲楓橋人正德癸酉領鄉解七舉進士就弋陽令不滿考歸家甚貧常不能給衣食公不以介意日惟詩文自娛自少至老手不釋卷四方索公文翰者卷軸盈室輿到呼其子姪可意者申紙執硯一揮百幅故鄭氏子弟聰俊者翰墨多出入其得於

公者深矣令弋陽時手書告示好事者往往竊去公不爲怪即復書之年八十餘尚能於燈下手書蠅頭細字嘗自言曰吾暨詩派楊鐵厓得其華王竹齋得其實華實並茂後必有人蓋以自負云公平生少許可且强直不能下人視翁榮靖暨余從父楙山公皆後輩同舉進士輒得第去曰吾不能屢爲鄉里後生作長解遂不欲仕人固勸之始就爲令卒以强直歸家雖貧好客夫人每爲典貸治具一日欲出索衣冠夫人曰已供客公不爲意嗚呼世稱文人多窮君子謂非文能窮人蓋窮而後工也公非其人與世俗丈夫得爲吏胥皆能致有贏餘公世有禄位脩然成寒士然竊怪世有膴仕厚享而寂無稱於世者公一令耳先生長者多知慕其風采其所得於窮者多矣以貽後人古人有言雖所貽不同未爲無所貽也公生成化甲午卒嘉靖丙辰年八十有二葬耐某祖某山之岡原高祖諱徵曾祖宏歷官懷慶府同知祖瑄父欽澧州知州母駱氏伯仲五公居四故嘗自稱鄭季子娶駱氏繼金氏子三秋陽元陽少陽女二孫三自題自稱靖自新所著有南溟存稿蓬萊亭草閩游倡和北行野操缶拊鍾鳴炳燭正訛等集刻皆公手書銘曰嗚呼文而介介故文且名而知者以爲榮聞者可以與我識之塋以待後之英

又東流過伏龍堰又東流經溪沿村土地廟又東流受幞頭山水

幞頭山水出幞頭山南流注櫟溪

又東流經橋亭村在橋南村側舊有萬壽菴久廢康熙四十六年僧德禧重建東流北折沿郝山元王冕七世祖文煥捨小溪山宅爲寺子孫散處冕曾祖遷居郝山則郝山爲冕生長故里也受下宣水

下宣水出下宣東山西流會鄧村馬塘水注櫟溪

馬塘水出馬塘山有元孝子樓昇墓楊維楨樓孝子昇墓銘略諸暨烏岱山之麓樓氏居焉孝子初年母有疾刲股以療父有疾懷香航海而禱於普陀父疾瘳後數年孝子新所居廬有土花發於中堂枝葉類丹桂者縷縷而藥粟粟也里人以爲孝感所致云孝子諱昇仲高字也父諱尙大父諱佑曾父諱臯配虞氏子五長曰遜次曰信先卒曰仁曰禮曰靜俱淸修好學孫六其長曰昌先卒次芝次鈺次玹次琳次珩女適孝義吳海至元庚寅七月九日生之辰也至正辛丑五月一日卒之辰也享年七十閏七月乃克葬於長甯鄉馬塘山之原實乙巳之十二月十一日也仁來乞銘銘曰孝與悌人之事天爵修人爵至數或奇德乃懿箕疇九五不及貴壽考終行勿愧銘以昭之千古永闕惟後人之利東西流受鄧村水出南泉阪

經橋亭東入下宣水

鄧村水出尖灣山山下有田名澧邱泉自田中湧出可溉數頃大旱不涸名南泉西流經鄧村又西合馬塘水西北合流出南泉阪入下宣溪

又東流繞獅子山北麓山麓卽鄉山下出櫟橋明嘉靖年間楓橋人樓守道建萬歷時知縣陳正誼修道光己酉五十三都蘭臺里人趙泗亘建咸豐元年翰林院編修蘭溪唐王森撰記曰

櫟橋港繞眠牛山東流經郭店詩人郭毓故里又北流經洞村明廣東參政周文煥故里燕頭山過上下二堰經丁朗菴出丁朗橋又北流過江口堰江口村山有元東岑居士樓謙墓楊維楨樓恭叔墓銘略曰恭叔諱謙號東岑曾大父臯祖文考侚俱業儒至元丙戌五月二十八日生至正壬午八月八日卒年五十有七配丁氏先卒子惟志孫幼學是年十二月十日葬於江口山之麓丁氏祔銘日嗚呼恭叔志遠而局引長而促匪人之不祿將

天之不淑嗚呼恭叔出常安橋受白茅山水

白茅山在縣東二十五里水自山下北流南麓之水入高湖東折經宣家塢又東流至魏家又東經馮村下廟元雙溪書院山長楊維翰墓在馮村山又東流經葉村南東隅受香櫟嶺水又東過鮎魚山又東經白浦村白浦廟又東經上莊又東入櫟橋江

香櫟嶺在縣東北三十里水自嶺下東北流南麓之水由陳趙鴟入東江至葉村西南隅合鼓樓山水又東流至葉村東隅入白茅山水

鼓樓山水出鼓樓山頂東流經闕山陽又東流至葉村西南隅合香櫟嶺水入於白茅山水

又北流出霞朗橋過霞朗橋堰西流經溪下歲貢生魏家駒故

里過霞朗圍又北流至鶴鳥嶴山受椽山水

椽山水南源出白茅山北源出蕺家嶺裏嶺北有雲霖禪院明崇禎八年魏龍華建一名蕺家菴椽山腰有鳳山洞高丈許容數百人咸豐辛酉鄉人多避兵於此又有椽山泉自山底湧出闊祇尺許可溉田數頃大旱不涸東流經攀轅嶺嶺自白茅分支綿亘二十餘里南列崇岡北枕泌湖爲縣東勝境有攀轅嶺菴順治年間椽山村人魏霖龍建光緒二十一年重建又東經魏家隝元廣東道宣慰副使魏友敬故里魏氏太廉堂家祠前祠左爲裏伏虎山有魏友敬父魏重墓又東繞石靈山山高數百仞上有大石如鏡山峽有廟名石靈菴爲魏氏報賽之所每歲十月廟會頗盛菴後有西巖家塾則魏氏義塾也又東北流至龍山菴受駱家嶺水注於櫟橋

港

駱家嶺水源出西隴東流經上山下問花山莊魏崇簡讀書處至龍山菴入櫞山水又東北流經蛾眉菴在霞頭橋村北康熙年間建又東北流出行者橋經杜黄山下又東北流出杜黄橋又北流經泌湖三貢塘又北流經泥堰頭又東北流至杜黄港口注於楓橋江

楓橋江匯櫟橋港北流出上木橋又北流經金九漬出下木橋又北流至蹇江口一名縮江口隄北爲新瀝湖東泌湖港自東來注之

九里山一名煮石山在縣東五十里屬東安鄉元山農先生王冕自郝山下隱居此山自號煮石山農舊以爲在山陰九里者誤也宏治府志謂在餘姚九里山更誤詳見後王冕九里山中詩九里先生兩

鬢皤今年貧勝去年多敝衣無絮愁風勁破屋牽蘿奈雨何數畝豆苗當夏死一畦蘆穄入秋瘥相知相見無多論笑看山前白鳥過九里溪頭曉雨晴松風瑟瑟水泠泠絕無過客問奇字只有閒雲到野亭每笑盛名傳坎壈豈陳虛語說零丁老年恰喜精神爽合得仙人相鶴經又歸來詩湖海飄零久歸來依舊貧顧無青眼友喜有白頭親籬菊留餘色庭梅放早春溪翁早相訪杯酒接殷勤

東泌湖之源出焉北流過山塘阪受馬嶺水

馬嶺水出嶺西南流過樓家牆下又西南流經硢砂隝有硢砂塘俗傳塘出硢砂又西南流受潘家隝水

潘家隝水出小馬嶺北麓北流經潘家隝又北流西折入馬嶺水

又西流經雞山菴嘉慶間潘節婦包氏建南折經營盤明胡大海屯兵處地近九里宋濂王元章傳謂屯兵九里即今之營盤也故明兵得入王冕宅順道與至天章寺後人誤以爲冕隱居山陰九里則非順道矣又明正德辛巳進士兵部主事陳賞墓

在營盤楊栁山明旌義士陳　元璧墓在營盤竹頭山西流過山塘阪合九里山水經樂嘉橋前湖會楓橋江分支北流經後湖又北流經駱家圩又北流經上烏程又北流經下烏程出烏程橋爲東泌湖港又北流至下沙圩受前阮阪水

視瞻山俗名古塘大山在縣東六十里屬東安鄉前阮阪水出焉西流過前阮阪南折經烏程山歲貢生象山縣學訓導駱炎墓在烏程鄭家山西流至下沙圩注東泌湖港

又西流繞大王湖折而北流經包家湖過下宣阪受下宣步水

下宣步水亦出視瞻山南麓西流過石塘下一名迹唐廈又西過下宣阪又西過下宣村又西注東泌湖港

又西北流出下宣橋又北流穿菱蕩受千嶺水

千嶺在縣東六十里屬東安鄉明封陝西左布政使署江都

縣知縣陳鶴鳴墓在千巖亭山峯水自西流經千嶺下傳村〔屠倬千嶺詩〕仄經穿雲直陰崖背日開越山千萬曲一曲一低回村西有濟雲亭光緒間陳秀雲建又西流經宜仁村後阪樟樹橋受地嶺溪水

地嶺水出嶺西西流過山頭堡又西入於千嶺水

又西流受古塘水

古塘水源出覘瞻山山下有覘瞻廟西流經古塘村義士陳朝雲故里西南入於千嶺水

又西南流過宜仁村前阪明按察司僉事虞以文　國朝揚河通判趙南覲故里阪有又新亭光緒二年諸生王傳詔建又西南流出雙美橋經上下新湖又西流穿菱蕩注東泌湖港

又北流經菱蕩又北流會檀瀆泱

臘嶺一名蘭嶺在縣東北七十里屬東安鄉嶺北爲山陰蘭

亭邑詩人王冕墓在也其南麓檀溪之源出焉西流繞馬面山北麓又西流過下章受西山頭水

牛門嶺當蘭嶺過北北麓之水入白塔湖西山頭水之源出焉南流經西山頭村西南流注檀溪

又西流受馬面山水

馬面山水出馬面山義民包立身屯兵處西流過包村包立身故里同治元年　敕建忠義祠又有義民冢葬包村殉難忠骸分十二穴穴横十二丈徑四丈四旁砌石圍以甎牆門額題靑山有幸四字李慈銘弔包村文元月兮沴妖氛於斗躔敺越紐之失誡兮僪狂彗之刺天偉一夫之奮臂兮集耰矜於市廛惟茲村之坱圠兮實包絡乎萬山六峰窈以環欲兮古博矗而巉巖錯暨陰而錧鐯兮襟越婺之喉咽羌誰何之佌隸兮肆筋力於服田皇降災而弗造兮乃徵妖於石言異魚書之陳勝兮接神君於侯元白虹幻而爲曳兮諗蟲沙於幾茂先訶猨公與素女兮胡笣鈴之浪宣遂唱呼以

殺賊兮顧隝壁之不完各蒼黃而入保兮結杝落而爲藩
賊連屯以迭攻兮猝殞渠於鳴鏑紛尤來與大槍兮聞喑
啞而辟易儼赤手而搏蛇兮眵劍光於一映懵癉人之戰
赴兮胥糾族而盡室登草閒於樂土兮聚鬼雄於一坯計
相持甫及期兮已斃賊而盈億朝彍騎而薮山兮夕苣火
而燒川共讙呼而出盪兮馘封豕如刈菅婦女迎門而笑
兮兒童執戈以後先數猰㺄與麞頭兮挂纍纍而滿鞍尸
塞澗而不流兮血沸谷而盡殷賊營擾而夜驚兮聞風吹
而膽寒洒黟頭之沈沈兮遽夜郎以自大樹素旌與白羽
兮皓衣冠而更制易紀年爲翰枝兮習登壇之封拜豈妄
覬於非分兮翳不學而示異築通天之高臺兮佹百丈以
霄峙日候仙而通辭兮恍雲車之來至維古塘之山依兮
互屯守而屭齒失犄角而不救兮日神言其有族長圍合
而罔覺兮汲道絕而塵侍女娍赫而晝游兮炎滌滌而如
焚屏翳法而弭節兮燎草木於歊氛日掘坎而飲血兮羅
雀鼠以當飧盼鬼兵而不下兮天慘黯而不雲地槁暴而
欲裂兮悽擇音而無門尸枕藉而午路兮聚號泣而靁殷
值元默之厲月兮忽礮震而晝昏舞梯衝於樓上兮突隊
道以穿垠帳矢盡而弦絕兮鼓聲死而不軍覩黑眚之壓
壘兮俄山傾而谷崩人植鰭以決死兮併萬命於一息骨
撐岠而不仆兮手白梃而僵立或噀血以肆罵兮或銜須
以待絕憐名閨之婉孌兮支玉顏而殗殜奮發屋以擲瓦
兮駢窮冢於刀質嗟楚南之老守兮咄嶮早抽簪而解紱
思從事於焦原兮竟牂牁而遽沒隸儒冠之秀髦兮咄羣

連而極殛鬱貞姿與列烈操兮胥標烟而沃雪數望計及望孝兮爭湛族而效節痛主客之十萬兮閃屍林而莫識尙攝贖而血戰兮率死士而潰圍驍李波之小妹兮持半段以竝馳抵馬面峈之危隘兮愁陰結而四隤賊蟻附而數帀兮猶蕩決而霍揮終力竭而俱殞兮持毅魄而同歸當東南之魚爛兮舉列城如振落藐茲村之突兀兮竟嚗壽於鮫鰐賊鴟張而很顧兮遂芒刃而氣索顧闘得以繕備兮發師得以聯絡異陽人之名聚兮實媲功於睢陽吏列狀以入告兮　詔竝祀爲國殤峙高冢而表碣兮錫特廟於蒸嘗埋碧血而不化兮結陰燐而叱皐享泰厲而無咈兮永教忠於明堂薄日星而上升兮勿冥聚而爲殃　又西流經後阯村又西流入檀溪

又西流經葫蘆嶺屠倬詩十里不見人但見松陰直徑轉松亦轉半松半山色　又西流經暮青山山有安隱寺唐咸通間建廣明二年賜名國慶院長興二年重建改題溪山院宋改今額同治壬戌燬於兵僧茂山募修　又西流過上檀樹頭又西南折經大澀坂又西北折過下檀樹頭順治乙未進士廣西左江兵備道虞宗岱故里

又西南折過檀溪廟南出檀溪橋西南流經賞家湖西流穿

菱塘注東泌湖港

又西流經搗臼湖南又西流出二洞橋經白塘湖南又西流出

七洞橋沿阮家步步有市集西南流至塞江口注於楓橋江

又西流經上山頭村東北隅繡球山有聖姑祠今圮出柱石橋明

呂希周有柱石橋記碑今存俗名上山頭橋光緒二十六年重修

并於橋旁購地添設浮橋疏水道利行舟也橋東江邊有井去江

僅咫尺旱不涸潦不漲清濁不相蒙亦異事也西流繞山下湖過

鐵石涨港口北折經下宅阪又西流經馬塘湖閘頭有湖水出閘

注之湖內有珠山後倚詹家山山有大墓葬同治元年殉難屍骸

之暴露無依者題曰六百人墓舉成數也又西至邵家步東銀河

港自南來注之

鸛鳥嘴山在縣北六十里銀河港之源出焉東流過陶家行者橋沿杜黄山下繞老鼠山又東北流經杜黄廟又北流受楊樹隖礬葭嶺水入西新湖西出抱子閘

駱家嶺楊樹隖水出焉東流北折至楊樹隖又北流過埂頭入西新湖

老鷹山礬葭嶺水出焉東流北折過志存房入西新湖

又西流受大宣水

青茶山灣大宣水之源出焉東流北折至大宣村元淮東道副使王艮故里亦名水南村艮父王理舊居理自號水南先生案王冕竹齋集有次韻答王敬助詩有寓意次敬助韻詩又有與水南王德强詩分見坊宅志及雜志則當時水南人物似不止王理一人也又明江西提學僉事王鈺故居亦在大宣後徙店口又北流注銀河港

又西流受攀轅嶺水

攀轅嶺水源出嶺北北流過謝家眞武廟受王家隝水入小溪湖北出銀河港

鰻山嶺王家隝水出焉合王家隝村水東流經新莊至鍾家前受寓村水又東合茶籃湖水入小溪湖

寓村水出宜橋村裏山東流至寓村受葴家嶺北水又東流過鍾家入王家隝水

又西流受牆頭水

銀錠嶴牆頭水出焉北流注銀河港

又西流受石家衖水

石家衖水源亦出銀錠嶴北流經銀冶廟在廟衖阪咸豐辛酉燬於兵同治丁卯重建廟側銀冶山山石燗爍有光鎔之

有鉛揀鉛得銀俗傳明時於此置銀冶故山名銀冶水曰銀河港山有桂樹大數十圍高十餘丈垂蔭數畝香聞十里有趙方氏捐田建菴於此今廢繞虎山又東北流注銀河港

又西流出石瀾橋又西受後岸水

福清嶺後岸水出其東旁有延祥寺隆慶駱志延祥寺在延祥山晉天福七年建初名福清院宋時改今額東流過宣烈婦祠祠前有下堰池亦呼盡節池池上有宣烈婦殉節處碑[余銓福清嶺輓宣烈婦詩]稠道寫春泉嶺雲送遲日此道識貞松不改歲寒色燈下縫衣裳從郎泉路去衣留嫁時顏認妾郎無誤茶隝水自東來注之

茶隝水出茶隝西流入後岸水

又東流過上宣東北流過下阮又東北過曆阮又東北經四緋廟受篠嶺水

篠嶺水出篠嶺東南北流之水入江藻溪東流至西緋廟入後岸水

又北流過竹浦阪又北流經後岸入駱家湖北出銀河港

又西流會箬溪

箬溪源出箬隝東北流經楊枝山頭東注銀河港

又東流北折復西北流經西陡壟出木橋過衖子口又西北注於楓橋江

又西流出邵家步橋明萬歷時鐵船和尚募建和尚俗姓詹氏披剃峨眉菴菴去邵家步三里許橋左舊有永甯寺旁供和尚像後寺燬乾隆間僧永修重建同治壬戌寺又燬而和尚像至今尚存光緒間寺與橋俱重修受白狐嶺水

白狐嶺水源出白狐嶺北流過金竹塘湖又北注楓橋江

又西流經貓山頭北折過雞籠石石在長山盡處楓橋江中北流西折過小顧家又西流至大顧家出四港口會下東江二水會處水勢漩環俗名磨心潭順治三年顧氏三烈投江殉節處戴殿泗義烈行有序暨陽江中有磨心潭順治初顧節婦石氏姚氏及鄰婢蔡氏避山寇殉節於此潭化爲阜蔣孝廉載康以文徵詩爲賦此篇磨心潭中一阜嶔是阜非阜三烈心顧家婦石年十八鴛鴦機斷奉翁洒從婢十四其氏姚早遣鄰鬟識冰雪紛紛白馬繞江來蘆葦叢深雞唱哀棹舟西匿棹舟返四江匯水傾霆雷霄深月黑江無底得義不知江是水氏姚躍入鬟從之節婦節甘之死靡三心一氣天風號沈沈砥柱無砥濤上感九重鬱旌表下徹大地連靈鼇東州文雄三徑豪聞聲未識面久撓蜚箋紀實出金石爲賦磨心潭行當雲璈江東爲白塔湖西爲西施湖隆慶駱志云檗浦鄉司法參軍楊欽築園植花木於此繁華美麗若西施故名舊有匯俗稱顧家匯明知縣劉光復直之經野規略所謂開西施之河者此也北流經三烈坊前至白塔斗門有白塔湖水西流出閘來注之

白塔湖在縣北六十里當紫巖西安二鄉之間東受山陰縣磧

石嶺上嶺倒山嶺諸水合流西折至闞口地當東安紫巖二鄉交界舊有紫巖寨設巡檢司故名後廢在縣北八十里入境西流繞出長安山麓至黃闞郎宋之黃闞里舊有市今廢始稱黃闞溪南受蛟嶺溪

蛟嶺在縣北八十里屬東安鄉水自嶺下北流南麓之水入東泌湖港逕梁公舍東會苦竹嶺溪嶺東屬山陰又北流受牛門嶺溪嶺南之水出西山頭入東泌湖港又北流至馬隝隝東屬山陰東受馬隝溪合流出華家橋入黃闞溪

合而西流有乾溪隝小水入之又西流出黃闞大橋溪北平進山有修惠寺後唐長與五年於古資聖院基改建宋太平興國元年改精進院後改今額經黃闞村又西流至袁村村在溪北後倚蔣墅嶺〔居偉詩〕劫火成今古溪藤不可攀言從蔣墅嶺徧歷暨陽山溪南爲阮家店爲

湯山各有散流注之經新源亭又西流北折至董公入白塔湖白塔湖三面環山東路之水盡此南北兩岸水皆散流湖內汊港紛歧未易紀述今姑以董公爲主分三條紀之

董公南爲唐夏有胡蘆嶺小澗北流經唐夏村西折至督江頭入湖唐夏西有傅村嶺小澗北流繞鷲峰寺前寺不詳所始乾隆間寺僧端蘭捐產入毓秀書院今寺已廢又北流經傅村至沙埂頭入湖傅村西爲王村有小千子墓山王村西爲白湳白湳西有山隆起曰大貝山亦曰何家山明涇國公蔣貴祖阡在焉俗呼千子墓山下有涇國公墓表郭毓千子墓詩萬千氣象鎖雲霄隱隱湖山入望遙吉壤牛眠訛禁穴通侯虎拜冠羣僚青烏有驗靈光顯白塔無邊衆水朝聞道雲仍猶未艾他鄉簪紱珥蟬貂墓表西爲何家山村光緒乙未進士何榮烈故里里西有宣烈婦祠里人何宏基建祠前爲通衢即烈婦于歸時折輿杠處祠後山上舊有何山義塾道光間里人何綱捐

建今移建湖濱何家山西爲廣山廣山西爲詹家山山麓有埂南北橫亙名楊救夜成埂爲白塔湖與馬塘湖分界處埂之北有蔣山亦名長山山盡處有石插入楓橋江卽雞籠石也此爲白塔湖南條之山

董公北有小山有曼勝菴修竹幽篁地絕塵囂 國初心湖蔣山人隱遯處其旁則山人之墓在焉曼勝菴迤北爲東何山下有何烈婦祠祀諸生何檢妻屠氏祠迤西爲金牛嶺〔屠倬詩〕樵徑盤山脊陂陁折幾回金牛不可見雲氣萬羊來嶺迤西爲西何山宋於此立盛後里里爲宋國子博士周靖故居靖以岳忠武遇害力丐罷官闘邑有中州風徙居焉後子姓繁衍遷徙四出今里中有村名花園者猶其後裔也盛後里迤西卽宋之白櫟里明隆慶戊辰進士蔣桐故里村後有鶴尖山聳然高峙與千子墓

隔湖相望形家謂爲千子墓特朝之峰山下有土地祠明時山有虎患里人無敢樵採有蔣律天者年七十餘矣入山斃虎患遂止鄉里德之其卒也肖像祀之水旱祈禱頗有靈應祠南阮家隖其墓亦在焉土地祠西有宣妙寺隆慶駱志謂在七里山誤唐咸通二年建初名妙興院後改今額乾隆間蔵里蔣載康注經於此今廢宣妙寺西爲上馮畚宋皇祐己丑進士馮滋紹興乙卯進士馮耀卿父子故里舊有聞鶯館今廢上馮畚西爲丁家又西爲竹雞嶺嶺西爲蔡家山山下有埂橫亙名新塘埂爲白塔湖與歷山湖分界處明天啟二年蔵里蔣重良捐田擴築即府志所謂新塘是也此爲白塔湖北條之山董公西有螺山山下爲金家站村光緒庚辰進士金毓麟故里山斷處有太平橋湖北之水出焉橋西爲覆船山又西爲

劍山山斷處有環翠橋湖北之水亦出焉橋西爲滸山山下爲心湖山人故里滸山西有旗山山之陰有康泉馮夢祖康泉記楊梅之山瀕弛有蹄涔焉上荷厓麓下涵畝區徑圍三尺許度深十有餘寸洪霖不盈暵旱不涸流微注於田間野夫牧豎之所濯蝸蛉禽鳥之所嚧會未有人引瓿而挹焉蔣子康侯炎暑行畝畔鬱蒸暍乾滌手抔飲色白而潔味冽以甘腹爽而體爲之快吸以歸爇炭烹茶爵然不滓信宿無渝垢嘉賞甚因以字名之曰康泉由是知味之家擔挺抦瓮攘攘徧鄉閭噫嘻斯泉亦何幸而遇蔣子耶水之爲用甚奢生於天一成於地六得夫氣之正者甘以潔否則濁而穢矣所以霜雪液淸雨露潤甘江湖之中間有佳味彼夫河海澗沚之水皆水也不可以言泉而泉之佳者多出深巖幽壑中高人逸士品題評騭盈千百家他不具述武林所最著虎跑六一而白沙次之上者一購錢彌百次亦牟焉斯泉氿隱邱壤間樵牧禽蟲之所藝而一經蔣子之賞乃與虎跑六一聲價相伯仲泉因蔣子而著亦因蔣子而傳人之與物相遇有時而相著亦有時劉蕺山以山名陶會稽以郡名而蔣子乃以泉名古來聲名奕著之輩所在多有或一傳或再傳而湮沒者不可勝數而此泉將歷天地而不毀泉因蔣子而著蔣子亦因泉而傳兩相傳兩相著也天下賢人君子衆矣學貫天人道崇今古嘗其伏處時自分與林壑爲伍村童市儈皆得傲而睨焉一旦遭遇所知升塗泥而上青雲揖讓於王公之前登降於卿

相之府光溢天壤名流奕禩亦猶是也世有知希之人毋炫毋傲其亦有感於斯泉雍正間知縣崔龍雲愛此泉置水遞若東坡之於惠泉山之陽爲蕺里村郎元之臨川里明孝子蔣子濬故居有經籠堂其元孫蔣載康讀書處右有指川書塾嘉慶間蔣元璉元瓏建延師以課族人今廢毀垂盡旗山盡處瀕東江即斗門步酈青照曉泊斗門詩落月辭殘夢推篷霜滿灘鳥喚知夜暗人語帶春寒茅店爭初客小盤勸早餐裹湖船更小搖蕩惜波瀾此爲白塔湖中條之山

湖水至蕺里村前會而爲一合流西出迴龍橋至斗門出閘閘有二詳水利志注於東江又迤西流經華家明江府長史華岳故里舊有官渡後廢今鄉人醵錢設之折而北流東爲歷山湖西爲魯家湖各有閘水注於江至王家步順治丁亥進士蔣爾琇故里里東蔣灣山其墓在焉余懋

棣博菴蔣公墓誌銘

公諱爾琇字秀玉世居諸暨父諱一祿字養廉太學生母蔡孺人生三子孟爾瑛季爾珪俱邑諸生有聲公其仲也生而卓犖讀書不屑治章句以文武大略自負爲文奇崛奧衍宗先秦諸子舉順治丁亥進士出李君門闈中得公卷質於同考劉君劉君歎賞曰此必越蔣某也奇士宜亟薦之蓋公嘗以所業就正於劉劉固陰識之也榜發公謁李李語之故并謁劉劉得刺遽出見連稱曰奇才奇文初選新城令未赴丁內艱時　王師定浙東暨界連四邑山寇蜂起公讀禮家衛練鄉人子弟以自保號令明肅寇不敢犯鄉人賴之石仲芳據紫閬聚衆數萬民以苦之邑令朱之翰山陰令顧松交昔公同年友薦公於中丞委以撫事公慨然力任以討縛石妻子復厚待之石且驚且喜猶豫未決公突入其巢指陳利害曉諭百方出子姪爲質石感泣遂就撫立散其黨而劇盜陳端獨佚去公疾出鄉兵掩襲之賊衆驚竄多赴水死邑賴以安服閎授河南原武令中州經闖賊蹂躪民窮多盜城市蕭然公至咨疾苦勸農桑申嚴保甲指授方略屢翦劇盜邑蒸蒸有起色顧性耿介不詭隨邑某甲素庇盜有劇盜就捕公方訊治某甲囑紳士之有力者行千金爲盜請命公堅持其獄盜伏辜詞連某甲某甲懼造蜚語中公竟落職歸與昆弟故人爲文酒會浩然自得無幾微不平色遇邑有大事未嘗不以力任之爲人慷慨直諒與人交無城府爲怨家所誣幾至覆家不較也好周人急不問家人生產晚益落處之泊如卒年六十二卒後三逆繼叛海內騷然苦兵定武李文襄以督師駐節三衢思得智謀雄略之士遺价以書幣聘公而公已下世矣元配俞孺人後公二十餘年卒年八十四生三子長三古次三辰俞出次駱觀側室劉出俱

庠生女二俱俞出長壻祝宏疆山陰庠生次郎吾父諱毓湘贈文林郎孫男十三人直奇登辛卯賢書曾孫十九人元孫十六人初公與孺人之葬也在白櫟阪後數十年形家爭言不吉遂以乾隆八年八月十日遷葬於蔣灣東山敢書所知而爲之銘銘曰桓桓府君才兼文武遇蹇一時風垂千古東山之陽新遷協卜窀穸萬年以昌似續又折而西流過夾山街兩山夾峙江水至此一束明知縣劉光復鑿而深之經野規略所謂剡江中之石者此也又西流經社壇前壇在江北山上壇旁古木蓊鬱蒼翠蔭地蓋明時鄉社壇遺制之僅存者又曲折至三江口會西江

卷十

山水志七

西江元天歷間州同知阿思蘭董牙所浚自茅渚步與東江分行北流經江神廟前明知縣劉光復重修置田以備修葺并撰記出茅渚步橋舊有官渡後廢易以木橋明萬歷甲辰重修劉光復茅渚步橋誌略暨城下五里有茅渚步當兩江之分衝實闔邑之要津沙河不可壘石小舟又難逆濤即插椿架木爲橋動費數十金未踰年而又已朽蠹足加其上摇摇若懸旌嚙指盤旋以過甲辰歲余督石埂日臨其地耆民每來告曰頃者某過橋墮水某跌傷某處某等願捐金共造堅好置產以備修理不佞喜助十金越數日而工竣買花園埂中田五畝零歲課二兩四十八分爲四朋輪管生息時易朽蠹田勒碑四十八人俱書名於左國朝康熙十年知縣蔡杓重修清釐官田以備修葺乾隆二一年沙埭郭泮捐田二十畝爲歲修費知縣方以恭爲詳憲勒石橋東大侶湖沙埭村側小阜有胡大將軍墓犯之有祟經梁家步初名楊家步後改今名步有渡順治間里人蔣晉陽捐

造江當衝處咸豐元年知縣劉書田於江東岸權石障之今剝齧無存又北流經王家堰頭每年夏秋旱乾湖民截江爲堰枯槔繫級引水過埂以溉湖田名曰打江車故地亦以是名又北流屈曲至祝橋港口西有五洩溪會石瀆冠山青山諸溪出祝橋東流來會之

五洩山在縣西六十里屬靈泉鄉名勝志云山峻而有五級故名洩之東有響鐵嶺嶺上又起崇山袤延環列土地平曠村落星聯即富陽之紫閬陶望齡遊五洩之紫閬詩一瀑懸百仞五瀑方到地毋緣嵐霧開略想峰頭翠即此料泉源應從白雲墜攀藤漸躋陟屢息始能詣誰謂孤峭中忽有桃源事雞犬散村落竹木成位置連疇溪女桑阜午樵人市向來五瀑布平流若溝隧十里方下山八家在天際陳石麟由響鐵嶺之紫閬詩七十有二峰三十有六坪一一在几案羅列如楸枰衆客攀蘿上我獨逝西行地勢何開朗中有田可耕山家早刈穫時有春揄聲更西爲紫閬五洩水所生安得窮其源身輕如鼯鼪小憩肩輿下夕陽遠峰明響生寥寂間一派風泉鳴隔水山寺暝不聞鐘聲鏗東龍潭水源出焉吳萊五洩東源偶賦屬陳彥正

菡越中五洩古名山東源峻嶺空雲間老石崚嶒欲見骨天河瀉破莓苔灣蛟龍束身似蜥蜴魑魅出没司神燹雷公一聲忽下擊鳥迹不到猶垂關青華仙眞舊治所碧落侍從登清班穴發猱猨據一柱戶想銅獸銜雙鐶鳳馭鸞鞭白羽藋芝之樓蘭閣朱莖般梯梁未絕或可值洞府寢遠多愁顏嚮曾褰衣得揭涉別擬鬱徑通茅菅寬宏可占十數畝覓靜粗覺非人寰澗流帶綰玉縈纏巒翠髻攏花爛漏截斷塵埃與世隔構成棟宇甯吾懷陳君尋常有道力況此跬步臨幽潺虛空光明自不動寶爐温養丹將還丈夫出處我已定馳宇早寄孤飛躡休拘崑崙併漲海遇過有勝處同躋攀閒師濂遊東龍湫上響鐵嶺尋五洩之源詩昔我嘗讀水經注五洩水懸五瀑布今我得到五洩遊驚人乍見東龍湫龍湫下瀉第五洩橫空飛出千山雪雪花散作雲與煙黑龍潭水腥流涎一二三四洩不見廬山何處尋眞面我來響鐵踏嶺尖直探倒挂珍珠簾其源發紫閬一氣自奔放化爲劉龍坪鏘鏘金石鳴一峽一鎖一拗突如鑿龍門穿積石積石不可到龍門不可攀上有縹緲之仙山山人阻我行不得昨夜山頭過虎迹西流南折爲石河經劉龍坪入境坪爲劉龍子拜母處萬歷府志云晉時劉姓一男子釣於五洩溪得驪珠吞之化龍飛去人號劉龍子其母墓在撞江石山每清明龍子來展墓必風雨晦暝墓上松兩株至今奇古可愛相傳爲龍子手植云坪平廣可十數畝龍子拜母處

石上頭膝印存焉吳萊劉龍子歌劉龍子龍子出山龍母死一雙赤鯉騰來多元黿獨戰翻天河山頭種楓高不得楓葉落波秋正黑潛游蟹斷島無人飽啖蝦鬚汲作國巢湖黿眼看欲紅卭都魚頭闢爲宮絕磴懸梁但一勺雲納霧穀餘長風劉龍子龍子爲龍猶念母孫江沼海歸何所硯中墨水吾乞汝乘夜蛇醫送飛雨鬨桐登響鐵嶺尋劉龍子故蹟詩遊罷龍東龍湫古興鐵嶺去仙蹤不可尋白雲翛如絮中有世外人龐眉相與語古屋雨三間指點棲真處戴殿泗劉龍坪詩黃帝不學仙陶唐聞參龍飛天涉廣海竅附此潛蹤雲來東西潭雷下入九峰入楓匪影黑石與霄漢衝鳥迹不到處陟險心膽沖蒼黎資沛艾壇宇忍翳蒙仙子拾靈藥瑶草時豐茸猶傳龍母墳飛瀑挂長虹旁有石鼓嘉泰會稽志云在山巓如鼓擊之有聲又折而東流自崖石上挂下是爲第一洩陶望齡遊五洩第一洩詩山雨無崇朝青苔助嚴險四洩安可求山僧只指點興來身命激危磴幾欲犯童僕進苦規同遊亦譏貶慮探膽易慴計阻心竟歎勝事忽若吞清眠夢如魘夙餐動歸策臨瞰勢已儼蘿葛疲攀緣荊榛費誅斬跖石愁足跌踏泥任衣染下望五白龍遥遥競騰閃凡五級嘉泰志謂東西兩源會爲飛瀑五折而下是合西龍潭而言也誤五級有峽峽名龍門各有潭水至潭底輒復逆上遇峽則激怒而又下水經注云夾溪造雲壁立凡有五洩據戴校本他刻五訛作三下洩懸三十餘丈據戴校本他刻脫下字廣

十丈中三洩據戴校本他刻三訛爲二不可得至登他山遠望乃得見之懸百餘丈據戴校本他刻懸字上衍下洩二字水勢高急聲震林外上洩懸百餘丈望若雲垂此是瀑布土人呼爲洩也其詳見下王思任及宋濂二記第四潭之側有劉龍子墓壘石爲之或曰龍子之母葬此至第五潭即東龍潭陶望齡第五洩詩白蜺飲晴壑一飲萬人鼓腥風歎涎沫下有神龍府傾厓與迴薄獷石佐虓虎十里骨立山洗濯無撮土遥源杳何處落地名第五客來泉亦喜舞作千溪雨赤脚立雨中衣沾翳厓樹廿年成始至重遊在何許憑君鐵錐書一破蒼苔古亦稱東龍湫陳石麟東龍湫詩五洩寺之右蛟龍之所窟山腹貯源泉潤及山骨活上有劉龍子傳聞化神物至今十八溪溪水條條闊泉來紫閬山蜿蜒此結穴屢蓄亦屢洩餘怒猶鬱勃山根一奔放大聲不可遏飛爲千絲雨噴出太古雪下有千尺潭能解潛蛟渴我來洗我心灑淅到毛髮趺坐水中石酌酒呼奇絕酈滋德五洩東龍湫詩我從閬山來便指東湫路響鐵嶺邊猿亂啼白晝晴雷隱雲霧倒樹迎風動寒色玉龍夭矯挂鐵壁壁間坎科一千丈幽修豈有精靈宅神魚朱鬛揚紫烟噴波直與銀河連吞珠作塵玉作屑飛霜鬬雪媚空天平生未向匡廬遊已覺胸中隘十洲青冥黃鶴高不下鮫綃一幅無人收龍子晚遊騎白鹿異彩煸爛五銖服夕陽歌罷不見人摘星峰頭伴雲宿旁列酒湫峰水色黑又稱黑龍潭亦稱黑龍

井或云黑龍井在第三級蓋潭深無底俯視黯然有似黑也每歲旱禱雨於此故亦名禱雨潭宋乾道四年安定郡王趙子濤偕尚書汪應辰王希呂禱雨於潭潭龍現爪赤光射人甘霖立沛卽此潭也總言之曰五洩也王思任遊五洩記水經注是也中二洩不可至宋景濂獨難四級蓋從下數上又於二洩之中身試之矣謝元卿刁景純輩所遊遇不可知若近日徐文長袁中郎陶周望俱未至三洩與四洩今次第言之從寺右走里許先見者乃第五洩也約三十丈圍鹽萬斛下夾溪造雲壁立酈道元已貌得七八也過潭壁斗凸三丈許履不可革黏醬如蜒進生退死雷霆不聞初苦上旋苦下屏息如盜響鈴突見碎雪再來此四洩也同行孝廉范敬升先眠朵玉河上余與文學陳奕倩僧魯逸曹源續至各踞一壑此時八在勃律天西望見蔡漢逸兩試兩落以爲匏肉絕想矣良久勉上半前半卻正盜響鈴處也幸而至亦坐坐莫搖首半刻乃笑而一三洩均隱在對山隈上巒强取之石芒棘杪著處寄命阿奴欲忠一臂忽口噤不悉說何事昆陽閫中爾我不相顧也三洩態備出傾者滾者飛者跳者煮者突者衝而過者喧豗纖蹴其沫猶可滌肝棲賢三峽非不妙那得驕而押之朱約之浮以大白此酒不宜勸人矣爪壑右上得印腳掌數丈望見二洩老衰衣挂下短白鬚也石腹臟瀉不可陟力人先之汲我以裹足布再墜而引若淫溼斷不能也第一洩飛下聲怒勢怒色怒然無暇料理之絕壁垂尺餘在外失一跬千古不問矣飛瀑雄吼貫頂劈來上

有龍井洄淵萬仞以青竹及柴杖投之有入無出此蘇魂栗魄府也駭而上之爲劉龍子拜母處頭踝印存又上之其家也又上之則地名紫閬屬富陽治般般雞犬聲出也忽一而平田廣陌眉鎖頓開又從十地援出三天門無復歸理特于人一條生路奇絕乃從響鐵嶺大步而下是遊也喜樂不償畏懼生人止堪一寄耳吾意鑿通懸度亦不必五羊屎金千梁無柱然而不樂爲之者僧欲險之而山川亦欲悶之雖然險悶正爾佳必欲几乎礴善即無過邪鄭道也袁宏道觀第五洩記從山門右折得石徑數步聞疾雷聲心悸山僧曰此瀑聲也疾趨度石罅瀑見石青削不容寸膚三面皆郛立瀑行青壁間撼山掉谷噴雪直下怒石橫激如虹忽卷掣折而後注水態愈偉山行之極觀也遊人坐歎巖下望以面受沫乍若披絲虛空皆纊至飛雨瀉崖而猶不忍去暮歸各賦詩所目既奇思亦變幻恍惚牛鬼蛇神不知作何等語時夜已半魈呼虎號之聲如在牀几間彼此諦覷鬚眉毛髮種種皆豎俱若鬼矣又越中雜記五洩水石俱奇絕別後三日夢中猶作飛濤聲但恨無青蓮之詩子瞻之文描寫其高古噴薄之勢爲缺典耳石壁青峭似綠芙蓉高百餘仞周匝若城石室如水浣淨插地而生不容寸土飛瀑從巖巔掛下雷奔海立聲聞數里大若十圍之玉宇宙間一大奇觀也因憶會稽賦有所謂五洩爭奇於雁蕩者果爾雁蕩之奇當復何如哉余縉遊五洩記出寺門數十步循山而東至東龍潭飛沫雨集石齒齒然清溪激湍一往如注遠望瀑布如百匹練從千仞巔傾瀉崖下稍近則人笑語俱不得辨潭深數十丈水清冽視之深如徑尺潭底石子皆五色遊魚數十頭洋洋往來鱗鬣可數潭旁有石坐天然泛觴舉滿夷逌大勝曲水石壁多古人

題字歲遠班駁不可識谷風含吐韻類琴瑟坐久遊人襟袂漸濡凜乎不可復留矣由潭下仰視上級磴絕鑱削似無可攀陟者以山僧為導捫蘿緣葛而上漸得鳥道幾墜復登者再四然後達第四潭豁然曠覽巨流截去途遊人相顧失色欲訪舊徑返寺則俯瞰駭絕無復措趾處矣因與土人褰裳亂流以躋旁有巨木浮水面瀠洄不得下僕夫舁投匿側響撼羣谷如天崩地裂聲須臾從下潭浮出木寸寸裂矣三洩勢稍平有水簾無瀑布然上有石門限殊不易上石門限者中突上下俱凹山僧示余曰是不難上有竹根藤本可藉以超躋行數武莫見藤竹眾皆吐舌而僧已聳身入雲際矣因尋其履迹魚貫以登初見黑龍井澎澎有聲蓋天然一石甕也大可一圍中幽黑莫知淺深瀑水從上匯懸注甕中至尻復騰躍而出沸如雷鼓戲投以石鏗鏘而下良久石自甕中躍跳逆出潭外亦異觀也循山左折至第二洩不復聞水聲遠望峽中白虹垂澗水鳥羣立飛石震之不動匯石益陡峻蒼紫萬狀俯視千峰拱揖受命矣第一洩水勢漸平有巨人迹長二丈許沙土不受以他物投之輒滌去或云此劉龍子垂釣處也泉聲幽咽萬松颯然隔岸秋花爛漫禽聲甚樂水窮處豁然平敞是為劉龍坪坪寬數十畝有老僧結茅其間見客驚怖欲遁去力呼之始還詢其山居樂否愀然曰種蔬一畦恒為猨獨所侵荷鋤他適甁盆亦為所發殊苦是物何樂之有捫掌大笑而別唐詢遊五洩東源詩

尋徹靈源第五源旋攀蘿葛上山巔寒聲昔謂來天外巨壑今知在目前峭壁有雲時蔽日重巖不雨亦生烟臨觀已覺塵心盡更欲淩虛訪列仙蘇緘五洩東源觀瀑詩

一道銀河瀉九天五潭遊徹思飄然雨噴細沫來身上練挂長條在目前巒峯已知冬更好

地涼應與夏相便因觀麗什懷濤賞猶覺寒聲到耳邊蕭闕五洩東源詩誰鑿洪厓作斷痕靈泉從此瀑流分長虹五曲白垂地峭壁萬重青破雲仙客歸來沈遠信老龍蟠蟄吐祥氛輸他林下忘機士人是人非不欲聞倪伯升五洩東源詩五洩高寒接太清銀河垂地落天聲玉虹貫日晴空見驄馬翻瓢白晝傾作賦曾聞誇雁蕩乘槎應可到蓬瀛何當一叱乖龍起手挽商霖洗甲兵徐渭五洩觀瀑七絕紫閬村中一綫微穿崗入竇浣裙衣無端流出高巖上解與人間作雪飛轟雷千丈破銀河鐵障陰寒夏轉多我已看來無此景大龍湫比此如何斗厓緊接大槽平長練難傾怒瀑生絕似海門潮正急白頭翻貼黑沙行五條挂練玉龍奔七十二峰鬼斧痕墮水墮驢都不恨古來一死搏河豚知縣劉光復遊五洩詩茲山負奇秀絕壁出飛泉白虹倒垂地老藤扶上天龍蛇常起蟄松檜不知年卻羨樵蘇者飛騰似偓佺袁宏道五洩行銀河長夜天地綻空中現出琉璃變電布雲奔一派垂山都盡吼白龍戰四壁陰陰吹雨足畫巒活舞玲瓏玉天孫夜夜踏歌來一曲飛珠二萬斛周栻五洩觀瀑詩五丁力不到天一水剖山腹兩厓立積鐵飛雪散萬斛一洩一千尺連延四洩續水從天漢來巖依回流複中洩罕能到先賢俱裹足我曾一一經年少銳氣蓄微命寄石芒豈效昌黎哭龍井鑿石灘圓勻如截竹澄波絕纖埃照見須眉綠身出五層巔去天纔一握

宋刁約云俗謂之小雁蕩溢而爲溪南流逕東經五洩寺前唐元和三年靈默禪師建名三學禪院有三十六房相傳師嘗降龍於此咸通六年賜名

五洩永安禪寺天祐三年改應乾禪院後仍改今名院左壁有徐渭題七十二峯深處六字周鏞五洩山寺詩路入蒼煙九過溪九穿巖岫到招提天分五溜寒侵北地擁諸峯翠插西鑿徑披厓來木杪駕泉鳴竹落榱題當年默老無消息猶有祠堂一枝藜劉述詩翠屏千疊水潺湲一簇青鴉杳靄間惜是晚年逢此景悔將前眼看他山瀑飛落磴終難畫龍蟄巖雲只暫開薄宦勞人無計住可嗟歸去又塵寰廖虞弼遊五洩山禪寺詩招提深鎖綠苔幽故遣高人向此留萬疊雲山從地湧雙源瀑布自天流風翻篆字松聲碎雨過禪房竹翠浮試問茫茫曾厭客乘閒還許再來不楊傑五洩禪寺詩祖師平昔撥雲開一榻靈湫一石臺青玉成圍千嶂合黑龍分勢五溪來禪心不動澄潭月俗耳常驚靜夜雷卻笑興公遊未到祇將佳句賦天台陳石麟詩緣厓渡澗來披林見山寺危峯峭壁開一寺占平地寒風天上落高嶺生古桂秋深不聞香山空得真氣門外一小山松篁亦交翠隔溪竹林深日暮客猶倚僧樓同一宿清絕不成寐潺潺溪水聲中有吟聲繼亦有夜猿號悠然心不悸微明月在天振衣上巖際山靈喜客遊先期驅虎避周師濂宿五洩寺詩山寺早掩關寺樓客同宿被酒人未眠吟詩夜刻燭水碓聲自舂哀猿嘯空谷詰朝再看山夢境猶未熟披衣侵曉起白雲裹巖屋

院側有龍堂相傳即靈默禪師道場禱雨者神焉宋主簿吳處厚有五洩龍堂禱雨記嘉泰志謂刻石記之今石刻無訪其方丈顏曰雙龍

湫室圖滋德宿雙龍湫室聽雨詩新月窺簾一室明閉門枕畔落溪聲半宵飛雨催人夢夢與山僧乞曉晴寺後爲棲眞巖寺前有石獅石象蹲踞東西形狀怪偉又有石鼓山陰徐渭鑴有銘詞銘載金石志有石屏俱卓立平地者石屏亦呼筆架山山在溪南三峰鼎峙秀削似之故名迤東爲會仙臺臺迤南有老人峰又東流經棋坪峰至合井潭而會西龍潭溪周熙績堂遊五洩詩曲曲千盤路行行又一峰溪深碧樹合巖古白雲封靜境無嘯鳥迴風送午鐘神仙不可見聊爾紀遊蹤詩見兩浙輶軒續錄

西龍潭在浦江縣交界俗呼馬蠶殷潭之上亦有石河水自石河瀉下闊可七八尺傾沫散珠滑而無聲四山環繞石壁峭削叢竹古木濃陰晻藹較東龍潭之雷轟海立又別闢一幽秀境界潭深無底鄉人禱雨其靈驗與東龍潭等亦名白龍井陶望齡白龍井詩招提萬山裏門與蒼厓對嘗聞白龍井竅出清溪外沿洄未覺遠忽抵前山背半壁仙屋深迴峰洞門凝奇巒互傾仄飛溜各形態厓松老將化石筍看來大盤谷戴土耕寒苗接流溉蹊幽生晚畏徑轉添新愛已謂人境窮蔦與村翁會息肩支

短策洗足坐鳴瀨但見元髮垂安能
問年輩因知雲霧間神仙故宛在**又名西龍湫**陳石麟西龍湫詩諸峰萃
西溪峰峰不同趣譬如孤介士特立恥依附元氣自雕劖山容
妙刻露其高插青冥其深絕徑路人行亂石間石罅急流注大
石熊虎蹲側足猿狖度窮幽至龍湫陽厓懸瀑布石杯坦以廣
水花散無數不若東龍湫掉尾勢激怒連朝看名山慰余心所
慕山僧導我行時時依杖屨況有賢地主伴我山中住他年重
來遊山靈亦如故周師濂西龍湫詩西溪山水險且奇神斤鬼
斧斲削之怪峰插天肖鷹隼危石當道蹲熊羆山僧爲我作前
導此行力欲窮其奥溪流濊濊冷若冰陰谷幽邃日不到忽然
開朗陽厓明石屏水瀉寒潭平不比黑龍翻濁水圓如月鏡光
晶瑩上有龍洞復龍井天開一綫爪天影惜哉路絕人攀躋造
物閟此靈異境霜寒風冷不可留哀猿怪鳥
鳴啾啾探奇入險心膽落去去猶戀西龍湫**溢而爲溪又稱西
溪**唐詢遊五洩西溪詩遊徧西潭返步遲亂雲隨履雨沾衣山
形相向還相背獨有溪流共我歸周桐從陳寶摩紀初眞兩
學師及諸昆仲遊西溪徧歷龍湫諸勝詩東潭勝在外溪山同
襟帶西溪窈然深萬象包其內一峰復一峰峰峰爭向背或如
靈鷲飛或化斷虹碎老僧導我前一一稱名對山靈書然笑羣
仙此高會元祕不肯洩怪石當道礙我身乏仙骨公然一而再
夫子今鄭虔風流繼前輩策杖邐迤行逐勝跨同隊
歷徧西龍湫一償生平愛何時重來遊看山後十載**北流數十
武有大石障之相傳有巖石肖鷹喙一夜大雷雨喙忽崩下墮**

於此焉又北流匯爲小潭水澂清可鑑毛髮儵魚喁喁見人影輒復潛去又北流至一線天兩厓斗立下開上合形如竇水自竇中流出當水涸時緣梯入其中仰視之巖不合者僅容一線微漏天光故名焉出竇匯爲潭又北流出石門有兩峽鎖之故名亦稱龍門凡兩重故亦稱雙龍門又北流經遇龍峰出遇龍橋亦名合井橋又北流至合井潭入東龍潭溪總名五洩溪宋濂五洩山水志五洩山在婺杭越三州境上北距富春南據句乘東接浦陽其山水最號奇峭齊謝元卿常以采藥深入其中而宋刁景純吳處厚亦頗遊焉自西阬嶺入過遇龍橋北行二十步始入西潭前橫一溪水甚寒履之如冰由溪而前經小潭旁有嶕石突起類大甕斜覆乃捫石而登一失足輒墮又行二里所地稍平曠坐石四瞰峰巒環列獻狀其紋縈縈然類神工鬼斧所雕刻者山多猴遊人或恐之撒石亂下如雨又前行半里所泉自石竇中出瀏瀏作聲若琴若笙竽泉西流匯爲小窪瑩澈泓澄毫髮不隱鯈魚數尾洋洋往來如行琉璃瓶中見人至潛去窪左大樹離立極怪偉倒映入水中如畫又前行五十步大石阻道相傳有巖角肖鷹喙吻夜大雷雨喙崩下聲聞二十里又行三十步榛篠成林翠光浮映衣袂成碧色山蟲厓虺奔

造後先瞬目失所在至此則氣象陰幽絕不類人世如升蓬嶠坐水晶宮生平烟火氣消盡又自山腰緣葛而前竹籜覆地厚動足輒仆又過十步許抵小潭小潭上曰西潭流水傾沫成白簾闊可七八尺冉冉下注滑而無聲兩旁石厓峭立苔蝕蘚障時有水珠毿毿滴下歲旱鄉民禱雨於此遇禱水或漗取蜥蜴入瓶盂中持以歸多驗自遇龍橋至此約可六七里皆蛇蟠磬折路行若窮又復軒豁其中勝致難得具記或言潭上有石河從石河至三臺塔人迹罕至莫詳也尋故路而出斜迤而東過香爐峰峰峭拔上有石類香爐故名香爐北有峰圓而童名鉢盂峰或云肖東頤雁蕩又名雁蕩峰遵雁蕩而南時有白雲覆於谷者名白雲峰屹如人立者名玉女峰嶄嶄勢欲柱天者名天柱峰其他諸峰星聯肺附登名圖籍者蓋七十有二焉復從厓東折度略彴趨三學禪院院爲唐靈默禪師道場師常降龍於此遺迹尚存由院北深入又百餘步至東潭潭上飛瀑可二十丈怒暴倒擊厓竅中若運萬斛雪從天擲下白光閃閃奪人目睛至潭底輒復逆上有聲如輥雷人笑語咫尺不能辨猶聞瓮中聲居人云每天風一號四山林木震撼欲折黑雲下罩杳不知昏曉歲旱禱龍者甚多驗如西潭復北折而西泝潭之源登響鐵嶺度紫閬山村人多舍篁葦間有平皋數百畝可耕概旁沿石河又行一里所地名石鼓足頓之鼕鼕然越十步至第一潭潭如井睨之正黑投以小石鏘若佩環又越十餘步至第二潭圓如錡釜面廣而底敞大水驅亂石聚其內迨滿復洩去潭下石壁百餘尺險不可置足從其右懸藤墜下至第三潭潭甚深以線縋之下不見底其形方狹而長天向陰常有雲氣從

中起疑有蛟龍潛其下人恆以幽峭爲病第四潭咸不敢往或有以綆闌腰繫巨機俯崖而瞰潭左右皆楓木其形大槩如第二潭而廣袤倍之側有晉劉龍子墓相傳龍子常釣於潭得驪珠吞之化龍飛去後人爲壘石作冢或曰龍子之母葬焉世遠不可辨又其下至第五潭即東潭匹其水五級之名爲五洩云噫造物之委形山水者其奇峭有是哉至正丁亥春記

刁約五洩詩 西源窮盡到東源直注懸崖五磴泉眞境無由追汗漫勝遊聊得弄潺湲風生虎嘯層巖底月上猨啼古木巔只待歸來林下去卻同靈默此安禪

吳處厚次韻和刁景純五洩詩 煙霞一鳴雨山源石壁寒垂瀑布泉人事是非空繚繞水聲今古自潺湲月留吟客眠寒榻風送樵翁下嶺巔檀篆未消爐火燧夜長人靜好談禪

丁寶臣約沈與宗遊五洩詩 路緣蘿蔦蔭杉松翠壁丹崖不計重天作錦屏環十里僧開珠屋面千峰花間越鳥鉤輈語溪外秦人髣髴逢早晚車騶到林下籃輿多日待追從

吳游五洩書呈完夫節推詩 莫厭尋幽路險辛細思容易是山神能收地巧藏深處不惜天奇示俗人古有少陵吟未到今無摩詰畫難眞海邊見說天童好祇待君詩判等倫

曾諤五洩詩 褒裳二十四重溪溪繞山盤路不迷五級泉流無晝夜三州源合有東西巖衣縷縷垂金線石磴層層挂綠梯試問祖師禪定處白雲深鎖舊招提

鄒亢詩 不到茲山三十年重來風物自依然兩源秋色排千嶂五級泉聲落半天絕唱尚傳開老句幽棲猶想默師禪回頭迴與塵寰隔何必蓬萊始是仙

王艮詩 七十二峰水碧白雲半掩招提清晝焚香燕坐綠陰深處鳥啼山骨層層刻畫溪流曲曲瀠洄巖際玉龍噴雪天風吹落瑤臺

倪公性詩地僻山迴古木稠，烟霞縹緲護龍湫。路迷南北雙峰杳，源合東西一澗流。嵐翠積陰秋色潤，瀑花飛雪曉光浮。招提深邃塵凡隔，谷口雲橫得自由。許汝霖詩千巖萬壑勢縈迴，蹋足登臨倦眼開。閬苑有天儲日月，冰壺無地著塵埃。巖邊古木經霜老，石上幽禽帶雨來。爲問當年採藥徑，翠巒百尺護蓬萊。

保扆遊五洩絕句一山藏一山，一水疊一水。疏鑿始何人，至今流不已。既奇亦且幽，縹緲神仙窟。我欲倩倪黃，愁他畫不出。東潭合西潭，見石不見底。定有蛟龍潛，潭邊雲正起。匹練雲中落，千絲月下懸。瑤池知有讌，玉女放珠簾。倒起濺珠圓，怒奔擊玉碎。向言水性柔，今看琉璃脆。兩巖夾地多，一線放天少。雲氣盪其中，襟袖收山藻。原無虎踞前，但見獮行疾。險阻客心驚，攀援吾詎失。七十二峰奇，各各逞姿態。秀潔淸幽處，爭如看衞玠。葉落深埋足，藤枯冷繫冰。峰名與樹號，倚樹問山僧。一丙溪之間，源自紫閬百。折出青口，我欲往探之，雲深幻蒼狗。

異峰怪巒，爭奇競秀，相傳有七十二峰。舊志所載者峰十六：涵湫、遇龍二峰外見上，有朝陽峰、碧玉峰、滴翠峰、白雲峰、童子峰、香爐峰、卓筆峰、天柱峰、積翠峰、鉢盂峰亦名雁蕩峰、玉女峰、特起峰、堆藍峰、鬱孤峰；巖二十五：棲眞巖外見上，有輔德巖、停雲巖、怡情巖、垂雲巖、韞玉巖、俱胝巖嘗有僧持俱胝咒於此故名、迴波巖、翔鳳巖、寶陁巖冋壁巖出定巖擲錫巖刻漏巖垂足巖壁立巖倚天巖遂隱巖雙峰巖金仙巖含沖巖肘盤巖摘星巖養素巖夾巖（詳下）洞一曰夾巖洞（詳下）谷三曰嘅猨谷烟林谷清虛谷窟二曰蟠桃窟石室窟徑一曰通微徑軒二曰列宿軒重秀軒石十石鼓石河石屏石門外（並見上）有石磯（見下）石筍棲鶴石連珠石犀角石爛柯石井一曰龍井（見上）門一曰龍門（見上）臺三會仙臺（見上）有禮拜臺倚杖臺嶺二曰平雲嶺清風嶺隈一曰鳳翔隈林一曰珠林原二曰九瑣原藏春原溪二曰明月溪鳴玉溪澗一曰寒碧澗然猶多未盡也今土人所稱者尚有野貓洞（在夾巖西）鐵庄坪（在野貓洞西）仙掌峰（詳下）蕎麥巖（在疊石橋南）疊石巖（詳下）蟠龍窟諸勝宋寶元中僧咸潤來遊有五洩山三學院十詩五洩飛泉成五級一級一龍湫倒出萬仞秀詎讓蓬萊邱西
源造化鑿坤維千巖闘空碧有時雲雨開殘陽落幽石夾巖一徑數里間巉巖鎮幽谷中夾清溪流白雲長斷續龍

井寒井深無極人謂藏虬龍嘗聞救炎旱絲雨灑長空

石鼓巨石平如掌天然狀鼙鼓擊之還有聲分明含太古

石門雙峰起雲際彷彿五侯門烟霞鎖不開曾無車馬奔

石屏峭石狀危屏截斷諸峰青白雲觸不飛仙掌空遺名

俱胝巖昔人持此咒巖坐巖寒深梵言不復聞雅名流至今

禱雨潭嘗聞越邑民禱雨碧巖畔神龍如有期爲霖通旱暵

摘星巖捫蘿梯峭石直上青雲端咫尺星斗光冷射人心肝謹案西源舊志皆作西際考字書無際字今據會稽掇英集更正

合而東流經西阮口村在溪南南有玉女峰山下有毛龍潭又東流繞夾巖巖在溪北兩山對峙深邃若谷幽秀峭拔別有天地巖上多猨飛石擲人遊人多畏避之周師濂夾巖詩秋山丹碧如畫工一一皴皺峰不同疊石平遠倪迂筆夾巖對峙大斧劈峻嶒峭拔各擅奇巨靈妙手偶得之懸厓千仞不得上猨狖一羣自來往周栻夾巖詩疊石令人喜夾巖令人畏白日匿光景危雲從天墜谽谺勢壓天瞪目屢卻退陰厓草樹蒙疊浪擁寒翠競奇三峽傳並峙雙闕對下有百尺溪澈底清無礙古洞穴其腰圓若瓊環佩蒼苔沒膝深仙鼠族乎內涼秋八九月猨猱接千臂撒石亂如雨見人了無忌遊人每戾止足使心膽悸巖腰有洞呼夾巖洞又呼仙巖洞宋縣令劉述嘗禱雨於此

劉述仙巖洞禱雨有應詩英英洞口雲觸石才一縷須臾徧空山沛然作霖雨萬物一以澤孤蹤無處所我心良所珍作詩以自矩巖下有寺名夾巖寺又東流經下水碓溪南有仙掌峰巖石攢簇尖峰插天望之如指掌然故名俗呼石佛尖巖旁有古木一株四時發花香聞十里土人謂爲沈香樹周師濂出五洩望仙掌玉女兩峰詩金銅仙人辭漢去露盤鉛水灑清淚此山獨留仙掌峰峰頭玉女遥相對玉女曉洗頭仙人笑拍掌沈香一樹四時春化作香雲流盎盎我來靜結山水緣此緣儻可求神仙山山洩水水不住一十八溪飛寒煙又東流過石磯磯在溪中俗呼水底流星又東流出疊石橋溪南有疊石巖壁立十餘丈碎石萬片鱗次而上有似人工堆砌者苔蘚藤花點綴其間幽秀之色撲人眉宇眞奇景也陳石麟疊石巖詩山靈施神巧碎此一山石上下縱橫晝雲根萬屑裂樵斧不能到萬木交寒碧絡以古藤枝葉乾新紅積夾巖峙其東奇秀與之敵皺瘦石骨透兀立千仞壁遊屐阻攀躋猿猱競跳擲嵌空巖洞幽古有讀書客欲招仙之人攜手來卜宅又東流至下洩北受裏桃隖溪

裏桃隖溪出沙子灣南流經俞家又南流逕東經吳家隖口又

南流經楊壟坪有外桃隖小水入之又南流經楊家阪出青口

橋入五洩溪

又合而東流至青口兩山嶄絶夾溪對峙遊五洩者至此漸引入勝[陶望齡遊五洩入青口詩并序]從諸暨縣行五十里皆山中然勢散緩行者頗疲怠將至青口前有巖嶄然出雲間客望見皆喜心踊欲趨比至山忽轉面截去路純若無罅竝厓行半里許溪澎然鳴隔溪乃覺有門竇涉而入如行委巷中夾兩山離立不數丈壁絶梯磴翕翕如欲闔行數十武輒一轉溪隨而縈之十數武輒一陟山是純石峰嶙皆傾欹聳特各各取態或如麋囷或窪如堂或如案上果實也疑初是一山將有神人斬其脊而中開耶石壁上躑躅盛開紅紫如纈不可采掇五洩山上有劉龍子墓龍子人而龍故詩云然龍子爲龍時陽精洞邸谷神行物無凝摧山如剖竹青口當其塗長巒勢奔蹙書若萬羽林分行避黄屋祇今苦薜壁郎是羣山腹天空墮石罅雷與嘶雲足鬼斧一以劖神鞭驅不續躑躅花其巔聊舒遊者目[袁宏道由諸暨入青口至五洩寺記]越人盛稱五洩然多聞而知之陶周望極言其勝其實不會親見與我等也五洩去諸暨七十餘里一路多頑山勢甚散緩無卷石可入目者余始念看山數百里外欲舟嬴馬艱辛萬狀今諸山態貌如此何以償此路債周望亦謂乃弟余輩誇張五洩過當奈中郎笑語何靜虛以爲不然頃之至青口遊人趨狹一巷中線路百折窮而忽開潭水泠泠縈壁行山皆純石峰稜怒立一壁上有古

本一株土人云是沈香樹一年一花發猿所不到映山紅有高丈許者紅白青綠燦爛如錦相顧大叫曰奇哉得此足償苦辛不畏中郎彈射也靜虛曰未也爾輩過小小邱壑便爾張皇若是明日見五洩得不狂死耶余與周望聞之喜甚跳躍沙石上馳而至五洩寺日昃矣茶竟偕至前澗濯足兩山相迫疑將頹壓石如水浣鍾縣屏劍笥茁戈森狀態甚詭周望顧余曰何如西湖余曰何仙姝奈何與冶淫論色澤也溪旁天竹成林將至白龍井遇一皓鬚人云前山有虎同行者皆心動尋舊路而還周師濂早發青口詩五洩名山青口鎮到此看山山便可深林破曉畫眉號七十二芙蓉一朵南受陽唐嶺溪

陽唐嶺在縣西五十里浦江縣界上有兩山相向水自浦江北流至連洞橋入境經青珊繞出陽唐阪南有唐西廟小水入之又北東流經陽唐關舊有關設巡檢司故名後廢出永安橋又北流出青口橋入五洩溪

又合而東流經青口街街東有青口廟南受王村嶺溪

王村嶺在縣西五十里水自嶺下北流經王村又北流經龍潭廟廟在溪西又北流出石埜橋至石埜亭入五洩溪

又合而東流經橫頭店又東流經西牆衖出同善橋橋凡十有三洞光緒八年捐建橋東爲詩人周熙故里又迤北流繞避水嶺嶺在溪南南通藏綠隖周師濂登避水嶺入藏綠隖詩山行四十里平平無奇境忽登第一峰亦云避水嶺高不類百尋蟠曲摩松頂如帶圍衆山斜陽納秋影下覽盤谷中寒烟生竈井萬綠藏一隖淸翠撲衣冷別有小天地室廬與之靜主人期我來來亦惠然肯嶺旁一峰崛起俗稱將軍峰亦稱五洩第一峰陳石麟出五洩由第一峰下歸藏綠隖詩山高易見夕陽下暮色蒼蒼出翠微第一峰前青不斷寒星如月照人衣周桐洩溪晚歸詩夕照歸來興尙濃寺門回首白雲封出山仍在萬山裏家住溪頭第一峰石壁瘦削俗稱留仙石上鐫謝元卿結茅處六字今漫漶不可辨相傳齊謝元卿入五洩採藥結廬於此謝元卿遇仙記元卿會稽人好呼吸延年之術作東郭先生導引法服仙人五明散年百歲而精力不衰後採藥至五洩溪偶得一路前有石門夾道皆生桃枝細竹飛泉鳴瀨響亮空山可三四里石壁曲轉蒼翠臨雲又數百步値一橫溪俯臨峻壁淙潺數溜上有石梁纔可並足乃匍匐而渡至前轉寬班班若有人路遠匪重嶂路無斷缺多生櫻桂高樹淩霄蒙籠隱靄披拂左右稍聞鐘磬尋之而去忽遇仙女數人逍遙林下被服纖麗姿豔丰濃元卿乃前拜之皆相視而笑謂曰非謝元卿乎相望久矣乃引

元卿登一峻嶺絕磴危壁互相承掩遂至一處豁然平敞玉堂朱閣炳煥其中云此東華夫人所居也吳萊讀謝元卿遇仙記詩區囊閬一奇士深入五洩行五洩何處所長深繞崇岡微風生天籟舒瀑灑石梁金磬戛欲響縞衣爛迴光綺妓開朱閣靈仙坐玉堂偃僂即進謁襃同遽鳴璐幸汝得大藥於茲赴元鄉元鄉且留宴檖朧勿發狂高座瓊煇旛碧幃琳華張芝英雜桂腦螭龍閒鳳漿太容揮四絃王母彈八琅羽旗素蜺鶩翻轂騰蛇驤眼珠便爽朗肌骨遂馨香日星恍在下海嶽極渺茫嗟予頗探勝古路但縱橫青童邈不見寶剎屹相望山峰插煙霧潭級跳冰霜螻螘小窟穴蜉蝣亂飛揚終然雲錦笈照以虎鞶囊千年或頃刻萬里忽扶桑謝卿自獨往矯首盡回翔笑采金明草浮顏安可常乾隆間周氏即其地建文昌閣迤南又起一峰名土坪山一名南屏山北麓即藏綠隖周氏聚族居焉科甲蟬聯爲邑望族迤南一村名木蓮樹下村有古墓碣鐫古行人墓四字詢諸里人無知其事者姚偁弔古行人墓詩世路崎嶇行人苦杜鵑啼血空山雨我來覓君君知否一杯水澆一抔土爾墓無封封無樹白楊怒號山鬼語爾智不如首邱狐問爾此行何所取吁嗟乎行人來去非無因英雄自古終沈淪呼爾九原爾不譍吁嗟乎行人又東流經石盤村村在溪南即宋之石盤里里有唐戚處士墓有碑銘原石歸蕭山王氏文載金石志又東

流經閘口山山在溪北屬十五都又北有石柱峰山有石筍高可十餘丈拔地卓立故名下有石柱廟明崇禎二年建又有楊侯廟明萬歷二年建又東流經藍田村在溪北道光癸巳進士金樹本同治戊辰進士金兆基故里又東流經資勝寺寺在溪北唐天祐三年建初名應乾解院皇祐元年改今額章志云初在蕁塘畈順治六年楊肇泰捐資改向易建出資勝橋又東流經草塅後新屋村在溪南南有蕁塘方廣數畝塘產蕁故名又東流出合溪橋至合溪口南有石瀆溪北流來注之

莓蕾山在縣西南六十里屬諸山鄉石瀆溪上源出焉山西屬浦江東北流經澄潭又北東流逕墅阪即宋之墅阪里有墅阪嶺小水入之又北東流經楊樊出興隆橋西受森陽溪

森陽當莓蕾山之西水自陽底東流經明教寺晉天福七年

建宋祥符中改通教寺天聖初改今額又東流經廊下入石

瀆溪

又北東流經鏡紋南受金家隖溪

金家隖當莓蕾山迤南水自隖底北流經金家出雲溪橋入

石瀆溪

又北東流經礪頭下出九航橋南有大路灣小水北流出太平橋入之又迤北流經石瀆廟前即諸山鄉楊相公廟章志云神姓楊名儼居冷水里案即楓橋楊相公神前朝封紫薇侯爵　國初山寇竊發見有神馬夜逐之寇即屏迹鄉人祀之至井溪潭下源水

會焉

黄家山當莓蕾山迤北石瀆溪下源出焉嘉泰會稽志云上下源各有二石井相聯合流如瀆故名東流經鄭隖又東流

經石礎頭又東流經西壽山山在溪北章志云居民劇石於此見石中有西青山三字因名今字迹尚存山下有仙師殿卽楊大仙廟章志云地業陶唐乾符間有鄉人二子年可七八歲薪燄烈時忽躍入父母號之空中雲軿下曰帝命司雨部當謝世去鄉人立廟祀之禱雨輒應或曰在同山鄉登仙山麓又東流至章村廟前受壽郎隖溪

壽郎隖當黃家隖迤南水自隖底東流經絹隖又東流經諸村入黃家山溪

又東流出三眼橋又東流至相對入并溪潭與上源會總名石瀆溪

合而北東流至馮村西受洩下溪

寶昳嶺在縣西四十里屬靈泉鄉洩下溪之源出焉東流經

前澳又東流經鴻下又東流經百葉阪繞荷尖山會橫裏蔣陽諸溪東流至馮村入石瀆溪

合而北東流經馮村村在溪南後倚扁擔山山勢雄峻產茶最佳有落星石相傳星墮於此化爲石俗呼石扁擔旁有星石庵振海徧訪得寶巳將上二十三字移置堰頭下又北東流經清潭廟前即宋之清潭里出鏡方橋明崇禎十二年上舍楊光國建以橋阯得方鏡故名知縣路邁鏡方橋記略暨城西四十里曰清潭溪匯燕尾十三派而有之其勢既合而難殺鄉之譽髦率其子弟鳩工累石不數月而橋成鑿橋趾獲方鏡里人嘖嘖稱異以爲斯橋之讖嗟乎埋物土中直恆事耳藏者發者大都偶然或謂昔人目擊濯濟謀所爲今之橋者而未能伸其志故取鑑埋水滸以俟後人之能成厥事者未可知也即名鏡方以誌斯橋之非偶蓋亦倣於古人因物命名之義乎昔陸機曰仁壽殿有大鏡高五尺臨著庭中使人見形體斯殆其遺範歟以是稱橋庶令蛟龍魑魅之屬聞斯名而爲之落膽無敢作祟云橋始於崇禎丁丑十二月成於明年仲春首事者爲上舍楊光國 日久就圮歲貢楊如瑶捐千金獨力重建乾隆辛酉工竣橋之堅緻十倍

於舊知縣羅守仁爲之記又北東流經銀河潭又北東流經樟樹下又北東流經閘堰頭至楊家漊村在溪北南有一山小而平坦横列如屏名南屏山舊於此設南屏鎮後廢前環石瀆後枕洩溪二水交注别分一漊稱楊家漊康熙乙酉舉人山東兖沂河道楊三炯常州府知府楊瑛故里里有天祐菴明萬歷間里人百歲翁楊義峰建今燬菴後有天元塔亦百歲翁命其孫萬歷己未進士安慶府知府肇泰建又有圓通菴元天歷二年建又北東流經藿村至小溪口南受西溪嶺溪

西溪嶺在縣西南五十里屬諸山鄉水自嶺下北流經徽州舍有存園先生楊學泗墓[毛奇齡存園先生楊君墓誌略]先生諱學泗字魯嶧本關西太尉公後而散仕浦城相傳浦城入宋有學士諡文者其孫以扈蹕移家暨西數十傳至先生代有顯宦先生丁崇禎之季甫成童補諸生第一與其父揆尹公諱昰奇祖詠豳公諱向榮者皆由諸生食下士祿以文章見稱會鼎革講經世學各砥策

時務以期有用順治五年臣寇石仲芳承方馬遺孽倡亂東江閩分遣賊將湯梁七踞暨西之紫閬山殺掠四出撫尹公以家鄰賊巢患之值　王師下嶺表開府蕭君統一軍駐杭州暨之士民請剿者爭渡江叩軍門撫尹公與焉開府見公名如識公者啟幕左延坐與之商進取之略移晷乃出梁七偵知之大恨伏賊於途伺公還害公時先生年十八聞變號而躃踊者三閱三日候大兵入境竄身行間思藉之以冀一當而仲芳就撫梁七牒賊名投伏麾下且擁衆走都市陽陽無如何先生仰天歎曰豈彼蒼欲殺吾父耶俯而曰待之乃歸侍母及王父王母不離左右且謀所以娛其心者母弟三人皆遺孤也長者教誨之其次攜持之又次保抱之女兄一人既已適傅氏迎之歸與母同居如贅壻者然於是料理羣弟婚娶且劃所遺産擇其沃壤與羣弟而季則倍之曰吾痛吾弟之離吾父早也然後出罄已所分產結死士周鄉人之貧而多膂力者其以患難來者給之有急貸者不取直如是有年方時進者縲人子也其父陷重辟而非其罪先生捐金出之時進大感激願投身爲外宅兒久之遣之歸以爲時未至也順治十六年梁七復叛時進趨報曰時至矣請身入賊營而爲之間許之居無何賊將劫同山時進密告以期先生集勇士得素所親厚者四十三人伏之大溪傍賊以千計來伺半渡截擊之大潰時進隨梁七馬後擊梁七墮馬遂生擒之先是賊叛時甯紹台分巡僉事胡公以奉檄勦賊駐兵暨城游徼覘賊出已整軍迎之而未敢前至是聞賊擒奠取賊去以爲已功且有貲緣其中軍謀葦金以貫其死者先生曰

事迫矣親率四十三人見胡君於閫門大言曰明公以勦賊來不能擒一賊而攘他人之俘囚以爲己功已失律矣頭聞中軍無狀謀綫死以圖倖免無論叛賊不再撫原野之殺不宿獄亦思此囚非他留固某所礪石嚙鐵竭十二年之心血以得之者而肯緩須臾以聽自便乎胡君憚先生言直降色曰以爲渠魁當梟刑故鄭重耳安有他也言訖鼓鳴礮於門接賊出梟之先生直前刲其心血淋漓提歸趨揆尹公墓而告祭焉當是時遠近聞其事者展轉相傳道以爲孝云先生乃曰吾祖父三世遭逢亂離各期出文章以濟時用而不得一當今承平日久庸詎知文章之果無用者康熙己酉先生下一浙場易三房劉君以第一人薦之郎先生卷也主司擬抑置中卷而劉君不從遂中乙科先生輯父祖遺文彙爲一卷每開卷必端坐莊誦至反覆潸泣乃罷嘗於本村山磧構造義塾招徠貧士之失學者名之曰存圖以存父祖業也其後學者衆英才輩出一時稱存圖先生因爲號焉康熙十一年三藩兵變賊擊蕩梁四仍踞紫閬山則梁七兄也　王師方南勦無暇左顧而賊乃更熾或以謂先生先生曰此非吾所有事也吾自保而已日與鄉人講守禦旣而賊滅所俘女子悉民間被掠者先生罄家財贖之不足則以募鄉人之贏者先生生於明崇禎己巳歲七月六日卒於康熙壬午歲八月九日享年七十有四康熙己酉科副榜舉人以鄉賢崇祀學宮原配方氏續王氏俱先卒子一郎三炯康熙乙酉科舉人女一適高湖方麗明孫二女孫三著有道學宗譜易解大成理學心印越騷五雲詩文集遂老編家訓行世

又北流

經後大隖又北流經高峯山山在溪西山麓有棲巖寺唐景福元年建初名高峯院後改今額又北流繞龍珠廟後又北流至小溪口入石瀆溪

又東流經麻園又東流經草塔村有市前臨石瀆後環洩溪山貨駢集簰筏聚焉舊志云十六都草塔市舊屬南屏鎮乾隆府志云草塔市南屏鎮郎嘉泰志之南安鎮也案嘉泰會稽志云南安鎮在縣西五十里廢今草塔離縣僅二十五里南安鎮雖無可攷李志以南屏當之恐未必然振海訪之草塔鎮人始知南屏鎮在楊家漊不在草塔相距五里許舊志似欠明碻

又東流經前朱南受蒲岱嶺溪

蒲岱嶺在縣西南五十里跨諸山長浦兩鄉水自嶺下北流南麓之水入豐江經下王村在溪西溪東大木龍沙塘有宋宗室臨安郡王趙師悋墓出下王橋又北流經斗隖溪東之山郎斗子巖後麓又北流經梅山山在溪西山下有梵惠寺

宋乾德四年建初名淨福院治平三年改今額又北流出揚馬橋經諸山山在溪東嘉泰會稽志作櫧山䆫仲温諸暨縣記云山上多櫧木故名山麓有諸山鄉社廟又北流經上下張又北流經寶珠山山在溪東上多細石其圓如珠故名出

寶珠橋至前朱入石瀆溪

又北流經眠犬山出大橋堰頭有落星石相傳星墮於此化爲石俗呼石扁擔旁有星石庵又北流至合溪口橋外入五洩溪又合而東流經顧家北折經黃金埠大唐庵迤東經箭路村在溪南當西南兩鄉通衢後倚長山北麓隖内有北山寺寺在長山之北故名漢乾祐三年建初名香林亦名松林知縣朱扆秋日遊北山寺詩青山野寺倚雲孤竹徑松門入畫圖點染秋光栽著色新紅鶏舅兩三株東流經白陽峯北麓山在溪東南麓有青蓮寺晉天福四年建初名碧泉院宋至道二年改今額後

漸蕪明嘉靖中僧道林復建後有山名金輿岡右一峰高聳名嶽峰寺前三池分裏中外名伏龍池俗呼蓼塘山下有小溪名漱雲溪章志云近人題寺十景曰暨掌峰曰伏龍池曰先照峰曰藏春塢曰漱雲溪曰靈源井曰雲根石曰萬松壑曰碧泉曰禱山明隆慶六年駱問禮偕友人沈賁鄺文相徐有悅朱良弼修志寓居於此駱問禮寓青蓮寺詩禪關藏僻塢棲息幸多緣竹徑蘿纏磴松林蘚蝕泉落霞時滿院啼鳥自依筵心事山靈在逢人不敢宣抱枕來金界懸車篆石經山根秋水瀅樹杪夕陽停世路頭先白鄉人眼尚青不須留五尺說法有龍聽野情原似鶴春色又開花柘岸緣池曲蔬畦傍壟斜小園新果熟別院短牆遮笑傲論心舊還同看莫邪冉冉歲華侵誰還識此心峰頭舒遠矚澤畔撫清琴繼粟慚朝夕操觚悵古今風雲憶天上梁甫不成吟朱良六月既望遊青蓮寺詩萬山環翠木千章一路尋幽到上方隔岸人看騎馬客當門僧鑿養魚塘層軒開處全無暑靈雨來時益自涼共煮清泉消永日如棊世事且相忘又北流經何村折而東流經西施堰頭轉西經張村出中流橋會鷄冠山溪

獨山亦作纛山即雞冠山支峰在縣西四十里跨靈泉檗浦兩鄉其

南麓冠山溪之源出焉北麓之水即夫槩溪南流會分水嶺溪折而東流經裏蔣村村在溪南即宋之高塚里明湖廣道監察御史蔣文旭故居里左寶珠嶺其墓在焉里之西有貞女祠祀文旭聘妻孟貞女今圮溪南一山高峙即雞冠山也輿地紀勝云在縣南南字誤嘉泰會稽志作縣西是也五十里形如雞冠出奇石其紋若星月花獸上有玉女塚里名高塚以此張世昌雞冠山詩星官何年遊太清飛來化作高厓青冉天地無心運精巧造化有迹通幽靈神剜鬼鑿妙鐫削瑶臺清冰出萬壑劍光穿斗射龍文元氣盤空孕犀角東南宇宙煙濛濛下和夜泣空山中何人更試補天手爲我獻入明光宮胡學詩奇峰崒嵂巉巖雞冠天雞不鳴晴晝開元氣磅礴浩不散秀結異石青斕斑陽文唐唐玉質瑩陰縵氤氳黛光冷星斗昭回河漢章龍鸞飛舞綾花影山人磨刀割紫雲枕屏琴几空紛紜請將琢出五色質赤手妙補天無痕又有龍湫其迤東有志儒嶺白沙溪之源出焉山多沙沙白如米名白沙山故溪以山名也合流南折經侯村街宋縣令侯文仲致仕後卜宅於此今所居者皆其子姓

其墓在里東白石嚴廟前墓表尚存又南流會左溪溪發源箬笠峰合流東折經古唐有藥師寺在東山唐咸通中建又東流經下庱出下庱橋又東流繞石柱峰後出上王橋又東流經藍田後藍田一村介五洩冠山兩溪之間溪光掩映宛在中央水至此多伏流每夏旱田將龜坼隨地掘窪即得泉源桔槔引之不竭若狂雨傾盆上流之水橫溢而來至所掘窪處淲淲而下若有尾閭洩之者故田皆膏沃無虞旱潦鄉名靈泉或者其以此歟案萬歷府志載有稻種泉在縣西二十五里源出范蠡潭山流溉民田甚廣他鄉多求穀種於此一名靈泉溪今山與泉俱無可考其曰一名靈泉溪想即此也又東流經黃姑山出崔家橋又東流經倪村村在溪北旁有蜘蛛潭又東流經大磨頭亦稱大磨溪又迤南流至水磨頭明孝子趙氏璧故里入五洩溪

又合而東流經桑園陳村又東流經朗塢頭又東流經過水埠出

長生橋旁有萬緣亭溪南爲長山亦名松山下有文應廟俗稱松山廟祀漢會稽太守朱買臣去縣五里嘉泰志謂在縣西五十里誤宋趙希鵠撰有碑記載金石志張世昌謁松山廟詩會稽太守吳門客昔年負薪人不識衮龍天近日初明金烏門深露猶滴漢家天子登夔龍百年禮樂唐虞風金印歸來大如斗錦衣直照天南東丈夫英雄誓許國生當封侯死廟食鳥啼老屋起秋風淚痕經透羊廟前有石羊俗亦呼石羊廟案張世昌詩云羊山有宋新安公石公石與此說不同郡王趙士衎墓宋大中大夫馬純墓寺丞延之祔宋都丞廖虞弼墓並見嘉泰會稽志前有九眼山有石如眼者九故名又迤北流經徐鐵店又東折至金村南爲五峰山山下有五峰寺初名承慶院宋天禧元年建東麓有淨土寺亦天禧元年建初名五峰塔院宋祥符元年改今額後廢再南有七岡嶺嶺上有先蠶祠爲邑城至西鄉大道周師濂登七岡嶺詩籃輿不可肩步躡七岡上上嶺若危梯下嶺如平掌小憇松石間心目亦開朗山外城市喧山中風日爽仙人抗手招飄飄出塵想又東流出跨湖橋在城北五里刱始年月

未詳明洪武元年知州田賦修造陳嘉謨重建跨湖橋記略邑有五洩山兩源瀉出於靈泉之鄉東駝五十餘里爲大溪層巒迅湍北會錢清江以入海昔人因就其要衝支柱甃石以濟病涉者曰跨湖橋歲久橋壞僧若金捐衣鉢重修幾三十年戎馬在郊其支者日以傾甃者日以漏今年春二月知州田侯賦來牧茲土里之老人陸慧等詣州請侯曰是無難也官備物民輸力發木運石遣司吏陳思善提其綱周德清董其役始工於元年八月乙巳訖工於十月己未慧屬余記之同知陳侯輸糧留錢唐州判魏侯輸鹽留金陵故不書後又圯萬歷三十年耆民周文一捐貲重建石梁知縣劉光復跨湖橋記略城北五里許有跨湖川受五洩諸流之水奔迅湍激橋三洪舊有石垛無梁每架木數株過者一失足輒漂沒不可拯救往來患之壬寅春余踏湖至此近橋三老子弟環而訴欲就石梁問費約幾何曰百餘金問若等辦否曰無力余曰若是而烏可草草者吾將思之踰秋復巡湖則已架石矣詢之三老子弟皆曰此里中耆民周文一者獨成之前捐五十金造垛今遂不欲以煩人余曰暨民多嚮義此尤其最者乎書之以爲善人勸至此溪之兩岸始皆湖田故橋以跨湖名焉折而北流出小跨湖橋又北流出木橋頭至丫溪沚西會志儒嶺溪

志儒亦作梓樹嶺在縣西二十里跨開元靈泉兩鄉水自嶺下東北

流嶺西之水入冠山溪經張家有考阬嶺小水入之又東北流經梓樹蹊又東北流經廿四門廊折而北流經馬家坊又北流經孫村村在溪西溪東有宋神殿受屏風山溪

屏風山在志儒嶺迤北屬開元鄉附二都水自山下東流經劉家山頭村在溪北亦稱浮邱田中一阜隆起石骨嶙峋名浮邱其田曰浮邱田或云相傳浮邱仙翁隱此故名南有隱仙山與眉月山相對山有隱仙石石上有仙翁坐臥迹下有仙翁菴見章志又相傳有浮邱墓乾隆六十年又建有浮邱亭俗呼后山亭山麓又有柴桑先生章陶墓眉月山之前爲范家隖有山西按察使蒲江戴聰墓又東流經後孫出後孫橋入志儒嶺溪

又北東流經半路塘村在溪西至鴨灘西受青山溪

南泉嶺跨花山槃浦兩鄉其東麓青山溪之源出焉嶺西之水入夫槩溪東流經青龍廟在溪北後倚龍山山背有石特起高丈餘俗呼青龍角故名遶青山又東流穿三都市市西有朝奉第宋嘉定丁丑進士章又新故宅有進士第順治壬辰進士章平事故宅又東流至溪頭橋北受蔣隖溪

蔣隖在南泉嶺迤北屬花山鄉水自懸嶺下亦稱懸溪南東流出蔣隖經東嶽廟前章志云廟舊在金雞山下宋大觀中忽大風飄一瓦於此里人因立廟其地又南東流出廟橋南流入青山溪

合而南東流經下倪村在溪北有儒林第柴桑先生章陶故宅又經官莊出黃家橋南流入志儒嶺溪

合而東流至丫溪灶入五洩溪於是西岸之會流悉合

又合而東流經櫸山與東岸之會流合始稱祝橋港又有用賓溪自南來入之用賓溪明萬歷間里人酈用賓所開劉公有祝橋開河記詳水利志蓋長山後義里隖以下諸隖之水盡由黃瀾石井等阪出瀉正一都之五峯山橋下湖畈受其硤導流使由馬囤阪溪徐家湖埂出樂善橋逕下鍾家大營頭出小祝橋入祝橋港○附禁碑祝橋港爲山後河重要出口橋頭有張神廟因橋爲石梁每當發水輒爲梁石所阻不能暢流向於東岸廟左開一支流使之分從廟後而出合於正流俗謂之龍路久而湮塞今由有關水利村莊開復深廣重整舊規凡廟前後官地漲灘及分流水路均爲山後河洩水要咽關係匪輕永禁佔塡築塞又合流出祝橋章志云在縣北十里初有竹橋渡宏治中洪水衝急渡者溺死湄池儔文魁誓建石橋被衝者再禱於神得吉夢因名祝焉萬歷中其

五世孫傳初等修之知縣劉光復祝橋記略聞之司馬氏曰積金於子孫子孫未必能守積書於子孫子孫未必能讀不若積陰德於冥冥爲子孫長久之計又聞之禮經云其先祖有善而弗知不明也知而弗傳不仁也君子恥之則前貴善積後貴善承豈不大彰明較著哉湄池傳氏其先世文魁以貲雄閭里能仗義急施與出資造橋十餘所祝橋其一也歲辛丑爲水衝激橋圮二洪溪屬武林通道日無慮百千過附橋悉貲儆細民帑鮮贏錢欲修續而無計也未幾復往巡郊見老健數輩率僮僕督工匠前喁後于砉然砰然就詢之傳火等告曰此橋吾五世祖文魁所捌某等皆其子孫不忍沒祖德謹勉力修之余曰嘻有是哉越二日傳生元之初字來請曰鄙宗凡出高祖系者俱願力完其事不欲擾閭左貽公家憂請禁絕僞募余曰嘻有是哉越月生及宗人復來報曰工完矣昨溪水驟漲有船自上流衝突幸登拽得無虞遲三日盡圮無遺石矣余曰嘻有是哉天之陰騭善人而欲成其美也夫蓄貲如文魁者諒不乏人獨殷殷博濟名聞邑中今傳火等畢力纘緒則可謂孝溥惠遠邇則可謂仁使余釋焦勞而免徵發之擾又可謂忠一舉而衆善集延流衍慶傳氏之日熾尚未量也又迤東流經祝橋石家稍北折入於西江水經注云浦陽江導源烏傷縣又東經諸暨縣與洩溪合又水道提綱云下西江有五洩溪西自五洩山合二溪來會卽此是也

諸暨縣志卷十二

山水志第八

西江又北流經道仕湖湖在江西又北流經周村村在江東大侶湖又曲屈至新亭西有龍窩溪由白門山東流出鵝毛港來注之

白門山在縣北三十里屬花山鄉龍窩溪之源出焉西麓之水入夫槩溪東流經泗洲殿殿後有龍潭歲旱禱雨於此故溪以龍窩名焉又東流經何家溪北鳳凰山有元義士方鎰墓宋濂方府君墓誌銘㮀槩有義士曰方府君鎰字子兼裔出元英處士干干自新定隱鑑湖其諸孫教遂徙㮀槩華山至府君十三世曾祖賀祖天與父垚卿宋季游太學以文鳴府君氣軒邁讀書篤行不屑泥章句見列載籍以綴文題者唾去與兄鐵甚相友或鼓簧言撼之久不能無動府君悟曰兄弟天屬也我何敢爾我何敢爾即造兄前且拜且泣金獨即聽其所爲弗問簞食豆羹弗對案弗御間以論辯貽兄怒輒屏氣長跪伺怒霽方起歲大祲人盎無斗儲大厲又頻行戚自度必死競操梃起爲盜府君憂見顏面盡斥故藏易粟東陽郡椎牛釃酒享壯者使巡耄弱之廬口賦以食病者親往善藥環數十里無譁賊捕掾恆倚爲

聲援府君營腴田十二頃貯其歲入爲義莊凡宗屬孤惸貧窶者月有給嫁婚有助死喪有棺槥及瘞薶之阡復設義塾一區中祀先聖先師旁挾六齋後敞正義堂招講師以六藝摩切諸生義聞烜赫士有不遠千里至者業成多至大官侍御史馮翼上其事府君謝曰此無甚高事假是邀寵名非人行也府君祭先甚謹牲牢必潔碩帥家人雁鶩行進就位立不失尺寸升筵奠醴齊執事者薦籩豆脯醢與俯拜跪穆然無聲治家内外斬斬與人交不設城府客至執禮與日請以是爲君壽連日夜不厭客辭去亦不復強也天歷戊辰二月丙寅以疾終得壽若干娶富春張氏子四澤吳府君過哀疽發卒按饒州路樂平州儒學教授澧泗泗有德有文者也孫四樓楞槤棫曾孫二焯協其年夏四月庚申葬府君白門里鳳凰山下執紼者數千人皆出涕宗族耆長及五尺之童至今言及府君輒呱呱泣天台項炯先生狀府君之行甚備泗持來請余銘范希文有意振族貧不逮者二十年及爲西帥登政府始有祿賜之入而終其志府君以布衣行之且建學焉豈非所謂豪特士哉庶幾可不朽者銘曰士之有施欲奮而飛卒韜其英養之沖沖振之隆隆唯積乃成有廩之充有學之豐益昭厥聲我郵我宗甯匱我躬澤及孤惸臯比儼如衿佩鏘如左尺右繩百鳥紛紜西東成羣孤鳳之鳴僭爵析圭族有瘠羸亦聞之腥矧克教之以樹其彝以牖其誠不震其渙誰廓其潛後嗣咼程

自門之陽有崔者岡向勒斯銘

宋家大灣在白門山迤南裏方溪之源出焉東流繞仙姑殿南折至新廟前南受裏方溪

又東流經裏方村至新廟前入龍窩溪

合而東流出新廟橋經朱公祠前祀國初知縣朱之翰案樓志載朱公祠有二一在茅渚步一在王家步今二步並無遺址可訪唯此一祠里人處祀之又迤北流逕白門村即宋之白門里元時有義塾里人方鎰造今廢又東折經鄉賢祠祀元義士方鎰又東流出長順橋南折經水口廟又迤東流經下阪受百艮山溪

百艮山溪出百艮山東麓東流經貓竹塢村後鳳凰山有石天先生傳儲墓又東流經下新屋折而南流經徐村山又南流至下阪入龍窩溪

又南流出高橋又南流出如意橋經陽村阪東折入黃官人湖繞出鵝毛山入鵝毛港港以兩隄夾之南為道士湖北為新亭湖湖內新亭山有元處士方圻墓申屠澂方處士墓碣銘鄉之世族有學有守有文宜出而

處之士得一人焉曰方興京年五十有五永樂二年歲甲申正月十七日辰時疾遽不起嗚呼悲夫是年十二月十有五日葬於其鄉新亭山之原去家東四里而近明年春從弟坻介其子璘奉樓儒所撰事狀郎花亭山中徵余文其墓上之石坻之言曰吾兄寒門之杞梓也世父知府公爲羣從親寶父兄凡所以扶植門戶輯睦宗枝兄之功居多先生所知也今豈復有斯人哉哀矜而賜之言是不死吾兄也其子幼沖敢代爲請余既哭弔如儀乃接狀而書焉與京諱圻世居諸暨花山鄉白門里十九世祖唐元英先生干隱睦之白雲源次孫教遷今所元大德間義士鎰財雄於鄉首建祠以祀先生刱義莊贍族人吉凶歲有常給有成式事著嘉禾顧琛碑文開義學淑後進聘名儒句章黄先生彥實天台項先生可立蒲江吳先生立夫迭典賓席若僉憲鄭公深深弟博士濤承旨宋公濂起居注戴公良咸來受業其他才俊不可縷數義聲藉甚人以義士呼而不字則與京五世祖也詩書仁厚之澤至於今不墜稱禮法者莫先焉逮與京父子起而纘承之其可謂善繼善述者矣與京天資純實顏貌樸魯而心淵澄靜幼從楊公恆遊教以格致之理操省之要渙然無疑所謹所學必求古聖賢心法而從事焉蕭然樓全善有道者也納交與京而忘其年每見質疑析難窮書夜廢寢食弗明弗措也與京甫成童而遭外艱二季復早世兵後科徭日繁竭蹶支吾志不少折知府公時尚未仕賓資助之於是合謀薙汙萊得田數頃以給公上爲生產志靡他也或諷之仕俯而不答自奉甚約而處於祭祀宗親之窮匱者濟之不義者或以勢相陵未嘗角錙銖是非而形於色鄉鄰忿爭從容片言人

皆悅服其誨人也諄諄不倦其不掩人善也雖童豎分寸之長亦必諮之所著書有道程道統六說七卷屬纊特命徒正寢誡磷曰我之二書時未有知者汝可於厓石閒作室藏之以俟後人語不及他曾祖澤妣張氏祖檟妣俞氏考焯妣梁氏皆有潛德配傅氏生子二長磷次鏻女一在室意才難之歎古今共之余於與京雖忝世契而中壽昏耄契闊者十數載每誦其文輒加贊賞方圖促膝論心與京遽棄我而死矣其書祕不示人終莫能窺其涯涘以考其德之所成學之所就徒興望洋之歎而已然亦可謂砥行礪操自信之深而不惑者歟儒全善子也其言得於過庭當可傳信後世復有楊子雲則與京之書其盛傳矣余尚何言哉備著狀語而爲之辭以泄珉等之哀而慰其思云爾辭曰學以立己兮行以立人言以之昌兮德以之純教行於家兮施及宗姻懷寶不信兮素隱安論前今千載兮前交者神後今千載兮後垂者文其人雖已兮言斯永存來者知言兮尚考貞珉

又東流出新亭橋明萬歷乙巳樓志作己巳誤建知縣劉光復新亭橋記略暨北二十里地名新亭實東西浙水交錯之衝曩有石橋頹廢數十年己亥冬西隅居民許椿六十一獨捐貲百數金搠橋砌路六十一尋故其妻顧氏子一元一奎以廟前湖內田六畝零爲橋產丞備修理其弟椿八十一請建碑余猶記造橋時六十一已染重疴余三四經過目擊其課督工匠恐不卒業爲恨今踰若干年而妻若子若弟又不惜資產必成先世之名長爲行人之利是六十一善念不絕於垂歿也書以授椿八十一令記之入於西江

又北流經新亭步步有渡乾隆十三年章嘉學捐田九畝六分屋一間以資歲修後鍾添玉復捐田二十餘畝屋一間行人便之經上下倉湖在江西內有石佛山山下有石佛寺梁天監四年建嘉泰志作唐同光二年初名寶乘後改今額翁溥重過石佛寺詩空山落葉經行處屈指重來十五年世事弈棋無足論白雲藹若自依然又北流至趙家步步有渡孫俞二姓捐資所立江西倉湖後倚花山元舉進書科俞漢故里山下有祠稱鄉賢祠亦稱文惠祠蓋漢私謚文惠也祠前古柏蒼松鬱然深秀皆數百年物祠之側其墓在焉墓碣題雲仍世守四字又有龍泉山有宋宗室襲封安定郡王趙令誢墓載嘉泰會稽志村後又有碎泥山有俞柳仙墓花山麓又有同善集義冢三處葬同治元年殉難屍骸之暴露無依者江干舊有市粵寇亂後移至江東大侶湖中市東有山卓立與花山對峙者即漁艕山山南有鏡屏石高可七尺廣可

五丈狀如屏石氣蒸潤如汗寒暑不改石旁產紫色蕙香與衆蕙異山西有吉祥寺寺舊產吉祥花故名晉天福中建吳萊吉祥寺詩一昔逢寒食行吟採物華風生蔽檻竹雨逕墮船花昔鳴青龍樹長灘白鷺沙回看江上水流去到吾家至覓吉祥寺詩得名良不惡瀟灑在山房生意無休息存心固久長風霜空自老蜂蟯為誰忙歲晚何人問山空暮雨荒後廢明嘉靖十四年紹興府推官陳讓籍其產入紫山書院萬歷六年重建寺後為庚寅進士禮部郎中單機處領班王慶平故里又有望朋院康熙中建今尚存又北流經象湖湖在江西有朱毋堰凡上下倉湖象湖黃湖之田俱得灌溉曰象湖者因湖內有象山故名即朱之象湖里有牡江牐凡上下倉湖象湖黃湖之水俱從此入江又北流至晚浦即朱之晚浦里舊有渡後廢順治間傅應麟復設之并捐田五畝屋三間收稅歲修義渡自此永存載浙江通志西有三嶺諸山之水東流出南星牐來往之

三嶺在大馬嶺洪岱嶺北跨花山欒浦二鄉水自嶺下東流西麓之水入凰桐港經打銅碭徽州舍上有白門山迤北小水各自西南散流入之故縣志作大馬溪又東流經汪家橋村在溪北有銀山山無草木多奇石石有五色光明可愛俗傳宋時會開銀礦故名又東流經下水閣受大水碭溪

大水碭當大馬嶺迤北水自碭底北東流經聖世菴又北東流經橋頭東山街出橋入三嶺溪

又東流有黃碭底小水入之又東流經馬碭村在溪南明教諭郭日孜故里碭有嶺南通花山又北東流經孫家溪亦名苹溪匯爲池廣可二十畝乾隆間里人孫燮三築室臨其上鑿池栽荷結苹溪詩社又有宜園倉塾乾隆間孫襄捐建以教養族人者乾隆甲午知縣沈椿齡撰有宜園倉塾碑記出廣福橋受新

嶺溪

新嶺溪出新嶺下迤南有觀山嶺嶺下有鶴林寺康熙中僧南林建東南流經宣家塢又有賈墳山水自西南流經竹園來會之合而東流經水碓頭又東流出錢家橋至孫家溪村外入三嶺溪

又北東流至直步村爲乾隆癸酉解元傅學沆故里村西大將山有宋國子博士周嵩墓李大同天錫周君墓誌銘三代盛時聖賢繼作道統日以修明百姓日用而不知蓋時雖有治亂而道無一日不在天地也道學之名何自而立哉秦漢以降千三百年聖賢亦復不作天下貿易而無一人能識其用儒者何從得之以尊其身而獨立於天下耶吾是以歎斯道爲不傳之妙物矣濂溪先生溯源鄒魯倡道伊洛圖書行世日月麗天蓋其推明二五之尊得天所畀不由師傳誠一代之醇儒而卓乎其不可尚也已始余在館閣時諸公能言先生之後每以文學致顯至今克世其業思欲一交其人而不得喪亂以來人事弗齊文物遺獻若周氏者其可復見乎一日大理寺周子和以著作陳晉卿氏書求銘其大父國子博士墓上之碑因閱其家世則開封之子而開封則濂溪之孫也其

事有慨於心且使疇昔向慕之私一旦如行空谷而聞足音之跫然適故都而見流風餘韻之存也是我雖欲卻和之請而心知其可以張之矧和求之至再乎博士諱靖字天錫其先本南康人自其先君彝起家至開封因留居祥符之東鎮關思陵南渡博士從以遷因僑居於杭再遷而爲諸暨人幼通敏好古善屬文在汴都時始以父蔭奏補承信郎監江州酒税非其好也去舉進士宣和中得出身起家主中江簿轉彬州錄事過於守帥事多掣肘君守法不阿嘗預内銓已而靖康之亂中外共憂家國危迫君孤遠不恤乃以宗社大計關自大臣至欲投書闕下庶幾天子一悟當事者呵之曰爾所言何事而書之紙耶卒爲其阻君亦知勢不可爲乃遂棄歸自是以來環河南北鞠爲我馬之區大家右族棄骨肉去墳墓散之四方君亦在播遷之中紹興癸丑鑾輿南幸定鼎臨安百僚奔問官守北庶自茇以從始息肩錢唐朝廷收採興望謂宜甄錄以表遺直起爲國子正錄明年進博士三舍弟子列幾數百人業成而仕後多知名居亡何力丐罷官以諸暨有中州風遂徙居之故今爲諸暨人焉隆興癸未以疾卒距生於崇甯壬午享年六十有二葬邑之六都大將山娶洛陽李翰林女生一子亥仕終大理評事孫勤謹和銘曰濂溪湯湯道久爾光澤流演濛派於四方君其孫會五世而昌受材孔碩亦既含章胡弗究竟瀚散笙簣橋門徹席安車懸鄉嗣人克世雖逝不亡我銘勒石有坎斯藏

有散流水自北來注之又東南繞出眠牛山麓又東折至南星亭出南星橋牐乾隆六十年傅鎮裒

建詳人物志闕訪列傳又東流至晚浦出舊牐入於西江即水道提綱所謂有新港水自西來經直步南而東來會者也又北流經青埼村在江東有晚浦閘上通七湖之水由此入江經源潭村在江西舊有匯明知縣劉光復直之內有千衞橋居民于子深造又北流經黃家湖湖在江東經汪王村在江東京塘湖內各有牐水注於江經朱公湖湖在江西內有福泉山一作覆船山俗呼趙家山明洪武辛亥進士趙仁故里有水西梅屋賓松亭皆仁別業今廢山下有閘凡杭烏山諸水合流至此出閘東流來注之

杭烏山俗呼抗烏山在縣北五十里綿亙花山義安紫巖三鄉有杭烏刺史廟山勢雄峻縣北之鎮疊嶂七十有二一峰特高風雨晦冥時聞樂聲名鼓吹峰張世昌鼓吹峰詩清心廣樂開瑤京鼓吹自作天簫鳴八龍遝

迤九鳳舞珠樓貝闕秋冥冥杭烏之山起寥廓天人啟閶泄閟鑰風簫雨瑟烟霧懸天上時聞鼓天樂鳳凰一去二千秋唐虞世遠夔龍愁杭烏山頭破白鶴我欲與爾鈞天遊胡學詩杭烏嵬嵬枕天轄七十二峰如削玉半空雲霧秋氣高白日層巔動絲竹長松飛來鸞鶴吟罡風吹下笙竽音鈞天九奏渺遺響賓雲一曲過遙岑上界神仙足官府六時天樂天中鼓甯知下土風雨深一片哀商雜人語又有六龍峰以六峰連峙故名又有玉臺峰下有玉臺夫人祠其事莫詳祠側有萬松菴傳學沆玉臺峰詩峰入青猨路夫人坐玉臺鳳簫千載寂鸞鏡四時開日落靈風起烟高暮雨頹無從驂鶴駕卻顧益崔巍上有玉臺石下有玉臺山房明燕山衛右千戶蔣愉讀書處有石室又有池名黃巢抗劍池相傳時有龍見又有石冢可容數十人大石爲門其平如削又有雙井在山路旁石罅中流出兩泉其甘如醴又有蟾蜍石有龍湫山下有三德寺唐貞元十四年建在山頂者稱上三德寺寺前有田數十畝曠然平夷忘其在山上者眞佳境也其西南支峰爲馬鞍嶺紫草溪之源出焉有下崇教寺唐貞觀元

年建水自嶺下東流出後隝經張家宋德安郡守張定故里其墓亦在焉又迤南流經傅家雍正庚戌進士傅學灝故里又南東繞出紫草隝史家明崇禎癸未進士史繼鰲故里經坊口明全椒縣教諭俞德昭故里有登科坊故名郎宋之中浦里舊有接待院宋紹興初建今廢入朱公湖會白馬嶺溪白馬嶺亦杭烏支峰水自嶺下南流出鉤刀背經留劍隝迤西流經橋裏村又南折經塘頭村入朱公湖合馬鞍嶺水遞迤流至大福泉山下山有二向以大小別之東流出閘入於西江又北流經霞衢村在江東又北流經姚公步村在江東大兆湖濱詩人姚偁故里道光甲午舉人鎮海姚燮亦祖居於此又迤西流繞黃潭湖湖在江東有黃潭渡經橋裏湖湖在江西有百丈岡水東流出牐來注之

百丈岡亦杭烏支峰水自岡下南流出圖蕫隝經程家嶺一名小長瀾入橋裏湖東流出牐入於西江又迤西流至長瀾步即路志所謂長瀾浦也亦名下浦宋於此立下浦里西有長瀾隝水東流來注之

長瀾隝即杭烏山東麓周起華過杭烏山詩突兀長瀾路岩嶢勢轉睒招提隱翠嶂樵徑雜山花雨過沙抽朮雲深人採茶何當淩絕頂御氣一餐霞水自隝底東流稍南過長瀾街村有市國初湖廣都司宣德仁故里又南流東折繞出大賊山至長瀾步頭入於西江

又北流迤東繞過黃沙匯又北流至三江口會下東江舊志所謂分凡七十里而復合者仍稱浦陽江江口有渡乾隆二十年蔡承清等捐造又陳伏華等十六人捐田二十四畝以資歲修勒石渡旁事載府志舊有鹿苑菴順治中僧靈機建今廢合而北流沿雞

山經江西湖又北流經水漊蔡村在江西村側蛇山有王烈婦蔡氏墓迤西南塘隝有烈婦祠又北流至西陵村在江西迤西流繞羅匯又北流迤東經闞都湖湖在江東後倚鈿隝阯有明孝子蔣子濬墓又北流經横山湖湖在江東經湄池湖湖在江西內有鳳山俗呼獅尾山亦杭烏支峰下有湄池故湖以池名池縱三丈四尺二寸廣三丈四尺清深湛澈代毓人文山有唐吳軍使墓平昌賀蘭魯唐軍庫使團練衙前散將吳君墓銘并序軍使諱晟字朗之其先漢陽人也祖賓考嚴因避地寓居諸暨軍使嚴公之庶子也心懷報國志在韜鈐以乾符五年三月十八日終於縣郭窆於當里眉持峰山之原禮也

墓碑於乾隆五十四年二月二十六日出土銘詞漫滅惟有序文可辨舊藏傅復漢家粵寇亂後失訪五載金石志山下塘灣底爲明中黃先生傅日烱故里其墓在後山又有進士第嘉慶辛酉進士傅棠居宅又有聖山山有雉隝隝有劉蕺山祠經牖頭村爲明天啟乙丑武進士傅

均故里其墓在湖內漁村後山湖水由牐注於江又北流經湄池步頭步有渡明嘉靖間里人梧州府通判傅燦設江干舊有踪忠亭郎中黄先生投江殉節處後圮咸豐間傅遇春爲改建祠焉亙見坊宅志又有烈婦坊　旌傅照煥妻華氏立又北流至金浦橋東有金湖港水西流出橋來注之

山陰縣黄山嶺金湖港之源出焉南流受獄墾嶺碪石嶺諸水又西折會弦院隝溪至紫巖鄉六十都弦院牌下村爲二縣交界有界石稱牌上牌下牌上屬山陰牌下屬諸暨入境是名弦院溪出弦院橋又西流至琴隝即宋琴隝里北受琴隝溪

琴隝山在縣北七十里屬紫巖鄉山之東麓有宋侍御史屠道墓有墓表嘉慶十三年其裔孫屠倬修建阮元宋侍御史屠公神道碑嘉慶十有三年翰林庶吉士屠倬給假歸杭州慨然以暨陽祖墓宋侍御史公既道之碑未立既修治之持其譜來請按譜

公諱道字天敘乾道五年進士淳熙時歷官侍御史光宗朝與權貴論事不合至紹熙三年以疾歸隱於暨陽之山性高邁善議論樞密使劉正嘗欲復起之不可抱琴攜酒徜徉山水間號樂琴居士而名其地曰琴隝朱子爲之記卒年七十有八葬所居後山東麓子一榮金華知縣孫三元忠祠部郎繼忠大理評事文忠金部郎噫今之貴者多矣若吉士之甫由詞館歸郎首以祖德爲務有足多者乃不辭而爲之銘銘曰皦皦屠公守正不汙立朝有道隱居自娛彈琴賦詩暨山之麓明德貽後老氏知足一十七世爰及翰林光其閭里先澤攸欽伐石表名樹價誌惠尊祖敬宗告於來裔其南麓琴隝溪之源出焉南流逕琴隝村亦名琴川屠倬詩卅里琴川水寒潮直到門方今太平日不似武陵源入弦阬溪

合而西流又南受鎖金溪

上嶺在縣北七十里屬紫巖鄉其西麓鎖金溪之源出焉嶺東屬山陰水入白塔湖西流經鎖金村又西流出嶺下橋有金牛嶺北麓之水散流入之南麓之水入白塔湖折而北流至琴隝村外入弦阬溪

又西流出長安橋至中村廟前北受裏市隖溪裏市隖在縣北六十五里屬紫巖鄉水自隖底南流經寺後岡下有西化成寺晉天福七年建周顯德二年吳越給靈根寺額宋祥符元年改今額出裏市隖村至中村廟前入弦院溪

又西流經中村即宋之中里舊有市明萬歷間移至店口一說謂市舊在裏市隖故隖以裏市名焉又迤南流至鳳凰山麓北爲店口市屠倬詩微月淡昏黄肩輿出店口緣溪十畝桑當門五株柳西爲蛇山有明南京刑部尚書翁溥墓西流經楊家堰出觀音橋舊有水閣今圮入金湖港湖在港南是爲上金湖湖內祖山有明山陰縣訓導陳韶墓南有雁列隖諸水散流入金湖出牐注於港又西流至茶亭會大小山隖溪

巧溪俗呼考溪嶺在縣北九十里屬紫巖鄉嶺北屬山陰大山隖溪源出焉南流經大山隖村至吳家埠受甘嶺溪

甘嶺在巧溪嶺迤東嶺北屬山陰水自嶺下迤南流經田水阬至吳家埠入大山隖溪合而南流繞出石嶺廟後山有陳嘉會墓又南流出金山橋俗呼石嶺橋至石嶺廟前西北會小山隖溪

螽斯嶺在縣北九十里屬紫巖鄉嶺北即山陰大巖諸山嘉泰會稽志謂大巖山在縣北五十里駱章樓三志因仍其誤而攔入縣境其實大巖非暨山也小山隖溪源出焉南流經小山隖村出鎮龍橋繞出石嶺廟前入大山隖溪合而南流經蔣村又南流繞尙元山麓山有勳石陳嘉績勳石記陳子以老瞶隱居尙元山凡天氣晴和輒攜客眺遊縱目焉因前荆棘草萊得勳石方僅尋尺可坐可臥可碁可琴渾然天成

無有缺虧扣之鏗然有聲因歎曰茲石也美不藴玉材不適用雖與天地同生埋没於荒榛草莽間何不幸之甚也客聞而笑曰子何言之鄙耶余嘗遊於震澤之濱矣千夫運錐萬斧如雷火燃醯淬星奔雪飛爲碑爲碣爲罇爲礨山脈爲之斷絶地軸爲之傾欹舟車轆轆轉而他之何則適於用也又嘗至夫荆山之墟矣崩厓千尺深探山腹懸繩繫索膏火夜燭百靈宵遁萬怪晝伏取其尤良字之曰玉爲珪爲璋爲瓚爲璜爲玦爲璧爲珩爲璩盛以笭瓏薦之廟堂何則貴其質也吾觀懷材抱質獲售於世者不爲不多然而崩毀摧絶者亦不少矣豈若茲石猗蘭在側修篁覆巔春花啼鳥松風五絃皓月流暉朔雲贈妍貴不我覬用不我鑴無毀無譽與天長年陳子起而笑曰有是哉不可以不誌也因書其言於石下有桂花亭明翁溥王鈺讀書處今圮出店口義士橋俗呼朱家橋元義士陳志甯捌建義倉義塾故名宏治府志謂橋在縣西八十里誤溪東皆倉塾今廢再東爲店口市旁有明永樂壬辰探花王鈺第宅今圮唯祠堂在焉溪西爲明南京刑部尚書翁溥第宅今圮後陳克建即其遺址建溪上草堂今亦圮又南流繞長竟山側山之陽有荆南湖北襄陽路制置使陳協墓其

陰爲明教諭陳嘉謨墓至茶亭橋入金湖港

又西流出茶亭橋經茶亭亦名瀝口菴陳木生建康熙中陳兆祚再建又西流經半勝湖有石門隖水南流來注之

石門隖在縣北七十里屬紫巖鄉水自隖底南流經保福寺前唐咸通八年建乾符二年更名保慶禹泉院又名保錢院後改今額出三板橋明隆慶間建【翁餘忠三板橋記】三板橋在尙元山之西相去一二里道通山蕭諸鄉往來其間者踵相接也舊以竹木爲之不一二年輒壞壞輒更而作之夫屢壞則行者病屢更則居者勞余幼時心竊計之曰是必易之以石庶可經久而惜乎莫之能任也後在京邸十餘年母憂還家過見易石廣可六尺許兩旁築以石阯不可壞履之安若平地余又心計之曰是必募而後成惜不刻石以記享其便而不知其所自成者已十年歲在癸酉與表兄紫巖近泉諸伯仲班荆道故乃知爲羅安人造安人爲余舅祖母余稔知其賦性婉順勤儉理家篤於訓嗣而已乃又能捐其所有且紡績數年而後成是舉也費不在官役不及民義之發也徒涉以濟寒沍不憂仁之推也躬自拮据幾經歲月勇之決也旁不立石人莫之知德之隱也余喜其一舉而衆善備遂因紫巖之請而爲之記

溪西爲新莊村村後蔡家隖山有宋直學士院馮景中墓村前有小阪爲諸生傅觀濤殉節處路旁有碑又南流繞出獨山由半陽湖入金湖港

又西流經下金湖湖在港南後倚玉屏山北麓有山西道監察御史馮勸墓新湖湖在港北有印月橋橋影入水圜如月暈故名湖內瓜山有陳嘉績墓後倚有覺嶺或作牛臯嶺謂牛將軍隨岳忠武東來屯兵於此故名其實卽宋之牛格里格有各音各平聲爲臯因傅會之後人又改爲有覺耳嶺下爲嘉慶己巳進士王海觀故里出普安閘閘跨金湖新湖之間凡四洞咸豐八年店口諸生陳光瑩捐建南有金汀卽宋之金汀里水北流注之金汀受吳湖水湖濱有山卽玉屏山東北隅有新菴菴後有宋時皇陵陵封不過例餘純用細石攢簇而成望之如點黛

螺初不詳其所自第傳謂宋東陽縣尉馮德安奉檄守陵來此今玉屏山陽有村名祝隖馮氏聚族而居皆其子姓村東鳳尾山有宋祕閣校理馮時可墓村北待駕山有宋徽猷閣學士馮喜孫墓又西流經張家斗門有橫山湖水出隔注之

又西流繞紫巖山北麓山之陽爲鄉社不屋而壇壇縱橫三尋有二尺琢石爲鼎一爲几一几縱一尋橫三尺鼎高六尺圍尺有五寸壇左右多古柏寒松棲雲隱霧巖石皆紫色苔封蘚蝕朝旭斜陽淺碧深紅互相映射景絕佳勝馮夢祖紫巖銘有崿有崿峰開石絡積異龍門不穿不鑿鄉域暨州嶒嶸邱壑樵採佃漁耰耡羣作水湧山迤盈川瀰陌雨暘時乘雲霞躋蹟俯瞰仰瞻懸厓尋拓松柏風颸颸徐繹嫣岱嶽袞崇壇壝非窄終古巖巖于村于落維夏獻將履屐交格何以奠之有神來宅屠倬紫巖詩巖石綴紅樹枯藤繚繞之遲徊動行色正是出山時山北有元致仕縣尹東谿田處士墓壙甎載金石志又西流出金浦橋明萬歷三十一年造知縣劉光復金浦橋記略

縣北七十里三江口又餘二十里東岸地名金浦舊有石橋頹久不治淹塞港口無論往來稱難即內中十數湖糧田萬餘畝歲苦漲溢余踏湖至此居民疊疊爭指利害咸謂橋當急掛余曰孰任其事居民曰惟陳袁郭數姓多長者堪任事於是召陳欽百三十七等十人至諭意十八日某等無能然居室衣食在焉爲人亦自爲也敢不殫力計費一百餘金酌議公派協助各半戒期舉事余足不再臨而工告竣**入於浦陽江**案金湖港一名九曲河自金浦橋抵鳳凰山下迂回曲折永夕方達明永樂間以傷稼故改而直之禾稼茂時登高縱眺故河之禾倍秀於他田猶見河流九曲之概此馮森齋學博說也今亦莫從尋其遺迹矣

又北流經下湖湖在江東與山陰毗連今俗稱暨有七十二湖半半湖者即此是也後倚岳駐嶺即宋之岳駐里相傳宋陳協隱居白鶴山即長竟山與岳忠武嫡婚媾忠武訪之駐軍於此故名嶺上有岳駐寺隆慶駱志作岳儲寺宋建隆三年建案建隆爲太祖年號岳駐岳儲字又歧異則忠武駐軍之說似未可遽信

又北流至兔石頭石自江畔插入江底薪絕無餘地後人鑿之以通行路周師濂由兔石頭入諸暨道詩布帆六幅水雲間江鳥江花亦自閒斜日舵樓人晚

飯輕舟轉過石頭山磯上有金瀾寺光緒間重建自西陵至此計十餘里統名湄池江卽會王佐棹小舟垂釣處過此則爲山陰江東蕭山江西二縣境又北流至新江口江舊有匯名蔣村匯江流至此迂曲繞行五里許明知縣劉光復欲直之以地屬鄰境乃買東岸山陰居民匯田以便宜發民夫三日穿成江得徑流經野規略所謂鑿蔣村之匯者是也故名新江江東岸山陰境有劉公祠會稽陶望齡撰碑記載名宦志又北流至紀家匯西有五馬嶺水入里亭湖出黃公腦東流合雞鳴港來注之案萬歷府志載宋乾道八年諸暨水泛溢詔開紀家匯浚蕭山新江以殺水勢蕭山縣令張暉以地形水勢列疏上之時安撫蔣芾主諸暨之請暉力爭不可議遂寢卽此地也距蔣村匯三里而遙江流至此又迂曲繞行欲開匯爲新江以直江流耳非本有新江亦非既開匯又浚江也乾隆府志另立新江一條一若本有新江者又與蔣村匯牽合爲一謂劉光復所開之新江卽此俱誤

五馬嶺亦杭烏山支峰在縣北六十里跨義安花山二鄉其北

麓里亭湖水源出焉北流經吳家隖有散流入之迤東流經里亭廟前即宋之里亭里廟前東山有姚太常墓墓碣載金石志又東流至柴家入里亭湖湖南屬義安鄉北屬蕭山隆慶駱志謂在紫巖鄉誤又北流出馬婆橋又出黃公牐牐在蕭山境即喇都統陣斬楊六處樓志攔入水利志誤東折合雞鳴港經巡遊村至紀家匯入於浦陽江

又北流至蕭山縣尖山出浮橋西有凰桐港水東流注之

杭州府富陽縣五雲山凰桐港之源出焉東流至縣西五十里概浦鄉十二都之銅鈴頭入境名五雲溪駱志作考溪又東流經寨頭村在溪北舊有長清關設巡檢司故名後廢又東流出新橋南受長清亦作長青嶺溪

富陽縣長清嶺當五雲山迤南嶺上紫閬山即 國初朱成龍

倡亂踞爲巢穴處水自嶺下東北流經裏房村在溪左又北折流
至新橋頭入境合五雲溪
又東流經烏石頭村出駱家溪橋東名稱駱家溪又東流逕石家
衕過南安阪遶沙埄村前至考溪西受石柱隖溪
石柱隖在縣西五十里屬概浦鄉當五雲山迤北隖西屬富陽
地有石筍兩枝一在溪南一在溪北大各十數圍高並十餘丈
拔地參天對峙若疊綠苔蒼蘚斑斕滿身藤花繚繞松柏偃蹇
奇峭秀拔蒼古可愛故以石柱名隖水自隖底東流緣洞巖山
南經洞巖寺前唐中和二年建大順樓志誤作天順間賜名靈洞翠峰
院又改雲峰院後改今額寺內奉　國朝敕封廣濟孚順侯蔣
崇仁利濟孚順侯蔣崇義靈應孚佑侯蔣崇信寺西山麓有玉
京洞亦名白雲洞名勝志云洞十數重深數十里須秉燭而入

入必以物記其處洞門多相似不記則迷路洞中寬敞崎嶇不一火光中巖石奇峭光潔如洗流水濺濺或匯爲池瀉爲溪中一處上有竅仰覩如巨星光射下微辨色石脉在焉又入則蝙蝠羣觸人面不可前或云深處行二三日可抵錢塘案所志亦未盡實洞中無池亦無溪唯地多潮溼而已亦無有二三日可行大約洞口寬敞迤而下石壁夾立狹如巷僅容一人行數十步得一石室可容二三十人又一巷狹長如前又一石室較寬大中有盤石徑七八尺平如砥土人謂爲仙人棋枰一石此洞已有蝙蝠又一巷較窄名鼈口側身行十餘步漸寬又有一石室上漏天光土人呼爲一線天然其上爲何巖何峰亦莫能指其處處者室隅有一竇萬歷府志所云入宜攜席或草洞門有卑狹須偃僂匍匐以入下甚溼必藉席或草乃可者是也行數步又迤而上土人呼爲桃花嶺再入則爲風洞有風聲則再入則爲水洞有水聲或人云并有鱗聲相傳謂已抵錢塘江風此則土人所言遊客亦鮮探其究竟者每洞俱有粉筆題名然多模糊不可辨洞口刻有佛像則寺僧之所爲萬歷府志云洞口有石人二因巖石刻成者是也袁宏道踰響鐵嶺至洞巖記從響鐵嶺下觀路甚巇新雨石滑拽藤杞而行跬移寸折踰刻始達兩岫卷石而澗蘿木翳蔽下渟一黛碧四瀑洶湧行了了見雷奔電布不復如昨矣嶺與紫閬接一帶皆平疇林泉蓊鬱稻畦被野初意峭壁之上

當爲鋭爲釜不意乃得桃花源村也錯疇而行約十餘里漸下良久至洞巖山僧設炬以導洞門空闊初時若夏屋少進徑微仄凡三四折至龍口極小遊人皆貼地行炬烟大作淚出如雨偶思先輩有言入洞爲烟所困者心懼乃各退出唯靜虚疾進過嶺四五至洞深處爲澗所隔始返徐文長曰洞巖奇於陰五洩奇於陽而七十二峰兩壁夾一壑時明時幽時曠時逼奇於陰陽之間數語得之矣［宋］不知越州事刁約玉京洞詩千巖萬壑幾重重勢勝向環鎮翠峰風靜殿堂無燕雀雲封洞穴有虬龍前山樵晚聲喧斧別寺齋初響答鐘幸有林間二三友籃輿追賞共從容［主］簿吳處厚次韻和刁景純玉京洞詩洞穴嵌空五六重旁邊突起一孤峰平時花竹常號鳥旱歲風雷或起龍流水聲中僧洗鉢亂雲堆裏客聞鐘莫爲林下歸休計朝德身推許孟容［鄞］縣劉光復玉京洞詩仙人幻奇迹破壁出龍宮山作仇池檨天疑小有通村橋黄葉雨古岸菊花風自歎風塵吏能來亦雪鴻［知］縣錢世貴玉京洞詩秉燭突入蛟龍窟洞底同還三百曲仙人已去少鸞凰俗客猶來蠲蝙蝠低頭靜聽水潟潟此地何年號玉京斷殘人倦出洞口也抵三元朝太清［山］陰知縣劉昺玉京洞詩紫璽丹符祕青春玉騎來擁蘿緣熟徑埽石落荒苔入海三山近通天一竅開郎令懸弱水直欲訪蓬萊［張］世昌玉京洞詩石樓突兀開仙宮海上駕出金鼇峰龍窩久蟄雲霧冷蟻穴或作王侯封嵌空深入九地底虛壑飂飂朔風起冰絲有淚泣鮫珠棋局無聲敲玉子六丁鑿斧光晶瑩我欲鑱破陰厓扃火輪飛出天雞鳴萬國同照陽烏明［王］鈺玉京洞詩平生多幽興杖策抵龍宮瑶草緣溪碧桃花滿徑紅鶴應藏地

窟人自得天風願把松花飯長年伴葛洪〔鄭天鵬玉京洞詩〕我
會踏破天下三十六洞白雲缺何如此洞眞奇絕一級一級探
之窈莫窮幽深奇怪陟降千百折外有片片如剪赤霞封中函
老子所祕丹符訣坐忘獅子怪石巖回首塵寰俄隔絕乳窟津
津飲玉泉飛雅仙鼠白如雪頓覺羽化欲登仙少室禹穴空扃
鐍我吹洞庭紫鐵簫龍吟鳳嘯聲清烈聲清烈一聲吹破巖頭
雲二聲迸落天邊月三聲四聲兮千巖萬壑金石俱斯裂忽聞
雲中仙樂韶濩相和鳴疑近瀛洲閬苑蓬萊闕醉以麻姑酒援
筆如揮帚漸磨石骨十丈餘寫我胸藏山水詩千首識我今日
共尋幽神鬼驚兮蛟龍走山靈笑我李賀狂五色心肝疑盡嘔
擲筆長嘯白雲暮希夷偓佺忽相遇援以五金入石丹脫屣辜
裳留我住住卻三日作歸計世上桃花結實已千歲〔翁薄玉京
洞詩〕穹巖窈窕結層樓下有眞仙洞穴幽石徑無風花自落薜
門經雨水長流一聲僧磬猨嘯月半夜松濤鶴報秋安得征衫
洗塵土十年長住碧峰頭〔徐渭洞巖入口有石杯石橋石池
諸景詩〕洞梁高負泥沙惡一軀朽骨裏凝鞹昨聞已是三十年
今夕張燈始捫摸初疑螺尾不可梯再進再折無盡期魚腦別
波枯未已蚤腳逢沙濯嬾移人言此語得大槩卻須請君說細
微桃根倒偃蝨翳久蜜脾爪挂蜂歸稀二洞三洞止一隙解衣
臥洞身投鼇閘名注鼇二口洞之蒼杯欄斧或有人石橋浸影終無月
當時蔣侯身不死一去親齋五日米遙聞觴響送江船頭上恐
是錢唐水舘其注探僧洞云事洞如巖此時今及聯細橋地鞘但槲鄉公人踏將也避秦豈直武
陵陽何事桃花不出來星河作影當歸路疑是宿于夢大槐袞
宏道玉京洞詩〕深如谷高如屋穴雲心穿地腹路荒唐齒嶮巇

石如病天似癡黄者槃白者髓雲絮絮出轆廬白蝙蝠大於雞衝焰起撲人飛突而高巖閒之忽而平谿限之龍欲言聞人止涎沫流腥風起鬼耶仙耶煙歛霧炬無光將安去海可通江可揚波靈威丈人難再得陶望翰王京洞謁靈洞積陰晦火烈不得揚一炬才照身有如秋螢光神幽意多危羣客悄不狂相牽隊道窮研爾開堂皇石髓結還滴蝙蝠鳴且翔布席通穴口投身引其吭要當一蛇蟆行恐逼蛟龍藏勇夫三四八老僧起前行還言所歷殊一一仙人房其下流清泉其上安橋梁蹊嶺突高下尻背時低昂火燭黯欲盡姿奧安可量嘗聞長老說有祠來何方折松爲明鐙腰包裹餱糧持咒禁妖怪表塗留秕稗猛志忽地險深探徧靈鄉頂上搖觥聲依稀是錢塘與君凡境居安知仙路長冞辰秋杪部聖臣招遊洞巖詩萬物宅於虛元氣蔡棗齋唯山得靜專渾淪而磅礴質寶性安貞稚不事雕鑿胡爲五丁怪鏤空闢潛竅洞陰虛刁刁雲臍薇幕幕深山人迹稀野寺鐘聲遞香貯幽谷蘭石韞荆門璞圭人招我遊秋霖積木凋誅茅滌石胸鐙竹開眼暎洞口敞如箕簍徑迮如槖籥壁帕碓舖如巀叢一顧一驚魄有穴鎖搖龕鉊鑰孺門曲身同尺蠖平生不由竇翻合嘲掏撲入門別育天稜嵋犖峰削欲上五挽手欲下旁試脚鍾乳始何年清泠不可嚼氣摻柔律吹波渟孺纓濯驚奇喚人看傳聲震索索索中蝙蝠飛似亭火光灼袁翁剛逝都昔曾到爲迷楠僑略橱鍵轆轤灘眎曦韉椅硠觚蹣天池本請仙憑虛入遼廓尺水自盈盈塡河之靈鵲莫問東海桑何處坑郎藥仙人杳不見遙望支硎鶴又東南繞出獅子山象山之間又東流出俞家

橋受大青山溪

大青山當石柱隝迤北雀門嶺迤南水自嶺下東流西麓之水由次隝出蕭山經應店街村在溪北有市官房前宋應鎬應奎故里又北東流經三角道地折而南流經趙家墩至楊家灣口入石柱隝溪

合而南東流至沙埼村入駱家溪

又北流出雙橋橋西留霞莊卽宋之樓下里南受石孔嶺溪

石孔嶺當長清嶺迤南嶺西屬富陽水自嶺下東流有悟性巖水自北來巖高百餘丈分上中下三巖順治間建佛殿合而南

東流經樓家隝分水嶺折而北流經八卦灘橋又北流出茅蓬橋旁有砥柱庵明孟承武捐建至五堡阪村前南受夫概溪

蘇山在縣西三十里其北麓夫槩溪之源出焉山下卽宋獨

山里北流繞孟氏村東經麻糍橋古號鎮東橋溪東有孟子廟宋嘉定閒建東孟母廟西貞女祠並詳壇廟志祠旁貞女墓在焉鄺滋德孟貞女墓誌亞聖祠旁貞女墓曾從槩里弔英華東岡禮樂承先德西漢文章接大家一代孤鸞愁寶鏡百年高冢守靈蛇樓前古柏留霜雪穠李夭桃莫浪花又北流經夫槩山即所稱夫槩第一山也章志云夫槩所食封邑山不甚高曰第一所封地不一此其第一也南宋初鄒國四十八世孫瓌衛上將軍孟德載食采諸暨因家此山下有柏樓孟貞女守貞處西有義塾明孟經捐又有義倉孟四聰捐北有倉聖祠道光閒孟一飛建又有忠義祠光緒二十五年建祀孟昌德等經水口庵於溪峽上架石爲飛閣有大扈塘山溪山上有孟德載墓自東來會又北流經上下應家應村至五堡阪村前南受石孔嶺溪是名旣杏浦駱志章志俱云浦在下西江樓志据嘉泰會稽志謂在縣北九里並誤

又北流繞出紅嶺隖有小水入之又北流有白門山西麓之水入之合流出雙橋下入駱家溪

又北流經燕子山至大馬隖村在溪南即宋之大馬里同治元年鄉人拒賊於此又更名稱大馬溪溪畔慈岸亭有桂樹相傳爲宋時物每歲稔則花饑則不花又東流經上塘頭村在溪西元泰定丁卯進士胡一中松江儒學經師胡善故里又東流經大路楊村在溪西宋淳熙甲辰進士楊賢故里又東流經烏石廟出鎮西橋初架水爲之光緒初劉夏章等募建石梁經摘箕隖村在溪南後倚摘箕尖又東流經丁家隖轉西北流經溪埼楊觀音山又東北流經豎阪隖村在溪東迤西有巽隖明湖廣德安府訓導酈瓚故里有成賢坊門人朱廷立任知縣時所建又東流經堰頭香頭汪家隖村在溪西翼山頂舊有俞柳仙廟移建於大橋頭又東流經

迴隊廟前即宋之迴隊里出趙公橋南受馬鞍嶺溪

馬鞍嶺即杭烏山支峰在縣北稍西四十五里跨義安花山二鄉嶺側有方孝婦墓宋濂方孝婦石表辭嗚呼是唯孝婦方氏之墓夫孝未易稱余獨歸之孝婦而不靳者將以愧爲人婦而不孝者也孝婦姓方氏諱迎越之暨陽人生二十七歲歸同里楊君敬敬有母何氏孝婦左右就養唯恐違其志何病腑道澀不能親御偃溷孝婦浸之湯盆中以指探出之積歲之久手文皆龜裂而孝婦未嘗有倦色昔人有爲親浣廁牏者史臣尚以爲難載之於策考孝婦之事尤人所難者也人之所難者且若是則孝婦其他之行弗問而可知矣嗚呼是尚不得爲孝婦矣乎使如此而不得爲孝則夫勃谿而不恭者乃足爲孝乎余自成童時讀劉向所傳古孝婦事以爲斯世何爲無人心雖未敢必其無然歷三十餘年卒不能一逢嗚呼豈意今於暨陽乃見之也暨陽距余邑二百里余昔嘗兩至其處而不知孝婦至今始得知之嗚呼余又意世之如孝婦者夫豈少哉特以不遇於君子故湮滅草萊而人弗聞之耳其弗聞者余固無如之何其幸而得聞者可不大書揭之崇阡以愧人婦之不孝者耶非唯愧人婦也抑將愧人子也孝婦性儉慈頗知讀書嘗鬻田教子父德在母張皆宦族年六十一生二子恆慧其卒以至正二年九月五日其葬於馬鞍山以三年十二月二十六日云

水自西麓東麓即紫草溪由朱公湖出閘入西江北流

經雲岫寺前晉天福間建初名雲福院今廢入大馬溪

又東流經謝家隝口隝在溪南亦稱皇墳隝相傳有宋理宗謝皇后陵今每歲清明蕭山縣尖山謝氏爲之祭奠又東流經西隝口村在溪北明大理寺少卿呂升故里有世科坊今圯隝有宋祕閣大中大夫呂摭墓南受白馬隝溪

白馬嶺亦杭烏山支峰在縣北五十里跨義安花山二鄉其北麓白馬溪之源出焉南麓之水由留劍隝入朱公湖出閘入西江北流經白馬隝隝有石壁壁有白馬呈祥摩厓四字年月款識漫滅不可辨詳金石志旁天鵝峰下有響鼓石高二尺許徑八尺有奇擊之有聲如鼓又北流經香嚴隝口有香嚴寺唐開元十一年建寶刻類編初名同惠後改題香嚴見嘉泰會稽志有唐碑台州刺史康希銑撰趙州刺史徐嶠之書今佚詳金石志嘉泰

志謂建自咸通八年誤咸通時安得有徐嶠之書碑今據寶刻類編改正樓志又誤作香嚴寺入大馬溪

又北東流經大橋頭村在溪東有市山貨集焉又北流出大橋初架木爲之乾隆二十五年溪埭俞日輝妻孫氏改建石梁馮至爲撰碑記有霖蒼殿祀俞柳仙初在大橋頭奠山之巔乾隆四十七年歲旱鄉人祈雨獲應乃移建於此顏日霖蒼蓋取霖雨蒼生之意西受石姥隝溪

石姥隝在縣西五十里屬義安鄉水自隝底東流經溪埭亦名深溪繞三台山南出進龍橋又東流經朱家隝同治癸亥進士周紹達辛未進士周紹适兄弟由藏綠隝遷居於此又東流經木义廟前出木义橋至丁橋頭入大馬溪

又北流出丁橋乾隆二十三年俞上賓建又北流經獨山亦作獨螺山出獨山橋道光十四年俞之梫建又迤東流繞山環村村在

溪南康熙壬戌進士蔣遠故里周起華山環道中詩問訊山環路平橋接野田麥風千頃浪春雨一犁烟花笑溪邊寺瀑飛樹杪泉更憐雲缺處隱約見蕭然迤東三塘村爲明涇國公蔣貴故里

又北流出新橋東受孫溪隖溪

孫溪隖亦杭烏山支峰水自北麓西北流經觀音堂又北流經凰桐村出華嶺橋入大馬溪始稱凰桐港

又北流出閘橋水陸交通船筏聚焉又北流緣淘湖西受道林山溪

道林山在縣北七十里屬義安鄉當壕嶺之西山北屬蕭山山半有龍湫水自山下西流經道林寺前吳赤烏間建吳越王更名湧巖院宋改今額又西流出三生橋又西流出平橋入凰桐港

合而北流至市隖尖出蕭山縣境東折至尖山浮橋下入於大江

附

大青山在縣西五十里屬槩浦鄉水自西麓西流出百步街東麓之水由應店街入五雲溪又西北流經徐陽楊又北流經上俞至和睦橋俗呼和婆橋受阜莢嶺溪

阜莢嶺在縣西五十里屬義安鄉水自西麓流出沈隖隖內有宋贈吳越路相司法參軍楊欽墓又西流經歸義寺前宋咸淳二年建寺前有宋靖江軍節度使楊賢墓又西流入大青山溪

又北流出和睦橋經水口廟至次隖明宣德癸丑進士俞僩故里村東淡竹廟爲俞氏里社馮至神燈說溪隸俞氏之南村有火每夜則燃初燃止一炬已而雙行三三五五下上山林往來阡陌不可得而測也戊戌春余來館於三台之麓望而異之或曰南村山勢雄奇光怪陸離不能自遏或曰南村在前明時多巨室其地蓋藏金銀久而欲洩故榮光越而燭天是二者余竊疑之已讀俞氏家傳至其始祖世

則公逸事而恍然也傳言公以事羈省會歲且除未得歸忽忽不樂念堂上垂白咫尺不得爲歡又屈指是日值膳期愈愀然竟渡江而東居停百計阻之不爲留省會距村居百里而遥既渡江日暮特行不顧從臨浦而南昏黑不可復前泣且下道左有鐙稍前行則喜亟從之前然相距常十步許不可復及導入村其人忽不見鐙在道左視之則里社淡竹廟神燈也質明謁里社僧言昨夜驟失神燈因相與驚詫敬祀之而以燈復其所一時以爲純孝格天而俞孝子之名遂傳從來不朽之人每爲鬼神之所呵護至於忠臣孝子所以撼星辰而搖河嶽者尤爲信而有徵蓋一念之精誠實已完其天分而足以感召非常至性至情歷劫不磨照耀山川輝映村墟南村之火意在斯乎敢以今日之火指爲昔日之燈熄異說明大義以啟其後人

村西有螺峰山徑盤旋似之故名爲邑西之屏障舊有錦花圍林泉幽勝今廢又北流出義安橋受石牛隖溪

石牛隖在縣西六十里屬義安鄉章志云相傳隖有牛在村食苗人喝之卽化爲石故名水自隖底西流經溪山寺前唐明宗長興二年建初名靈峰後改今額又西北流經蔣家隖隖有宋工部侍郎俞涇墓又西流繞出淡竹廟後入大青山

谿

又北流經御屏山至苦竹園出蕭山境邐迤三十里至義橋入於浦陽江又北流匯富春江水始稱錢塘江